U0886585

SNCE inc.
漫娱文化
创造内容　分享快乐

相声大师

唐四方 著

长江出版社
漫娱文化

作者自序

一张桌子、两把折扇、两条手绢、一块醒木，两个演员在方寸之间说学逗唱，集生旦净丑于一身，冶万事万物于一炉。

相声艺术的表演形式非常简单，靠的就是演员的一张肉嘴。形式简单，看上去谁都能来，但是想要做好了却是极难。

相声艺术自清末诞生至今已有一百五十余年，历经起伏，兴衰变迁，经历过名家辈出的光辉绚烂的时刻，也经历过无人问津的落寞时分。

笔者记录了相声从八十年代的兴盛到九十年代的衰落，再到二十一世纪复兴的经历，用小说的形式记录了一大批相声人为复兴相声所付出的努力，不敢说高谈教化，只愿以微末笔力向那些有坚持的人致敬。

二十一世纪以来，随着现代化娱乐业的发展，传统艺术更加衰落，甚至已经到了无人问津的地步，诸多艺术都面临着传承困难，濒临灭绝的窘境，这实在是一件非常可惜的事情。

传统艺术都有其特有的门道规矩、行内术语，《相声大师》这本书并不是仅仅是在介绍相声艺术，更多的是在讲述曲艺江湖里面的门道，讲述的是江湖艺人的风采。

很多时候并不是传统曲艺没有魅力了，只是我们还没有去发现它所潜藏着的魅力罢了。笔者愿以《相声大师》一书向读者展示中国传统曲艺的风采，笔力有限，虽不能表达曲艺精髓之万一，但仍愿意贡献自己一份微末之力。

从来没有过时的艺术，只有过时的艺人；从来没有错误的艺术，只有错误的艺人。

振兴传统艺术要靠国家、要靠社会、要靠群众、要靠媒体，但归根结底要靠艺人自身。只要艺人好了，这门艺术才会好；这门艺术好了，从业的艺人也才会好。

我们缅怀传统曲艺的辉煌过去，心痛传统曲艺的没落现在，期待传统曲艺的光明未来。

但愿一切如我们所愿！

唐四方

2017年3月1日

目录

相声大师

第一段 劝人方

一

“在想当初，大宋朝文彦博，幼儿倒有灌穴浮球之智。司马文公，倒有破瓮救儿之谋。汉孔融，四岁就懂让梨逊之礼。十三郎五岁朝天。唐刘晏七岁举翰林，汉黄香九岁温席奉亲。秦甘柔十二岁……哎哟！”

伴随着一声痛呼，一个八九岁模样的小孩捂着手臂，小巧五官紧凑到一起，正瘪着嘴一脸委屈地看着他师父。

站在小男孩对面的是一个六十多岁的老头儿，身上穿着黑色对襟褂子，头上还戴着一顶黑色毡帽，帽子上一个硕大的补丁十分明显。这小老头儿手里持着竹鞭子，沉着脸盯着小男孩。

“师父……”小男孩弱弱地叫了一声，嘟着嘴，含着眼泪，很是委屈。

老头儿丝毫不为其所动，仍是沉着脸，道:“你还好意思委屈，秦甘罗说成秦甘柔，再敢嘴里拌蒜试试看？”

小男孩倒是机灵，见装可怜打动不了师父便立刻换上一副讨好的笑容，道：“师父这您都能听出来啊，哇，真了不起！”

老头儿脸一黑，道：“我聋了是吧，我？”

“嘿嘿……”小孩搓着手笑了起来。

老头儿叫方文岐，小孩叫何向东，老头儿是何向东的师父，也是他从老渣（人贩子）手里把何向东救出来的，收为弟子，传授本事，一直养着这孩子。说是师徒，其实跟爷孙没有两样。

何向东年纪小，也有些淘气，但跟师父的感情是没话说的。要是没有师父，他现在指不定成什么样呢。老渣那帮人对他们这些小孩下手可不软，20 世纪八九十年代，街上那么多断手断脚乞讨的孩子是打哪儿来的，可不就是这帮人干的缺德事吗。

方文岐轻哼一声，道:“赶紧的，再使一遍《八扇屏》的活儿，就说‘小孩子’这段儿，要还是说不好，看我怎么收拾你。”

见逃不过去了，小男孩也就认命了，愤愤道：“不就是使《八扇屏》的活儿嘛，有什么了不起的，师父您瞧好了，我说说您听听。在想当初，大宋朝文彦博，幼儿倒有灌穴浮球之智。司马文公，倒有破瓮救儿之谋。汉孔融，四岁让梨，懂得谦逊之礼。十三郎五岁朝天，唐刘晏七岁举翰林，汉黄香九岁温席奉亲。秦甘罗一十二岁身为宰相……”

《八扇屏》是传统相声中的一段儿，是个非常典型的贯口活，由几十个大大小小的贯口组成。它是相声艺人开蒙的活儿，可以说基本上每个演员都会，但是想说好却是极难。当然说得好的也有，像北京“二赵”的版本就堪称范本，经典中的经典。

这二赵指的就是著名的相声演员赵世忠、赵振铎两位赵先生。老舍先生曾称赞北京文艺界的名角有“四马二赵”，其中这二赵说的也是这两位。

相声里面怎么使活都是有讲究的，都需要师父手把手地教。就说贯口，首先第一点不是快，而是咬字要准，吐字要清，要唇齿喉舌的配合，容不得半点磕巴或者嘴里拌蒜；其次，什么地方可以偷气，什么地方可以换气都是有讲究的，都是需要学习的；另外还需要身段、表情、动作、语气的配合，很是讲究。

相声这门艺术是起源于北京的，甭管传到什么地方，说的都是北京话。虽然某些地区的相声艺人在表演的时候有涉及当地的方言，这也是为了拉近和当地观众之间的距离，行话叫倒口，也叫怯口。传统相声里面也有用方言表演的段子，叫怯口活，比如怯拉车、怯洗澡，等等。

在新中国成立之后推广普通话，相声演员也开始用普通话表演，但其主体仍是北京话，从相声表演中的诸多儿化音就能看出来。

方文岐本身就是老北京人，他是民间艺人，常年奔波各地卖艺，传给何向东的也是最传统的北京相声。

“吴周瑜七岁学文，九岁习武，一十三岁官拜水军都督，执掌六郡八十一州之兵权。”贯口都是越来越快的，前面一段何向东一字一句慢慢道来，到这里，何向东面色一正，语速陡然加快，“施苦肉，献连环，祭东风，借雕翎，火烧战船。”

语速一顿，何向东继续道：“使曹操望风鼠窜，险些命丧江南。虽有卧龙、凤雏之相帮，那周瑜也算小孩子当中之魁首。”

何向东比出一根大拇指，得意洋洋地看着他师父，也不知道他是在夸赞小孩子当中的魁首周瑜，还是在夸他自己。

方文岐看得好笑，黝黑的脸庞露出一点笑容，道：“说一段‘莽撞人’吧。”

“啊？”何向东小脸儿立马垮了。

莽撞人是《八扇屏》里面最难的一段，讲的是莽撞人张飞的故事，不仅仅是篇幅很长，里面还涉及好几位历史人物，需要相声演员在贯口中表现出来。

而且在这段贯口中还涉及许多兵刃、打斗的激烈场景，都是需要相声演员自己描绘出来的，要让观众身临其境。装文装武我自己，好似一台大戏。万事万物所有人物场景都得要演员一张肉嘴描绘出来，这得多难。

师父用竹鞭子拍打着自己的手，一副似笑非笑的样子看着何向东。

何向东眼珠子骨碌一转，道：“哎呀，快中午了，师父我给您准备午饭去呗。”

方文岐：“刚咽下去早饭，准备什么午饭啊！”

何向东一拍脑袋，道：“哎呀，王大哥刚娶媳妇，我得给人家帮忙去。”

方文岐骂道：“人家娶媳妇你帮什么忙啊？赶紧老实说一段，不然我抽你。”

何向东一脸苦色，道：“不说也挨揍，说得不好也挨揍，这日子没法过了。”

方文岐道：“人固有一死，或死在前头，或死在后头，你决定死在哪儿吧？”

何向东见躲不过去，一脸悲愤地道：“在想当初，后汉三国有一位莽撞人。自从桃园结义以来，大爷姓刘名备字玄德，家住大树楼桑。二弟姓关名羽字云长，家住山西蒲州解梁县。三弟姓张名飞字翼德，家住涿州范阳郡。后续四弟，姓赵名云字子龙，家住镇定府常山县，百（bò）战百胜，后封为常胜将军。”

相声贯口里面的韵律韵脚都是有规矩的，比如“百”需要念成 bò，“白”要念成 bó，还有《报菜名》里面一道菜江米酿鸭子，“酿”要念成 ràng。

说也奇怪，刚前面还一脸苦色的何向东，真正入了活儿之后倒是眉飞色舞，半点不露怯，手舞足蹈配合肢体语言来描绘战斗场景：“只皆因长坂坡前，一场鏖战，赵云单人独马，闯进曹营，砍倒大纛两杆，夺槊三条。马落陷坑，堪堪废命。曹孟德山头之上见一穿白（bó）小将，白盔、白甲、白旗靠，坐骑白龙马手使亮银枪，实乃一员勇将。心想，我若收服此将，何愁大事不成！心中就有爱将之意，暗中有徐庶保护赵云，徐庶进得曹营一语未发，今日一见赵将军马落陷坑，堪堪废命，口尊：‘丞相，莫非有爱将之意？’”

何向东一回头，瞪眼凝眉绷脸抿嘴，使出曹操的相儿来：“曹操言道：‘正是。’”

再回身拱手屈身，做出徐庶形态，道：“徐庶言道：‘何不收留此将？’”

何向东再扮曹操，伸手下令：“曹操急忙传令：‘令出山摇动，三军听分明，我要活赵云，不要死子龙。倘有一兵一将伤损赵将军之性命，八十三万人马五十一员战将，与他一人抵命。’众将闻听不敢前进，只有后退。那赵云一仗怀揣幼主，二仗常胜将军之特勇，杀了个七进七出，这才闯出重围。

“曹操一见，这样勇将焉能放走，在后面紧紧追赶。追至当阳桥前，张飞赶到，高叫：‘四弟，不必惊慌，某家在此，料也无妨！’放过赵云的人马。曹操赶到不见赵云，只见一黑脸大汉立于桥上，曹操忙问夏侯惇：‘这黑脸大汉，他是何人？’夏侯言道：“他乃是张飞，一……莽撞人。

“曹操闻听，大吃一惊，想当初关公在白马坡斩颜良之时，曾对某家言道，他有一结拜三弟，姓张名飞字翼德，在百万军中取上将之首如探囊取物，反掌观纹一般，今日一见，果然英勇。‘撤去某家青罗伞盖，观一观那莽撞人武艺如何。”

“青罗伞盖撤下。”说到这里，何向东偷了一口气，神情一凝，接下来一段便是整个贯口最快的阶段，而且是越来越快，对他也是一个挑战，但见何向东嘴唇皮上下翻飞，语速极快，咬字却极为清晰。

“只见张飞豹头环眼，面如钢铁，黑中透亮，亮中透黑，颏下扎里扎煞一副黑钢髯，犹如钢针，恰似铁线，头戴镔铁盔，二龙斗宝，朱缨飘洒，上嵌八宝，云罗伞盖花冠于长，身披锁字大叶连环甲，内衬皂罗袍，足蹬虎头战靴，胯下马，万里烟云兽，手使丈八蛇矛。站在桥头之上，咬牙切齿，捶胸愤恨，大骂：‘曹操且听真，今有你家张三爷在此，尔等或攻，或战，或进，或退，或争，或斗；不攻，不战，不进，不退，不争，不斗，尔乃匹夫之辈。’大喊一声，曹兵退后；大喊二声，顺水横流；大喊三声，把当阳桥喝断。”

这一番贯口使下来，何向东额头上已经布满了细密的汗珠，可见是卖了力气了。何向东一手负在身后，另一只手并出二指指点而出，来了一个极漂亮的收尾：“后人有诗赞之曰：‘长坂坡前救赵云，喝退曹操百万军。姓张名飞字翼德，万古流芳莽撞人！”

“好。”师父方文岐比出大拇指，夸赞了一声。也不得不夸赞，对于一个九岁的孩子来说能把《八扇屏》的莽撞人说到这个地步已经实属难得了。

相声门第四代门长寿字辈的前辈张寿臣先生曾经说过，相声艺人说贯口最怕让观众替你费劲，要是观众看见台上的艺人说贯口说得面红脖子粗的，担心这演员可别累死在台上，一旦观众产生这样的想法，那这段贯口肯定是失败了。

贯口是让观众欣赏并且佩服的，要让人家觉得自己票钱花得值，可不能让人家跟着演员受累，观众要是觉得台上演员还没自己说得好呢，那他下次就不来了，演员就得饿肚子了。

何向东年纪小，气力不足，一番贯口说下来头上已经微微见汗了，但是也没有露出疲态来，可见这孩子的基本功还是非常扎实的。

何向东擦了一把额头上的汗珠，得意地笑道：“怎么着，爷儿们这活儿使得不错吧？”

方文岐点头赞同道：“得亏你有一个好师父啊。”

何向东一脸嫌弃，他平时练功可没少下功夫，就拿“赵云骑白龙马手执银枪”来说，单这一个动作，何向东就练了不下万次。

胯下骑着一个长板凳，手上还要拿着长棍，演出骑马打仗的样子。千万不要以为这是什么好玩的事情，弄上一两分钟可能还觉得有点意思，但是一整天，一整个月呢，腿都得磨破了，还有师父拎着棍子在旁边站着，动作不标准就是一棍子下去，艺人学艺都是非常辛苦的。

像以前有些相声艺人为了演好这些人物和打斗，都是向武师拜师学艺，是真正学把式的，足可见艺人作艺的讲究。相声里面也有文活和武活之分，文怕文章会，武怕大保镖，没有一个是简单的。

不过，何向东现在心思却不在作艺上面，头时不时往后大门的方向看。

方文岐心中好笑，也知道何向东要干吗，当下就直接说道：“行了，别看了，想找你的‘童养媳’就找去吧，记得早点回来。”

“好嘞。”何向东应承了一声，便兴冲冲往门外跑去。

“这小子！”方文岐咧嘴一笑，背着手，嘴里哼着小曲儿，一步一晃往屋里走去。

二

何向东出了门便撒了欢狂奔起来，一双小短腿倒是飞快。

1984年的天津郊县，交通根本不像后世那么拥堵，那个年代汽车可是个稀罕物，所以小孩儿在路上撒欢也不用担心什么，留神点自行车就行。

何向东和他师父住在县城东，靠近农村了，算是当时的郊区吧，地上是黄泥铺成的路，还在上面用长方形的青石板拼起来。这种老路晴天倒是还好，一遇到下雨天那可就遭罪了，出门一趟能顺二斤泥回来。

一溜小跑之后，何向东来到一个老式的农家小院，也没进去，非常熟练地往边上一蹿，跳上一个石墩，踮着脚往里头看。

里头一个扎着羊角辫的小姑娘面前摆着一个扁圆形的木框皮面鼓，支在几根竹棍组成的竹架子上，小姑娘一手拿着木质的匀板，一手拿着竹制的鼓签。

嘴里唱道：“马嵬坡下草青青，今日犹存妃子陵，题壁有诗皆抱恨，入祠无客不伤情。万里西巡君请去，何劳雨夜叹闻铃。杨贵妃梨花树下香魂散，陈元礼带领着军卒保驾行。叹君王万种凄凉千般寂寞，一心似醉两泪如倾……”

唱的是京韵名家骆玉笙的代表作《剑阁闻铃》，唱京韵大鼓的那个小姑娘叫田佳妮，是何向东新交的小伙伴。因为比何向东大两岁，所以一直被方文岐戏称是何向东的童养媳。

在小姑娘对面还站着一位老头儿，跟方文岐那副邋遢的样子完全不同，这老头儿穿着讲究，长衫马褂，足蹬布鞋，头发根根往后倒梳，一丝不乱；鼻梁上还架着一副眼镜，很有老派知识分子的样子。

老头儿叫柏强，是田佳妮的师父。

何向东正看得热闹呢，柏强就打断田佳妮的演唱，说道："妮儿啊，我说你怎么不管板眼就唱啊，现在是没给你配上弦，要不然不得全乱了啊。"

田佳妮抬起头，看着师父，一脸茫然。

柏强解释道："你在用紧板的时候，也是需要和慢板配合的，从一板三眼过渡有板无眼，然后再回到一板三眼。就像《剑阁闻铃》这段儿，它最后一落，从间奏开始到第一个字的'再'都是慢板，接下来的'不能'开始一直到'万点通红'就要到有板无眼的紧板，然后到'这君王'到结束，再回到慢板，这都是有规矩的。"

传统唱曲时，经常是用鼓板按节拍，凡是要强拍的都需要击板，所以称这一拍叫"板"，弱拍和次强拍是用鼓签敲鼓或者是手指按拍，称作"眼"，合称"板眼"。一板一眼叫一眼板，也就是两拍子；一板三眼叫三眼板，就是四拍子；没有固定板眼的叫散板；有板无眼的叫快板或者无眼板。在演出的时候，艺人也常常敲鼓板打花点，来增加美感。

这师徒俩一问一答，柏强还矫正田佳妮唱曲方面的错误，又亲自唱了一段，但是田佳妮还是没有掌握好，一下两下，小姑娘也急了，眼眶里面都有泪水了。

何向东在围墙上看得更是心急，就赶紧喊："柏叔，柏叔……"

柏强和田佳妮回头朝围墙看去，何向东那小脑袋就支在围墙上面，柏强看得也好笑，就道："这谁家小子，年纪轻轻就学会爬墙头这门手艺了啊。"

何向东似乎也是觉得有点不雅，双手一使劲，脚下连蹬就蹿上了墙头，跨坐在围墙上，笑嘻嘻地看着院内的两人。

好吧，好像更不雅。

柏强看这个毛头小鬼也是无语了。传统艺人行当教导徒弟行话叫作"夹磨"，夹磨之时是禁止外人观看或者偷看的，像何向东这种行为说得严重一点就属于荣活儿，偷人家的手艺，这是行业大忌。只是因为这孩子灵醒，柏强也很喜欢他，就不计较什么了，愿意听就听吧，多学一点也是好事。"你该上哪儿就上哪儿玩去，我们这里正练功呢，没工夫搭理你。"

何向东道："你以为我想来啊，是我师父叫我来的，他找你有事儿。"

柏强问："什么事啊？"

何向东道："这我哪儿知道啊，反正我师父让我过来了，我就来了呗。"

柏强琢磨了一会儿，也没想出个头绪来，便道："行吧，你俩玩吧，别乱跑，我出去一趟。妮儿，你自个儿也多琢磨琢磨。"

说完，柏强换了件衣服，蹬着自行车就出门了。

何向东从墙上爬下来，小跑到田佳妮身边，笑眯眯道："妮儿，咱俩玩吧。"

田佳妮摇着小脑袋，道："不了，我还得唱大鼓呢，我还没学会呢，等会儿师父回来又要骂我了。"

说着说着，田佳妮眼里又有眼泪水出来了。

见状，何向东赶紧安慰："没事的，没事的，过两年就好了。"

田佳妮抬头看他，道："过两年我就能学会了吗？"

何向东道："就习惯了。"

田佳妮一听，一瘪嘴，立马哭出来了。

田佳妮边哭边道："我师父嫌……我笨……怎么……怎么都学不会，你……你也说我笨……我……我……"

看到田佳妮真的哭了，何向东也急了，他挨师父揍的时候也没哭啊，有时候是为装死挤出两滴眼泪来。他是搞不懂这姑娘还没怎么着，怎么眼泪就这么多啊。

何向东劝道："妮儿，你别哭了呗，我都不知道该怎么办了。"

可田佳妮依然停不了抽泣。

被逼得没辙了，何向东就道："要不我也给你唱一段呗，《文王卦》，要是算错一卦，你就打我一下行不？"

田佳妮泪眼婆娑地看他，也是有点兴趣，就点头答应了。

何向东拿过她手上的鼓签，在大鼓上敲击起来。

《文王卦》是太平歌词中的一段儿，相声的四门功课说学逗唱中的唱，指的就是太平歌词，其他的唱都算是学。因为别的歌啊、曲啊、剧啊都有他们专门的演员，相声演员是学他们唱，只有太平歌词才是相声的本门唱。

太平歌词唱法很简单，曲调也很单一，基本上听上几遍就都能唱了。会唱的人很多，但真正唱好的人却是极少极少。因为唱太平歌词全靠演员的肉嗓子，伴奏的仅仅只有一对玉子，也就是两块竹板，没有别的乐器托着演员演唱，想唱出味道来很难。

离了玉子，唱太平歌词一点也不妨碍，因为最初唱太平歌词的艺人就是用手拍着大腿唱的，后来是相声前辈恩绪在给慈禧太后演唱太平歌词的时候，慈禧嫌恩绪手拍大腿打节拍不好看，就让李莲英截了两段竹板给恩绪用，这就是玉子的由来。最初叫"御赐"，后来因为谐音传成了"玉子"。

原先相声艺人在露天撂地演出的时候，都会唱一点小曲小调、太平歌词之类的招揽观众，让观众围过来看，行话叫“圆沾”，所有的相声艺人都离不了这门手艺。后来相声进入茶馆、剧场演出，用不到圆沾招揽观众了，再加上太平歌词学易精难，后来就渐渐式微了。

等到新中国成立，原先的相声艺人都进入曲艺团了，开始拿国家工资，肯下功夫学习这门技艺的年轻相声演员就更少了。随着老一辈相声艺人的逝去，现在几乎找不到会唱太平歌词的了，主流界都是在说歌颂类或者讽刺社会现实的所谓新型相声，传统的老手艺会的人已经非常少。也只有像何向东这种从小学艺，接受完整相声艺术传承的人才懂。

何向东拿着鼓签走到大鼓旁边，轻轻敲击起来，鼓点非常简单，太平歌词从来都是一韵到底的。

“咳咳。”何向东清了清嗓子，随即唱了起来。他年纪小，声音也很稚嫩，但是韵味却是十足。

“文王八卦算阴阳。

算了算，星星月亮长在天上。

算了算，五谷杂粮就属蚕豆大。

算了算，地里的庄稼就属高粱长。

算了算，爷俩比起来他爹的岁数大。

算了算，媳妇的妈妈是丈母娘。

算了又算，皇宫里面有皇上……”

田佳妮已经停住了哭泣，愕然地看着何向东，最后来了一句：“你唱得真讲理。”

《文王卦》是太平歌词里面一种老调的两人对唱的曲子，有时有准词，有时没准词，对演员的基本功和应变能力要求颇高。

《文王卦》从解放到现在，基本上没人再唱了，唯一留下来就只有侯宝林先生和刘宝瑞先生唱的一段一分半钟的录音，何向东也是刚和师父学的。

《文王卦》是两个相声演员对唱，并且互为捧逗，因为唱词本来就是大实话，所以也很能逗乐观众。文王卦唱词其实开头还有一段，因为何向东今天是单唱就省略了。

何向东看了看田佳妮，继续唱道：“算了又算，女孩就属佳妮最爱哭。”

田佳妮羞红了脸，狠狠瞪了何向东一眼。

何向东却丝毫不以为意，继续唱道：“算了又算，天底下就属何向东最聪明。”

“呸，不要脸。”田佳妮也被逗乐了。

何向东唱道：“算了又算，佳妮非要嫁给何向东。”

“不许唱了。”田佳妮被何向东的不要脸逼急了，赶紧小跑过去，抱起大鼓气呼呼地看着何向东。

何向东收起鼓签，问道：“怎么不让唱了？瞧我刚才算的这些卦多准啊。”

田佳妮道：“还算得准？唱得真不要脸，还说我嫁……哼……嫁……”

声音越来越低，最后细若蚊蝇，小姑娘也羞红了脸。

何向东却道：“有话好好说，不要一言不合就嫁我。”

“你……”田佳妮都气蒙了。

何向东一脸不情愿道：“咱们有怨的报怨，有仇的报仇，说好的可不能这么糟践我啊。”

“你……”田佳妮又要被气哭了。

一看要坏，何向东赶紧认怂：“妮儿，别哭别哭，我错了，我嘴贱，我这不是逗你一乐嘛，我错了好不好。”

“哼。”田佳妮扭头不看何向东。

何向东挠着头，腆着脸上前。这小子打小脸皮就厚，他伸出手来，道：“妮儿，要不你咬我一口呗，就当我给你道歉了。”

田佳妮倒是一点不客气，拉过何向东的手就一口啃了下去，痛得何向东龇牙咧嘴的。看他这个样子，田佳妮气儿也顺了。

两个小孩并排坐在门前的石阶上面，田佳妮问道：“你师父找我师父到底什么事儿啊？”

何向东道：“没有啊，我师父没找你师父啊，我骗他的啊。”

田佳妮惊愕道：“啊，你怎么骗人啊，那回去你师父不揍你吗？”

何向东无所谓道:“嗨，这不为了你嘛，看你都快哭了，我只能把你师父给骗走了呗。”

田佳妮感动道：“为了我……你都愿意挨揍啊？”

何向东道：“我还能为你而死呢。”

田佳妮满眼星星道：“真的啊？”

“那当然，瞧好。”说着，何向东就伸出小拇指往耳朵里面伸去。

田佳妮小拳头往何向东身上招呼，还骂道:“小混蛋，还喂我耳屎，你去死吧，你！”

待闹够了之后，何向东估摸着柏强也快回来了，为避免等会儿挨骂，他就准备走了，还约好改天带着田佳妮出去玩。

之后，何向东就在街上瞎逛。这也是个闲不住的主儿，看着街上的各种小吃，天津麻花、嘎巴菜、煎饼果子、耳朵眼炸糕……馋得口水都下来了。这年头的孩子肚子里都没油水，尤其是何向东他们家也不富裕，靠着师父出门卖艺也仅仅只能挣个温饱钱罢了。

“花二百钱买一小猪儿，吱儿吱儿喝水，嘎巴嘎巴吃豆，解墙头扔过去，吱的一声，您猜怎么着……死了。”相声前辈高德明先生曾经说过，相声艺人有几段话必须得说得利索，这句就是其中之一。

相声艺人的嘴里是不能闲着的，在学艺的时候嘴里总要念叨些什么，比如绕口令、顺口溜、小曲小段儿啊。

正所谓得道容易养道难，戏曲演员每天早上都得吊嗓子，相声演员也要每天锻炼嘴皮子、练身段、练嗓子，三五天不练一身功夫就得废咯。

“哎呀……”何向东擦擦口水，实在是忍不了了，连练功都练不下去，他站在一家饭店厨房门口，正是中午饭点，飘出来阵阵香气，受不了。

“打南边来个瘸子，担了一挑子茄子，手里拿着个碟子，地下钉着木头橛子。没留神那橛子绊倒了瘸子，弄撒了瘸子茄子，砸了瘸子碟子，瘸子猫腰拾茄子。北边来个醉老爷子，腰里掖着烟袋别子，过来要买瘸子茄子，瘸子不卖给醉老爷子茄子，老爷子一生气抢了瘸子茄子，瘸子猫腰捡茄子拾碟子，拔橛子，追老爷子。老爷子一生气，不给瘸子茄子，拿起烟袋别子，也不知老爷子的烟袋别子打了瘸子茄子，也不知道这玩意多好吃，哎呀……”

今个儿何向东的练功是进行不下去了，他都馋得不行不行了，他算是赖在人家厨房门口过干瘾了，鼻翼连连煽动，吸人家油烟跟抽大烟似的。

厨房窗口钻出一个胖大厨出来，对何向东道：“小孩儿，馋了吧？”

何向东做出一副云淡风轻的样子，小脑袋往上一扬道：“撑得住。”

胖大厨看得好笑，道：“馋了也没用，吃的东西都是公家的，我也没辙给你。想吃东西就去石老三家看看吧，人家今天摆寿宴，吃流水席呢！你小孩子去说两句吉祥话，讨点肉吃还是可以的。”

何向东却道:“手艺人不沾乞来钱，想吃东西都得靠自己本事，要靠祖师爷赏饭吃，讨东西吃我们可丢不起那人。”

胖大厨问道：“你使什么手艺啊？”

“说相声的。”说完，何向东扭头大步向前走。

三

石老三指的是天津郊县东的石家老三，原先家里也穷，改革开放后，这几年跑运输倒是发迹了，成了远近闻名的万元户。

今个儿是石家老太太的七十大寿，石家人摆流水席打算好好热闹一番，那胖大厨就是让何向东去给人家说几句吉祥话，想来石家人也不会跟一个小孩计较，随便也能吃点什么了，这种情况在农村很普遍。

何向东虽小，可他毕竟是个艺人，艺人就有艺人的尊严，都是要通过自己的作艺本事来挣钱，乞讨可不成。

在旧社会有相声艺人被逼得没法子了，大年初一披麻戴孝，摔碟子哭他死爸爸，为逗别人一乐挣两个钱好过年，就算是这种情况下都没有人直接乞讨的。

而且当初相声艺人撂地露天演出的时候，表演完一段之后，向周围观众打钱，都是手背朝上，而不能手心朝上，这表明我们是靠艺术吃饭，而不是要饭。

何向东也没想到什么好主意，他馋是馋了，可也不想直接过去蹭吃的，只是打算先过去看看有什么能帮上忙的，没辙的话那也只能打道回府了。

石家也在县城东，离何向东家倒是不远。可是现在何向东逛到了县城里面，离得反倒是有些远了，这小孩倒也沉得住气，不着慌不着忙，漫步走了过去，等到的时候已经是傍晚了。

石家人虽然现在是富裕了，但房子也是传下来的老祖屋，不算大，跟很多农家老房子一样，家里的院子很大，院子和大堂拢共摆了二十来张八仙桌，很是热闹。

门口还有不少来帮忙的人，手里都拿着传菜的木托子。在自己家里摆宴席的，单靠自家人一个灶台是肯定忙不过来的，都得靠邻居们帮衬，那时候一家人摆宴，一群人帮忙，很有人情味，后来大家富裕了都去酒店了，慢慢就看不到这种热闹的场景了。

不过今天貌似有点小状况。

“有没有弄错，老赵真的不来了？”一个中年男人紧皱着眉头，身上棕色西装有些不合身，看起来很是别扭，他也时不时扭一下领带，看来也是憋得够呛，这人是石家老大。

“没辙了啊，老赵他中午吃太多了，下午就一直拉肚子，现在都给送医院去了。”

石家老大骂骂咧咧道：“没吃过好东西的玩意儿，那现在怎么办？台上就刘美凤在唱评剧，他们也只会《小借年》，不会别的，这眼看唱完就下来了，再没人上去，就单一个节目看着多丧气啊。”

对面那人也发愁：“那现在也没办法，这节骨眼上去哪里找人啊，县城南的马富贵倒是会几段，可是现在也来不及了。”

石家老大一拍大腿，骂道：“这叫什么事啊！”

这年头摆寿宴唱堂会请的都不是专业的演员，毕竟这种性质的演出在当时是被批判的，说是旧社会的糟粕，是一种不尊重艺人的行为，专业演员是没人爱干这个的，给多少钱都没用。

所以石家人找的也是邻里街坊，他们以前家里有人是干这个的，小时候跟着学了一点点，唱得水平也一般，会的也不多，纯粹是上台热闹热闹。

石家老大下了决定，跺脚道："实在没辙，就让王美凤他们再上去唱一遍。"

"啊，再唱一遍《小借年》啊？这么多年，大家都快听吐了。"

石家老大道："那怎么办，这总没一个节目看着丧气吧，现在你让我上哪找人去啊。"

"要不……让我试试？"此时传来一个稚嫩的声音。

石家老大和那人回头看去，只看见一个小毛孩子眼巴巴看着他们。

"这谁家孩子，捣什么乱啊，一边玩去。"石家老大不耐烦道。

何向东倒是不慌，道："你们不是没人上吗，救场如救火，我们作艺的人都有艺德，要为同行补台。"

石家老大从兜里抓出一把糖塞到何向东手里，说道："行了，别作什么艺了，又不是小孩子过家家，自己玩去吧。"

何向东把糖果放到自己的兜里，一本正经说道："这权当您给的定钱了。"

"你还来劲了是吧！"石家老大瞪起了眼珠子。

何向东微微一笑，嘴里唱道："马嵬坡下草青青，今日犹存妃子陵，题壁有诗皆抱恨，入祠无客不伤情。万里西巡君请去，何劳雨夜叹闻铃。杨贵妃梨花树下香魂散，陈元礼带领着军卒保驾行。叹君王万种凄凉千般寂寞，一心似醉两泪如倾……"

是上午田佳妮唱的《剑阁闻铃》，要说这何向东聪明是真聪明，田佳妮半天没学会，趴墙头偷看的这货倒是学会了。

石家老大眼珠子都快瞪出来了。天津是曲艺之乡，天津人的曲艺修养也是相当厉害的，虽然可能不会唱，但听是会听的，更别说人家骆玉笙骆大师也是在天津成的名儿。

石家老大惊讶道："你唱的是骆派的京韵大鼓《剑阁闻铃》，嘿，真有味啊！你是唱大鼓的？"

何向东道："不是，我是说相声的，京韵大鼓我只会两句。"

听到何向东说自己是说相声的，石家老大更是动心了，天津可是相声窝子，老少爷们都爱听相声，大部分相声名家都是在天津成名的。不是有那么句话么，相声出处在北京，聚处在天津。

而且相声艺人小时候就说得很好的也有不少，像非常著名的相声前辈常宝堃先生就是年幼成名，艺名小蘑菇，非常有影响力，人家也是在天津学艺成名的。

当然在石家老大看来，说相声远比唱大鼓靠谱，你一小孩随便上台说两句，他在台下带头鼓掌叫好，一下两下，也算一节目了，这事不就糊弄过去了么。

石家老大咬咬牙，下了决定，说道："行，你要是能把场子撑起来就算是帮了我们大忙了，我得谢你。"

这些年和师父走南闯北四处卖艺也让这个孩子有了远超同龄人的成熟，他道："您客气，不过您得给我准备几样表演用的东西，都是老天津人了，说相声用的几样东西，您不陌生吧？"

石家老大道："还要找行头啊，电视上那些相声演员穿着西装、中山装就说了啊。"

何向东却道："我跟他们不一样，我是学传统相声的，说的也是传统相声，所以还是麻烦您给找找。"

"成吧，我去给你找，你先去院子里等着。"石家老大指着身边那人说道："二娃，快带人进去。"

何向东掸掸袖子，双手负在身后，跟着那人进屋，抬脚跨过门槛，抬头挺胸，很有派头。

石家老大动作很快，不多时就给何向东找来一件大褂，这还是去年石家老太太给大孙子做的一件，何向东穿着显大，空里空唧的，不过现在也没办法计较太多。

评剧唱罢，石家老大把长桌子搬了上去，盖了张红布。

桌子用的是一张老式的课桌，上面盖了一块红布，也不是相声表演专用的东西，但是能在这么短时间凑齐这些物事就已经很不容易了。

桌子上依次摆放了扇子、手绢、一块醒木。

扇子是折扇，相声表演用的扇子只能是折扇，不能是其他的。这也是演出用的道具，刀枪棍棒、斧钺钩叉……十八般兵刃都可以用它表现出来；也可以当作是笔，当作是一本书啊、一个菜单之类的；还有就是在说一些相声段子的时候，用来打捧哏演员，传统相声《口吐莲花》就是其中代表作。

在新中国成立之后，有相声前辈认为，在舞台上面打捧哏演员的行为是一种极其不尊重演员的行为，这种所谓用打哏来逗乐观众的方式是非常低俗的，后来这类节目就被废止了。

其实大可不必如此较真，相声表演首先是一种表演，既然是表演就需要代入到情节人物里面去。就像《口吐莲花》里面捧哏演员扮演的是一个视财如命又容易上当的人，被逗哏演员扮演的会法术的骗子戏弄。这都是剧情需要，都是他们扮演出来的人，又不是真的……

使用扇子也是有讲究的，拿起扇子三句话内就必须要用的，绝对不允许拿起扇子半天不动弹，更不允许用扇子来扇风降温，这都是有规矩的。

传统的相声艺人对扇子的喜爱是毋庸置疑的，在传统相声段子《规矩论》里面把各个行业的人用扇子总结一句话，叫作“文胸武肚僧道领，书口役袖媒搧肩”。

手绢是在表演某些相声段子时候用的，比如《卖布头》、《汾阳河》。手绢往相声演员头上一包，就扮演了个女人；或者是当作一封信，打开一看。这手绢是绝对不能用来擦汗的，就算是热哭了也不行，表演的时候擦汗是专门有擦汗的毛巾的。

醒木是在说单口相声的时候用的，说段评书什么的，用来拍一下桌子，提醒观众安静一下，接下来要说相声了。醒木有十三种之多，叫“十三木归源”，大家最熟悉的就是第五块叫“惊堂”，就是古代衙门里面的官员升堂所用；郎中用的是第十一块，叫“慎沉”；塾师用的是第四块，叫“醒悟”；评书、相声所用的是第七块，叫“醒木”；梨园行用的是第十二块，叫“如意”。

评书门还有专门的醒木词：

“一块醒木七下分，上至君王下至臣。

君王一块辖文武，文武一块管黎民。

圣人一块警儒教，天师一块警鬼神。

僧家一块劝佛法，道家一块劝玄门。

一块落在江湖手，流落八方劝世人，

湖海朋友不供我，如要有艺论家门。”

……

上台弄完了之后，石家老大小跑下来，在何向东跟前对他说：“你看还缺点什么？”

何向东满意道：“不缺了，这些东西就足够了。”

石家老大道：“那行，那你就赶紧上去呗。”

何向东拢了拢肥大的袖子，左手伸出两根手指提起大褂下袍离地一寸，大步向前走去，步伐又阔又坚定。待走到桌子前头，放下提起的大褂，双手拢在袖子里放在腹部，淡笑着看底下观众，也不说话。

台下的观众倒是毛躁起来了。

“这谁家孩子啊，怎么跑台上去了，谁家大人也不管管？”

“这小孩怎么还穿大褂啊，他还要表演个节目啊？”

“这谁啊？”

还有在底下搭茬的，问何向东：“嘿，小孩，你上台上干吗呢，快下来。”

看到有人问自己了，何向东终于说话：“接下来是由我给您诸位说段相声。”

说着，何向东拿出藏在袖子里面的手，抱拳行礼，左手在上，右手在下。君子居则贵左，左手压右手代表的是友好和平，右手压左手是打仗出殡的时候用的，不能混了。

“学徒何向东向观众致敬。”何向东抱着拳，迈着四方步出来，向四方观众作揖行礼，他年纪虽小，台风却是正得很。

“不是吧，这孩子真要说相声啊。”

“这不玩呢嘛，谁请的他啊？”

台下已经是乱糟糟的一片了。

石家老太太也问自己的儿子：“三儿啊，你们谁请了这孩子上场啊？”

石老三也就是跑运输发家的那位人物，现在正坐在老太太身边，他皱着眉道：“不知道啊，我去问问大哥。”

待问清情况之后，石老三也黑了脸，他也没法怪罪自己大哥莽撞的行为，现在人家孩子都上台了，他总不能往下赶人吧。在他看来一个屁大的孩子上台能表演什么，唱首儿歌估计都哆里哆嗦的。

石老三很头疼，看着乱糟糟的现场，他是真怕何向东把寿宴给搅和了。

何向东倒是淡定得很，看着台下乱糟糟的场景，心中是一点不慌，被这么多人注视讨论，他却完全没有小孩子的紧张和羞涩，反倒是很享受这种感觉，内心也隐隐有些激动起来。

何向东道：“诸位可能都很疑惑为什么我这个小孩会来台上表演相声，听我给您解释解释。”

听到这句话，台底下瞬间安静下来了。

“今个儿我出门玩儿，路过石家大门这儿，石家大爷叫住我了。”何向东摆出一副眼歪嘴斜、手抽风的羊癫疯病人发作的样子，道：“嘿，小孩，你站住。”

台底下笑了出来，石家老大也是一副哭笑不得的样子，摸着鼻子尴尬道：“好嘛，我变成了这样子。

石老三阴沉的脸色也缓和了很多，石家老太太也笑，露出没了门牙漏风的嘴说：“这孩子可真有意思。”

何向东在台上一转头，做出一副无辜的表情，用天津腔说道：“嘛事？”

然后一扭头，又做出一副抽风的样子：“我听说你艺术水平比较高，想请您给说段相声啊。”

何向东道：“我是个那么随随便便就说相声的人嘛，我当然拒绝了，我直接说不行不行。”

“人家石家大爷又说了。”何向东继续摆出抽风的表情，“小孩，给你一块糖做费用。”

“我的天！”何向东一脸嫌弃，“一块糖？一块糖就想让我这么有本事的人说相声啊，您诸位说我能答应吗。"

底下观众也起哄，齐声喊："不能。"

何向东一脸贱兮兮道："我能。"

"吁……"底下观众都起哄。

何向东心里也松了口气，好歹垫话儿算是响了。

四

相声艺人在表演的时候会先垫话儿带带路，要看看现场观众喜欢听什么，也会根据现场观众组成随时调整自己的垫话，这叫看菜吃饭，几个包袱抖出去，响了就继续说，瘟了就赶紧换一个。

垫话儿也没个准时间，三两句是垫话儿，说个几十分钟也是垫话儿，等垫话儿的包袱响了，观众对你认可了有兴趣了，这叫搭上线了，然后再入活儿，说要表演段子的内容。

其实何向东自己也没想好到底要表演什么，他今天是一个人说的，一个人说相声叫单口相声。

单口相声有两种，一种是长篇单口，与评书类似，是说书性质的。还有一种就是说的单口小笑话，马三立先生的《逗你玩》，马季先生的《宇宙牌香烟》都属于这一类的。

但是何向东到现在学的一直是一些开蒙的东西，主攻贯口和太平歌词，具体的相声段子师父一段都没传他，一个正活儿都不会。

而且他自己也没准备好今天要说的东西，何向东在台上看着院子里面的观众，心里一阵阵发苦，他现在是有点埋怨上自己的莽撞了。

不管怎么说表演是不能停的，总不能被观众看出来是演出事故，然后被轰下台吧。

何向东继续道："然后我不就进来说相声了嘛，我这进来一瞧，这好嘛，这么些人，吓得我都快尿裤子了，得亏您诸位离得远，不然得湿您一身。"

"吁……"台底下起哄声更响。

相声观众有一种独特的叫好方式，那就是观众喊"噫"，这个"噫"本来是天津人的一个语气叹词，比如天津人这顿酒吃美了，这个澡泡得舒坦了，发出一声舒服的"噫"声来表示一下自己的满足。

后来天津观众在听相声的时候听得好笑了，也喊一个"噫"，久而久之就演变成相声里面独特的叫好声了。但是随着时代发展，这种独特的叫好声就带上了几分起哄的味道，喊"噫"的，喊"吁"的都有，这倒是无所谓了，相声艺人最不怕的就是观众起哄，你越起哄人家越兴奋，你喊个“德玛西亚”人家都不怕。

石家老太太也捂着没牙的嘴笑个不停，石老三也乐了，石家老大更是乐不可支，拼命鼓掌，他请的这小孩真给他长脸啊，前面还落得老三一顿数落，现在至少证明他眼光没错啊。

“我上都上来了，总不可能再跑下去吧，能力一般，水平有限，今个儿也就让我给您诸位说一段，成不成在我，您诸位多捧。”何向东再鞠躬，既然没有准备，就砸现挂（行话，即临场发挥）吧。

台下爆发掌声。

“要说我说相声倒是也没多久，不过跟着师父也吃住了好几年，像我们这种打小跟着师父学艺的人叫儿徒，吃师父的，住师父的，就跟他的儿子没两样。

“就拿那天拜师来说，我刚一进门，我师父一见我，嚯，吓一跳，这孩子怎么长这么好看呢。”

“然后我师父就说了啊。”何向东空捋着胡子，做出一副老人的样子，道，“你这孩子真好看，长得真灵性，这样吧，我认你当我干爹吧。”

“噗！”石老三一口酒水直接笑喷出来，台下更是笑作一团。

何向东在台上一拍手，做出一副不可思议的样子：“我当时就跟我师父说了，您可不能见着什么便宜就上啊。”

台下更是笑声连连，你师父认你当干爹，你还说人家是占便宜，你也真是够了。

相声行有相声行的规矩，损的人都得是行内的人，逗哏演员经常说捧哏演员爸爸怎么样怎么样，老婆怎么样怎么样，说的都是同行。没有相声演员去损行外的人，更没有哪个说相声去说观众的。

现如今的相声界主流都是在说歌颂型相声或者是讽刺社会现象的相声，像传统相声那样损同行或者是捧哏演员的基本没有了，尤其是拿捧哏演员家人打趣的伦理哏更是被当作糟粕强烈排斥。

看见台下观众反响不错，何向东打算继续说他跟师父的事儿：“我强烈不同意啊，没这么埋汰人的，我这师父也太没溜儿了，后来在几位师叔的劝说下，我师父终于放弃认我当干爹的想法了，吓得我啊。”

“然后拜师吧，我们艺人学艺拜师，都是一个头磕在地上，给师父行拜师礼，我师父也高兴啊，老头儿搬一条凳子过来，然后站在凳子上。”说着何向东一只手撑着腰，一只手向上指，抬头望上看道，“打今儿起，你就是我徒弟了。”

台下人也笑，都被何向东给逗乐了，连菜都忘记吃了。

何向东蹲了下来，一只手放在耳朵旁，冲地，做出倾听状，嘴里还在大声喊着：“什么，您说大声点？”

台下观众再笑，没听说过这么矮的人。

何向东也笑了几下，双手再拢在袖子了，正正经经站好：“刚才说的都是玩笑话，我且说着，您且听着，值当一乐就行了。我师父对咱还是很好的，而且人家品味也高，人家是老北京人，家里老有钱了，纨绔子弟，欸，最爱玩裤衩了，玩裤子弟嘛，有大姑娘的，有小媳妇的……”

“吁……”台下观众起哄连连。

何向东摆摆手道：“还有别的，就像玩那个什么，那个核桃，那文玩核桃，叫什么狮子头的，咱也不懂啊。我师父左手转两个狮子头，右手端碗米饭，嚯，不一会儿就饱了。”

“还爱玩鸟呢，有上了年纪的人都知道，那遛个鸟多有意思，吱吱的。像我师父最喜欢在公园里面和几个老头儿玩鸟。”何向东往屁股后头一掏，嘴里发出一声“噗——”

“哈哈哈……”底下观众笑作一团，往哪儿掏呢。

“您看我这鸟。”何向东还晃着手嘚瑟呢，“成，不看了啊，我再放回去。”

“噗——”何向东又往屁股后头一塞，脸上做出一副享受的表情。

底下观众都被何向东的神态给逗得不行了，石家老太太更是笑得前俯后仰的。

现场反响不错，何向东也放开了，继续说道：“那我师父不能光会玩啊，人家最厉害的还是体育，会游泳，国家游泳队都找我师父呢，我师父也去比赛了，和外国人比赛，为国争光。”

何向东往上捋他那袖子，两手叉腰，道：“那我师父可不能输啊，老头儿眼珠一瞪就发威了，那游的，裤衩都追不上啊，朋友们。”

“吁……”台下起哄声笑声闹作一团。

何向东道：“比赛场上永远都是这么一个情况，我师父游在最前面，裤衩在后面追我师父，一群人在后面追裤衩，最后排名，我师父第一，裤衩第二，外国人第三。”

“这好嘛，我师父一看后面人都追不上，那还不得尿一个庆祝一下。然后老头儿来一个仰泳，噗嗤。”何向东一脸猥琐看着观众，道，“您诸位都知道裤衩没有追上我师父啊，那一下子，那喷泉，哎呀，全场人都看呆了。”

“那老外还纳闷呢，怎么下雨了？”何向东抬头看天，擦擦额头的水，又放到嘴里尝尝，表情亮了，大叫道，“嗯，有点咸，呦西，真好吃滴伊马斯。”

全场都笑疯了，还有拼命鼓掌的。

相声里面的对口相声是最多的，正所谓三分逗七分捧，包袱要想响要靠捧哏演员托得住，不然肯定得瘟了。

所以很少有相声演员说单口的，绝大部分都是在说对口，单口段子更是少之又少，就是因为太难了。相声十二门功课，最难的就是单口相声。

像说何向东这种单口相声很少，现场临时编的就更少了，一个九岁的孩子能做到这个地步已经是非常难得。

今天这一场是何向东第一次上台表演，也影响了他一生。这种现场抓哏、编相声的本事，叫砸现挂，非常考验相声演员的应变能力和功底。后来何向东被人称为砸挂大王，也是从今天这一场起步的。

说完一段，何向东正正经经站好，拱手抱拳道:“今天也是石家老太太的七十大寿，学徒何向东恭祝石家老太太福寿绵长，万事如意。”

何向东再鞠一躬。

“好。”台下鼓掌，石家老太太笑得合不拢嘴，坐在一旁的石老三也满意点头，这孩子有理有据的，也把场子撑起来了，可算是帮了他们大忙了。

何向东笑道：“这样吧，我唱一段太平歌词给老太太贺寿怎么样？”

“好。”台下鼓掌欢迎。

何向东拿起桌子上的折扇，敲在桌子打着节拍，嘴里唱。

“那庄公闲游出趟城西，

看见了人家骑马我就骑着驴。

扭项回头瞅见一个推小车的汉，

要比上不足也比下有余。

打墙的板翻上下，

谁又是那十个穷九个富的。

若是要饱还是您的家常饭，

要暖还是这件粗布衣。

那座烟花柳巷君莫去，

有知疼着热是结发的妻。

人要到了难中拉他一把，

人要到了急处别把他来欺。”

……

《劝人方》也叫《庄公打马》，名如其意，是劝导人方正，劝人向善的，用唱曲的方式，用简答易懂的话语，唱出朴实的价值观，还是非常有意义的。正所谓“说书唱戏劝人方，三条大路走中央。善恶到头终有报，人间正道是沧桑”。

相声里面所有唱的部分都叫“柳活儿”，柳活里面又有正唱和歪唱之分，正唱就是正儿八经地唱，以展示唱功为主。歪唱就是在唱里面加入逗乐的东西，就如唱文王卦的时候会加入一些逗乐的元素，传统相声里面也有歪唱太平歌词的老段子，行话叫“柳里含春”。

何向东唱得也好，鼻音悠然，嗓音清亮，非常有味。

“天为宝盖地为池，人生世界上混水的鱼。

那父母养儿鱼拴着子，有孝子贤孙水养鱼。

弟兄们要相和鱼儿帮着水，妯娌们要和美水帮着鱼。

您要生了一个孝顺的子，你叫他往东他不往西。

您要生了一个忤逆子，你叫他打狗他去追鸡……”

听着台上那小孩在唱，石老三也很是感慨，父母像水，子女像鱼，父母一直包容子女肆意折腾，不管鱼儿变得怎么样，水总是能包容它，从生到死。

他又想起小时候父亲走得早，是母亲拉扯他们几个兄弟长大，又当爹又当妈，遭了罪也没处说去。尽管他现在是富裕了，也是别人眼里的孝子贤孙，可是他还是感觉亏欠母亲许多，想到这里他眼眶都湿了，攥紧了身旁老母亲的手。

石家老太太只是笑，轻声说道：“都好，都好。”

“那位阎王爷比作打鱼的汉，也不定来早与来迟。

今天脱去了您的鞋和袜，不知到了明日清晨提不提。

那花棺彩木量人的斗，死后哪怕半领席。

空见那孝子灵前奠了三杯酒，怎能见那死后的亡人把酒吃。

您就空着手儿来就空着手儿去。纵剩下万贯家财拿不的。

若是趁着胸前有口气儿在，

您得吃点儿喝点儿乐点儿，行点儿好、积点儿德、为点儿人，

那是赚的。”

唱罢，何向东静了几秒，然后抱拳拱手道：“谢诸位捧场，学徒何向东谢过诸位。”

“好……”观众爆发了热烈的掌声，叫好声连连。石老三也站起身来，给何向东鼓掌。石家老大更是把手掌都拍红了，真给他长脸啊。

何向东再三鞠躬，他师父是民间艺人，他也是，都保留着老派艺人的观念，观众就是他们的衣食父母，他们对观众是十分客气和感恩的。何向东学艺的第一课，师父教的就是如何感谢观众和感恩观众。

五

表演完毕，何向东脱下大褂，撤下表演用的桌子等物品。石家人也专门为他们这些表演的人开了一桌宴席，何向东也丝毫不客气，走过去打个招呼，就坐了下来。

虽然他年纪还小，但也是表演的艺人，既然卖了力气了，那自然是有资格坐下来吃饭的，这一点所有艺人都是有共识的。

何向东倒是一点不矜持，抱着一只肥硕黄澄澄的大鸡腿就啃个不停，满嘴流油，这年头大家肚子里都缺油水，很难得吃顿肉的。

前面表演评剧的王美凤看到何向东这副样子也很是心疼，她倒了碗水放到何向东面前，道："慢点吃，不着急啊。"

"嗯……嗯嗯……"何向东含糊不清应道。

王美凤叹了一声："真是可怜，这孩子是多久没吃肉了。"

王美凤的老公是和王美凤搭档唱《小借年》的，他道："我看这小孩挺厉害的，小小年纪就会这么多，会说相声，还会唱太平歌词。《劝人方》我也就是在小时候听人唱过，后来就再没听过了，现在听到真是……唉……"

王美凤老公抽着烟，抬头看天，目光萧瑟，做出一副文艺老青年的模样。

王美凤摸着何向东的小脑袋，说道："我看这小孩挺有出息的，将来肯定是个大角儿。"

何向东好不容易把鸡腿咽了下去，也顾不得脏，就直接用袖子擦了擦嘴上的油，然后一脸严肃对王美凤说："您说这话，我就得批评你了。"

王美凤和老公面面相觑，一脸愕然。

何向东继续一本正经道："你怎么可以把实话说出来呢？"

"哎哟喂。"王美凤哭笑不得。

王美凤老公也是苦笑连连。

何向东笑笑，然后又夹过来一大块肥猪肉，埋头吃了起来。那个时候，排骨啊、筒骨啊之类的骨头肉是不被老百姓喜欢的，因为没肉啊。

所以谁家摆酒席要是放一碗骨头肉，那肯定是要被客人骂小气了，大方的主家都是放一大盆肥猪肉，让宾客吃个满嘴流油。

正当何向东吃得正欢的时候，后背被人推了一把，脸都差点栽碗里。

"嘿，好小子，真长脸啊，你那太平歌词唱得是真有味啊，哈哈哈……"后面传来石家老大的笑声。

何向东苦笑回头，道："您客气，您捧我了。"

石家老大道："我这可不是捧你啊，你唱得是真好，今天要是没有你来救场，我们这宴会就要闹出笑话了，我得谢你啊。"

何向东年纪虽小，但是非常知情识趣："您客气，救场如救火，这是我们作艺的人的艺德。"

石家老大又伸出手拉何向东，道："老太太想看你呢，跟我过去给老太太拜个寿吧。"

"好嘞，您请。"何向东便跟着石家老大过去。

在寿宴主桌那里，他见到了石家老太太，是个头发苍白满脸皱纹的老人，但很慈祥，脸上总有笑容。

老太太拉着何向东坐在身边问起了何向东的情况，何向东也一一作答，待听到何向东从小就没有父母，只是跟着师父学艺，老太太又心疼地长吁短叹的。

石老三跟着劝："妈，你让人家孩子歇歇吧，人家说半天相声也累了。"

石家老太太这才放开何向东，何向东也抬头看石家这位顶梁柱，石老三大概三十来岁，短寸平头，看起来比石家老大沉稳多了，当然身上那股子生意人的精明气也是十分明显的。

石老三从怀里拿出一个红包，对何向东说道："这是你今天的酬金，感谢你来救场。"

"您客气。"何向东伸出手背，接过了石老三手上的红包。

以前评书艺人卖艺打钱的时候，都是撑开扇子用扇子去接钱，或者找个笸箩来，是不用手碰的。这种习惯后来也被相声艺人所学习，在茶社表演打钱的时候，相声演员也是拿着笸箩去接钱的，非要用手的情况下也是手背朝上，这是规矩。

天色渐晚，慢慢黑下来了，寿宴也结束了，那时候自家摆宴席晚宴都是吃到天黑就截止的，没有说吃到半夜的，吃太晚你根本回不去，小县城路灯也是才装了一点点，像他们这里的郊区农村边上晚上更是乌漆嘛黑一片。

出了石家门，何向东就迫不及待打开红包看了，这一看，眼珠子都差点快瞪出来了，红包里面整整放着二十块钱。

这可是笔巨款啊。

那个时候农村匠人给东家做工，一天也才一块钱，二十块钱都是人家一个月的收入了。

何向东心脏怦怦不争气地跳起来了，作为一个只有几分钱零花钱的小孩，哪里见过这么多钱啊。他已经开始浮想联翩了，就算是师父出去卖艺也挣不了这么多钱，他等会儿把钱交给师父，师父还指不定怎么夸他呢。

"我正在城楼观山景，耳听得城外乱纷纷，旌旗招展空翻影，却原来是司马发来的兵。”何向东一边唱着京剧《空城计》，一边使京剧的身段，来了一个起霸，云手、踢腿、弓箭步、骑马蹲裆式、跨腿、整袖、正冠、紧甲一整条连贯动作做出，来了一个提甲亮相式，嘚瑟完了才走。

“喵呜，喵呜……汪汪汪……”

不一会儿，田佳妮就跑出来了，这是何向东和田佳妮约定的暗号，猫狗大战声音一响，两人就偷偷出来见面。

何向东现在就躲在田佳妮家的围墙外面。田佳妮看见何向东有些惊讶，问道：“你这么晚叫我出来干吗？”

何向东神秘兮兮从他的大袋子里面掏出一个用塑料袋包好的烧鸡，递了过去，道：“给你带了点好东西。”

“咕咚。”田佳妮不争气地狂咽口水，眼睛再离不开手上的烧鸡了，她问：“你这是哪里弄来的？”

“当然是凭本事卖艺了。”何向东得意洋洋地把今天的故事一说，着重介绍他临危救场，技惊四座的绝妙本事。

听得田佳妮目光是异彩涟涟，看何向东的眼神都带上崇拜的色彩了。

何向东表示很享受。

田佳妮艳羡道：“哇，你真的好厉害啊，要是让我在那么多人面前表演，我肯定不敢，你……你真的好厉害啊。”

“那是，看见没，这是人家给的酬金，整整二十块钱呢。”何向东又拿钱出来嘚瑟。

田佳妮眼冒精光，佩服不已。

何向东却故意淡然道：“嗨，这不算什么，得，你赶紧吃吧，再不吃就凉透了。”

尽管已经咽了好几斤口水了，田佳妮还是强忍住吃肉的冲动，说道：“我要先拿给师父吃。”

何向东问道：“你师父早上还说你来着，你不怪他啊？”

田佳妮小脸很是严肃地道：“那是我师父，他说我是为我好，我怎么可以怪他呢。”

“好孩子。”何向东赞了一声，道，“行了，你快吃吧，我也给你师父准备了，那也是我师叔，我能不想着他嘛。”说着，何向东又从大袋子里面拿出一只烧鸡。

“哇，你真棒，我得赶紧给师父送去。”田佳妮夺过何向东手上的烧鸡，一溜小跑回家去了，留下何向东一人在风中凌乱。

半晌后，何向东哭笑不得地打开自己的大袋子，里面还有一个蹄髈和一瓶白酒，是他准备孝敬自己师父的。田佳妮的师父为了保护嗓子是从不喝酒的，何向东的师父早年间也不喝，现在年纪大了，也就随性了，偶尔也喝上一点。

何向东扛上几样吃食就回家了，到家的时候天已经漆黑，屋里还亮着昏黄的灯光，老式的白炽灯，二十瓦的，光线不强。

"师父，我回来了。"何向东在门口便已经兴冲冲喊出了声，直接小跑进去，推开大门便看见师父独自坐在凳子上。

今晚的方文岐有些吓人，一个人阴沉沉地坐在凳子上，两只眼睛审视地盯着何向东，直看得何向东心里有些发毛。

何向东站在门口怯生生的，不敢上前去。

"你今天干吗去了？"方文岐沉声问道。

问到这里，何向东松了口气，略带得意地说道："师父，我今天去给人家说相声了。石家，石家您知道吧？就是那个万元户，他家摆寿宴，台上缺人手，是我给他们救的场子。他们还给我钱呢，二十块钱呢，还有这些吃……"

"砰！"还不等何向东说完，方文岐便已拍了桌子。

何向东吓一跳，呆呆地看着师父。

方文岐脸色更是阴沉，怒道："是谁让你出去说相声的，谁！"最后一个字是呵斥出来的。

何向东已经是彻底呆住了，也被吓住了，眼泪在眼眶里面打转，他不明白，明明自己表现得很好，还挣来了钱，可是师父为什么会这么生气。

"给我跪下。"方文岐怒喝一声。

何向东跪了下来，委屈得眼泪也终于落了下来。

方文岐怒气未消："哭，你还好意思哭，看看你自己干的是什么事！还有这些东西，你拿来干什么，啊！"

方文岐把何向东特地带来孝敬他的蹄髈和白酒远远扔了出去。

何向东眼泪止不住地往下流，瘦弱的身躯在微微颤抖着，但他还是强忍着不敢哭出声来。

"你跪在这里好好反省。"丢下这一句，方文岐转身回了卧房。

六

星夜璀璨，月明人暗。

老头小孩都睡不着，一直到深夜，方文岐才又走到大堂里面让何向东回去睡觉，何向东也没说什么，揉了揉红肿的眼睛，默默就走回去了。

看着何向东离去的背影，方文岐轻轻叹了一口气，目光幽幽，脸上的皱纹更是深了几分。

斜光破晓，又是天明，何向东早早就起了床，在院子里面发了一会儿呆，没像平时那样练早功，在院子里扫视一圈，也没找到昨天被师父丢弃的肘子和白酒，心想也许是狗把整个大袋子都叼走了，心里头不由得又委屈了几分。

等方文岐起床之后，何向东这才回到厨房去准备早饭。方文岐也没管他，自顾自打水刷牙洗脸，然后在院子里用京剧演员的方式吊嗓子。

早饭很简单，就是白粥、馒头还有一小碟咸菜，餐桌上气氛也有些沉闷。何向东埋头吃饭，方文岐心中也清楚自己徒弟心里的委屈劲儿还没过去。

正当师徒俩互相尴尬的时候，门口来人了。

是柏强和田佳妮。

田佳妮刚到门口就赶紧从自行车后座上跳下来，迫不及待小跑进院子。柏强不慌不忙把加重版二八自行车停好了，这才双手背在背后，迈着四方步慢慢踱步走来。

田佳妮进来后，见何向东和方文岐在吃饭，便止住了小跑，恭恭敬敬向方文岐鞠了个躬，脆生生喊了一声："师大爷好。"

方文岐老脸上满是笑意，道："是小妮来了啊，吃饭没有？要不要一起吃点？"

田佳妮道："不了，我和师父吃了再过来的。"

说着，田佳妮偷看何向东，何向东也只是抬头看了一眼，便迅速低下头，兴致不高。

田佳妮心里头咯噔一下，用狐疑和担心的眼神一直往何向东和方文岐两人身上来回看。

"老方哥。"柏强喊了一声，笑意盈盈走了进来。

方文岐也没跟他客气，站都没站起来，喝着粥直接说道："坐吧。"

柏强直接在饭桌前面坐下来，何向东起身给柏强倒茶，柏强看何向东吊着个脸，心里头好笑，便打趣道："怎么着，爷儿们，昨晚挨收拾了吧？"

何向东脸色更是黑了几分，默默倒了碗水放到柏强面前，一言不发。

田佳妮反倒是把心悬了起来，很是担忧地看着何向东。

柏强轻轻呷了口水，道："昨晚妮儿把烧鸡拿来说是你小子给人家卖艺挣来的，我就知道要坏。这不一大早，妮儿就非要我过来看你，给你说情。"

何向东扒拉着碗里的白粥，小脸紧绷。

柏强看了看自己的老大哥方文岐，又看了看委屈得不行的何向东，心里头也很清楚是怎么回事，当下便直接说道："你说说你啊，你才学多久相声啊，连一个正经活儿都没学过，就敢给人家卖艺挣钱去，你师父不收拾你收拾谁啊。"

说到这里，何向东终于沉不住气了，抬起头，不服气道："那又怎么样啊，观众们的反响很好啊，我看他们都乐得不行了，东家也很满意啊，就你们……你们……"

何向东声音越来越低沉，最后还嘟囔了两句。

柏强却道："你们相声门里有三年学艺、两年效力之说吧，你在学艺期间没有经过师父同意就偷偷出去卖艺，你说这样合适吗？你演砸了，丢的不是你自己的人，是你师父的人。不说你师门了，就说同行来盘你的道，要是知道你还没出师就敢出来糊弄事儿，人家就能直接携你的家伙事走，让你缺了吃饭的家伙；回到家里你师门也饶不了你，你还真是够乱来的。"

何向东低头不语，这些规矩他心里也清楚，艺人在学艺期间是不允许私自出去卖艺的，不然是要被同行和师门排挤的。演砸了坏了师父的名声，也坏了整个行业的声誉，要卖艺必须要师父批准。

这种情况一直要到出师之后才会改变，师父也会在徒弟出师的时候把调侃儿（行话，就是行内的规矩和暗话）传给徒弟。传授完成之后，弟子才能自己卖艺。

虽然知道自己坏了规矩，但是何向东心里还是有些委屈，他不想自己第一次就非常成功的演出被师父这样无视。

此时，方文岐放下碗筷，说话了："东子，你把你在石家表演的相声再说一遍吧。"

何向东站起来，绘声绘色说起了当天表演的相声，他想向他师父证明自己没丢他的人。

原本很是担忧的田佳妮被何向东逗得哈哈大笑，柏强也笑个不停，只有师父方文岐只是偶尔抽抽嘴角。

方文岐自然不会因为何向东在相声中编排他而生气，台上无大小，台下立规矩，在台上你怎么说都行，可以没大没小。但是在台下，规矩还是很重的。

何向东道："最后，我还唱了一段《劝人方》，再然后我就下台了。"

柏强看向方文岐，笑道："老方哥，你这徒弟说得怎么样，你给评评呗。"

方文岐轻笑一声道："外行人的相声。"

"啊？"田佳妮惊叫抬头，满眼不敢置信，她觉得何向东已经说得很好了啊，都把她逗得不行了，怎么还是外行的相声。

何向东也错愕地看着师父，他也没想到会落得这样一个评价。

方文岐解释道："一段相声里面包括垫话儿、正活和底。你垫话儿垫得太嫩，路子也没有摸熟，也幸好观众看你是小孩，都肯捧你，都肯听你说，不然你开头就得砸了。还有入活儿，你是怎么入的，太生硬，转折太生硬。还有相声的底呢，你这相声里面根本没有底，这是一段不完整的相声。

"相声里面的包袱，我们讲究的是平铺垫稳，三翻四抖，你正活里面的包袱都抖得太早了，根本就没有经过足够的铺垫，好赖人家看你是小孩给你捧场，才响了包袱，不然你这相声得瘟咯。”

听得师父解释，何向东的脸色也不好看，他没成想自己挺成功的演出竟然有这么多的毛病。

方文岐继续道："说相声不是说笑话，不是说把人逗乐了就是相声了。人家东北二人转、南方的滑稽戏也能把人逗乐了，可人家那是相声吗？你要学的还多着呢！”

“哦。”何向东低着头，闷闷应了一声。

方文岐看何向东这副样子，又是好气又是好笑，道："明天开始我传你相声正式的活儿吧。”

“真的啊？”何向东两眼冒光，心里一下子激动起来，之前他学的一直是相声开蒙的贯口、柳活儿这些东西，正经相声段子师父一段也没传他。

他之前也一直在求师父，可是方文岐却不肯答应，现在师父终于松口了，他怎么能不激动，连之前的不快都一扫而光了。

方文岐也看得好笑，道:“行了，你们两小孩去玩去吧，还有你今天的早课还没练，记得别忘练了。”

“好嘞。”小孩子的脸就像六月的天，说变就变，前面还是乌云密布，现在已经是阳光灿烂了。

何向东拉着田佳妮的小手，两人就跑出去玩了。

待两个小孩跑远，柏强才凑到方文岐身边，说道:“哎，我说你这徒弟可了不得啊！才九岁的小孩，正经的相声一段也没学过，就能把相声说到这个地步，你们相声门那些大师在这个岁数恐怕也不见得比他强吧，我说你还有什么好挑剔。”

方文岐抬头看他一眼，道:“有你什么事啊，我教徒弟你在旁边偷看我就不说你了，你还敢评论我教徒弟的方式啊！”

柏强自讨了个没趣，道："得，是我白管闲事。话说你们平时都吃得这么清淡啊，这日子过得也是够恓惶的。”

方文岐从里屋拿出一个肘子，道："我这儿还有个肘子呢。”

柏强道："那还愣着干吗，切了咱俩尝尝呗。”

方文岐却嫌弃地挥了挥手，道："这是我徒弟卖艺孝敬我的，有你什么事儿啊。”

说着，方文岐很宝贝地把肘子再包好。

柏强笑骂："你这老货。”

相声大师

第二段 八扇屏

一

何向东和田佳妮来到小溪边上，田佳妮坐在大石头上，还是清晨，朝阳刚升，金色阳光照在两人身上，何向东对着小溪练功。

“我请您吃蒸羊羔、蒸熊掌、蒸鹿尾儿、烧花鸭、烧雏鸡、烧子鹅、卤猪、卤鸭、酱鸡、腊肉、松花小肚儿、晾肉、香肠、什锦酥盘儿、熏鸡白脸儿、清蒸八宝猪……

“我说说，你听听。在想当初，唐朝有一位粗鲁人，此人复姓尉迟，单字名恭号敬德。保定山后刘武周，自秦王夜探白壁关，敬德月下赶秦王，打三鞭，换两锏，马跳红泥涧。自降唐以来，征南大战王世充，扫北大战雷世猛。跨海征东，月下访白袍。唐王得胜，班师回朝，鄂国公因救白袍，在午门外拳打皇亲李道宗门牙两齿。唐王恼怒，贬至田庄，后来白袍访敬德，那尉迟恭正在船头独自垂钓，忽听身背后人又喊，马又叫，言道：‘吾乃征东薛平辽，特地前来访故交，你若金殿去交旨，保你为官永在朝。’敬德闻听说：‘吾乃山野村夫，耕种锄刨一粗鲁人也。’

“花二百钱买一小猪，吱儿吱儿喝水，嘎嘣嘎嘣吃豆，解墙头一扔过去，啪的一声，您猜怎么着，死了。”

……

练完了贯口活和顺口溜，何向东又拿出玉子唱起了太平歌词，唱的是《劝人方》和《秦琼观阵》这两段。

何向东打板唱词，田佳妮支着下巴看着，她很喜欢听何向东唱小曲，很好听。

唱完了太平歌词，何向东又唱了京评越黄、河北梆子，反正是他会的戏曲全都唱了个遍。艺人的嗓子都是这么练的，嗓子是越练越亮，技巧也是越练越熟。

正所谓得道容易，养道难，学活儿算是简单的，但是想要炉火纯青，需要几十年的水磨功夫，没人能一步登天。

练完了基本功，何向东吐出一口浊气，对着小溪大声喊：“我要学相声了……”

看着何向东如此激动的样子，田佳妮有些不懂，支着小脑袋问道：“你不是一直在学吗？”

何向东道：“那不一样，我之前一直学的是开蒙的活儿，主要是说贯口和柳活儿，也就是唱曲之类的。真正传统的相声我师父一个都没传我，现在我师父终于肯教我了。”

田佳妮也很高兴：“你现在已经那么厉害了，师大爷传你相声之后你肯定更厉害了，你以后一定能成为大角儿，能……嗯……能天天上电视的那种。”

何向东却道：“我不想上电视，就想跟我师父一样说真正的好相声。”

“嗯……”田佳妮用力点头。

想了想，田佳妮又问：“昨晚你师父罚你了吗？”

何向东点头道：“对啊，跪了半宿呢，还挨了顿骂。”

田佳妮有些担心地问道：“那你不会怪你师父吧？”

“当然不会，师徒如父子，挨我爸爸骂不是正常的吗，再说昨天是我自作主张私底下卖艺，说得也不好，险些坏了我师父的名声，是我错了。”何向东认错态度倒是诚恳，他是没好意思说他昨天是因为馋嘴了才去卖的艺，说出来太丢人了。

“只是可惜那个大肘子啊。”何向东吧唧着嘴，一脸馋相地望着天空，淡淡地忧伤。

这孩子没治了。

“你还在馋我家的肘子吗？”大石头后边传了一个怯生生的厚实声音。

何向东和田佳妮回头看去，只见一个大胖子从石头后面走出来。这胖子年纪跟何向东差不多大，梳一个小分头，头发抹得油光发亮的，穿的衣服也是很潮的背带裤，据说是从深圳带来的那种。

何向东问道：“你谁啊？”

小胖子有些怯生生地看了何向东一眼，低着胖乎乎的头想了一会儿，又说：“你昨天在我家说相声，你穿的大褂就是我奶奶给我做的。”

何向东这才想起来，笑道：“原来是你的啊，我说衣服怎么这么大呢！对了，你叫什么名字啊？”

小胖子道：“我叫石磊，你知道怎么写吗？我写给你看。”

小胖子还想显摆一下，就笨拙地蹲下捡一块小石头，打算在大石头壁上写字。

何向东满不在乎道：“嗨，不用，我会写，不就是四个石头嘛。”

小胖子石磊霍然抬头，一脸震惊：“你好厉害啊，这都会写啊，我们班的同学好多不会的。”

何向东无所谓地耸耸肩，他虽然没上过学，但学问绝对比这些小学生深得多。艺人的肚就是杂货铺，什么都得懂，什么都得会，尤其是相声演员，肚子里的学问一定不能浅了。

传统相声里面的《八扇屏》讲的是历史，《歪批三国》讲的是文学，《地理图》讲的是地理，《戏曲杂谈》说的是戏曲，《五红图》说的是哲学……这学问浅了可来不了，演得出形，演不出神。

在清末的时候，相声还有清门和浑门之分，清门是那些拿旗饷不事生产的八旗子弟，也就是所谓的旗籍票友。这帮人学问素养比较高，平时表演也是在各个达官贵族府邸演出，不为钱，只是为了交情和爱好，所以相声里面的文化含量高一点，多文哏作品。

浑门指的是那些出自于市井的相声艺人，在露天撂地演出，艺人文化水平不高，观众也是如此，所以他们的相声荤素不忌，咸淡皆行。

在民国二年，民国政府断了八旗子弟的旗饷之后，这些人没有饭辙了，原先的票友纷纷下海演出，清门、浑门开始合流。在曲艺界、梨园行，还有老北京各种老手艺行当往上翻几辈家谱，就都能看见这帮八旗子弟的身影。

方文岐为了拓宽何向东的戏路，所以平时对何向东的要求也非常严格，每天都必须让他花一段时间补充文学知识，而且还学武，学诗，京评越黄梆子，各类戏曲一点没落下。

所以别看何向东只是一个小屁孩，懂的东西可一点都不少。

小胖子石磊见自己没什么可显摆的了，挠着头看了看何向东，又看了看田佳妮，最后从自己口袋里面抓出一把糖，说：“你俩陪我玩呗，我给你们糖吃。”

何向东倒是也大方，直接从石磊手里接过糖，说道：“行吧，说玩什么吧。”

小胖子很认真地想了想，说：“不知道啊，你说玩什么吧，我都行。”

何向东道：“这样吧，咱仨玩放屁崩坑吧，看到这片沙子地了吧，咱们放屁来崩它，看看谁崩的坑大。”

田佳妮捂着脸，崩溃了。

小胖子想了想，说道：“好像很好玩啊，那我要脱裤子吗？脱了裤子崩的坑比较大。”

说着，小胖子就开始脱裤子。

“啊……”田佳妮发出一声凄厉的尖叫，赶紧跑开。

何向东赶紧上前拦他——这孩子真实诚：“哎哟，哥，我叫你哥成不，你还真脱啊？”

小胖子还一脸纳闷呢：“脱啊，不脱坑崩不大，你别拦着我。”

何向东急忙道：“哎哟哟，哥，哥，你赢了，你赢了好不？”

小胖子一脸蒙："这就赢了啊，哇，好简单啊。"随即欢呼雀跃。

何向东和田佳妮面面相觑，这孩子没治了。

小胖子很兴奋，脸上的肥肉一颤一颤的，他说道："跟你们玩真有意思，我们接下来玩什么啊？"

何向东一想到昨晚那个大肘子就心疼不已，现在看着这个人傻钱多的小胖子怎么能放过，就立马换上一副神秘兮兮的样子："听说过盖世无双叫花鸡吗？"

小胖子一脸茫然，说："没有啊。"

何向东捂着心口，做出一副锥心痛首的样子，满脸恨铁不成钢，仿佛小胖子不知道叫花鸡是什么大罪过似的，悲愤道："你怎么可以不知道呢？"

小胖子倒是吓一跳，呆呆道："我……我……真的不知道啊。"

田佳妮在一旁无语地看着这两个活宝。

何向东用手捂着脑袋，长叹一口气道："枉你是堂堂石家大少爷，见多识广，连盖世无双叫花鸡都没吃过，你，唉……"

小胖子这才明白过来，恍然大悟道："噢，原来是鸡，吃的啊，嗨，我还以为什么呢。"

何向东却不干了，质问道："鸡？你以为这是普通的鸡吗？啊？这是盖世无双叫花鸡。"

小胖子还是没明白，问道："这有什么厉害的？"

"有什么厉害的，哼，我告诉你这来头可大着呢。"何向东一拍大腿，道，"我说说，你听听，在想当初，后汉三国有一位莽撞人。自从桃园结义以来，大爷姓刘名备字玄德，家住大树楼桑。二弟姓关名羽字云长，家住山西蒲州解梁县。三弟姓张名飞字翼德，家住涿州范阳郡。后续四弟，姓赵名云字子龙，家住镇定府常山县，百战百胜，后封为常胜将军……"

何向东使起活来，那叫一个眉飞色舞，十分投入。在旁的田佳妮听得是目瞪口呆，这段是《八扇屏》里面的莽撞人，平时净听何向东清晨练功说这个了，可是这跟叫花鸡有什么关系啊。

可惜小胖子石磊没听过，这小子正张大着嘴呆呆看着何向东，一副傻傻的样子。

"曹操急忙传令：'令出山摇动，三军听分明，我要活赵云，不要死子龙。倘有一兵一将伤损赵将军之性命，八十三万人马五十一员战将，与他一人抵命。'众将闻听不敢前进，只有后退。"说到这里，何向东却是一顿，看着石磊问道，"你知道这曹操为何不让他的大军上前？"

"不知道啊。"小胖子茫然摇头。

何向东一本正经道："因为这赵子龙身上有一宝物，曹操怕伤了那宝物。"

小胖子好奇问道："什么宝物？"

何向东道："便是那盖世无双叫花鸡。"

"噗！"田佳妮笑喷出来。

何向东也不理她。

小胖子倒是一脸惊讶："这么厉害啊。"

"那当然，可惜啊，这盖世无双叫花鸡的做法后来就失传了，到现在也就传了一支下来。"何向东竖起大拇指指了指自己，一副得意的样子。

小胖子咽了咽口水，说道："这东西有那么好吃吗？"

何向东道："这不废话么，不好吃人家曹操至于派百万兵马去抢么。这样说吧，你在这边吃盖世无双的叫花鸡，另一边在枪毙你爸爸，你一点不心疼。"

"有这么说话的么？"田佳妮翻起了白眼。

小胖子却震惊道："我的天，真的这么好吃啊？"

这孩子没治了，田佳妮白眼再翻。

何向东道："对嘛，可惜啊，现在是没有鸡，不然一定让你尝尝这个盖世无双叫花鸡，啧啧，保证让你投三辈子胎都忘不了这味儿。"

"我家有鸡啊，昨天我奶奶过寿，家里买了好多鸡，还有好几只宰了没做的呢，我去给你拿。"小胖子倒是很积极。

何向东却道："拿你家东西不太合适。"

"没什么不合适，我这就回去拿，你等我啊。"这小胖子还是个急性子，哧溜溜跑得飞快。

田佳妮一脸鄙视地看着何向东。何向东却仰头看天，说道："相声四门功课，坑蒙拐骗啊。"

二

方文岐和柏强在不远处已经看了很久了，柏强对方文岐说："你这徒弟可真够坏的。"

方文岐背着手往远处走去，也不去打扰那几个小鬼，柏强拉着自行车跟上。

"过几天，咱们几个老艺人有个小聚，你要不把小东子带上吧，也让他见见世面。"柏强又来了一句。

方文岐问道："哪几个艺人啊？"

柏强道："就那几个啊，你都不用想，你这辈子又没朋友，想瞎了心也就那几个人。"

方文岐一脸无语。

柏强继续道："我说小东子这野性子你得管管了，偷偷出去卖艺我就不说他了，现在还在那里骗人，你就不管管了？不怕这孩子学坏啊？"

方文岐却半点不在意，道："有什么好管的，你说他坏，我还怕他不够坏呢，他要是成了一个温顺的谦谦公子，我还真怕他以后应付不了相声门内的事情。"

柏强一愣，沉默了。他和方文岐是老友，相交多年，对方文岐当年经历过的事情也很清楚，数度张嘴却什么都没说出来，最后也只是默默叹了一口气。

方文岐继续边走边说："我也老了，也没精力应对那些乱七八糟的事情。我现在唯一的愿望就是想把我会的传统相声都传给小东子，他是一个罕见的好苗子，我活了六十多年了从没见过这么灵醒的孩子，他足够继承我的衣钵。传统相声不能断了传承，那么多老先生百多年来的努力可不能毁在我们这辈人手上。"

柏强道："你也不必太悲观，现在相声不是很火么，电视演出上都是说相声的，我们这些传统的老艺术现在过得最好的就是你们相声了。"

方文岐不屑地笑了一声："电视上？电视上的那能叫相声？人家上电视都是奔着出名挣钱去的，有几个是真正爱相声的？那些个相声演员基本功有几个是过关的，相声最基本的四门功课，说学逗唱都学不全，连太平歌词都不会唱，这能是说相声的？

"传统相声说细了有十二门功课，年轻一辈有几个学全的？我们这辈人要是都死了，年轻人有几个能挑梁的？还有你不要看现在电视上相声挺火的，我敢和你赌，出不了十年就再没人听相声了，你信还是不信？"

柏强也被方文岐这斩钉截铁的论断吓了一跳，道："不会吧，不至于这样吧？"

方文岐道："怎么不会，电视是个好东西，一场晚会就可以让一个相声演员一夜成名。也正因如此，谁还愿意下苦功夫去学相声的基本功啊，去讨好几个导演、电视台领导不比什么都强啊。上几个节目，成名了之后，这儿慰问那儿演出，中国那么大，他能用一个段子糊弄一辈子。这是相声吗？观众会听这个吗？"

"而且现在都不让说传统相声了，成天在说一些所谓的新相声，你要是说得好那也就算了，可是电视上的相声有几个是能听的？我们相声一门百多年来无数前辈留下的经验和技巧全都放在传统相声里面，这帮人说扔就扔了，还真是舍得！"

说完，方文岐还是有些气，背着手走得很快，脚步踏得很重。

柏强推着车，停在当场，有些呆呆地看着自己这位老大哥离去的背影，心情有些复杂，也有些沉重……

何向东是不知道这些的，这货现在正忙呢，从家里拿来了盐、葱，还浸了几张干的荷叶，现在入秋了，新鲜荷叶是找不到了，只能用干的凑合一下。

小胖子回来得很快，一手拎着一只拔干净毛的三黄大肥鸡。别看他胖，动作倒是不慢，跑起来煞是威武。

何向东笑得很开心，嘴都快咧到耳朵根后头了。

小胖子跑到何向东跟前，两只手往前一摆，笑道："给，鸡我给你找来了。"

"好样的。"何向东不失时机地大肆表扬了一番，直夸得小胖子满脸不好意思，最后何向东给小胖子一把铁锹，说道，"去，挖点泥过来。"

小胖子有些不情愿，说道："干吗让我去啊？"

何向东道："我得把这两只鸡处理了啊，我不弄，你吃什么啊？"

听何向东说得在理，小胖子又把目光投向坐在一旁的田佳妮，田佳妮也眨着无辜的大眼睛看着他。

何向东挤兑道："你好意思让人家女孩子干这体力活？"

"我去。"小胖子下了决心，拎了铁锹就跑开了。

何向东也笑笑，把两只鸡分好，用盐在鸡身上抹了一层，然后轻轻揉捏，让盐味可以渗入进去。

田佳妮在旁问道："你做的这个鸡真的好吃吗？"

何向东头也没抬，道："那当然，这可是传说中的珍珠翡翠白玉鸡，味道能差得了么。"

田佳妮皱着眉头道："你刚才明明说的就是盖世无双叫花鸡。"

何向东一愣，然后认真道："不要在意那些细节。"

田佳妮："……"

小胖子动作很快，不一会儿就铲了一大堆泥过来。何向东也忙活得差不多了，把葱打结放在鸡的肚子里面，然后再小心地用荷叶一层层包好，最后把泥和水了，弄成黏稠的样子，再包在荷叶外面。

做完了准备工作，几个小孩开始生火，就在小溪这边，何向东从家里带了柴火出来。对于农村长大的孩子来说，生个火根本没难度，不一小会儿，火便烧得很旺。

三个小鬼眼巴巴盯着。

"这盖世无双叫花鸡到底什么时候熟啊。"小胖子口水都快流下来了。

田佳妮也看了过来。

"待我算上一算。"何向东装模作样掐了掐手指，张嘴便唱，"文王八卦算阴阳……"

"行了，别唱了，也没个正形。"田佳妮赶紧打断何向东的无脑演唱。

何向东也只是笑笑。

小胖子依然是一副傻样子。

过了十几分钟，湿泥土都干了，又过了五分钟，何向东突然暴起，站起身来大喝一声："呔，它熟了！"

小胖子也很激动，飞起一脚便把烧着的柴火踢得满天飞，那身段姿势别提有多潇洒了，跟他的身材完全不符。

何向东赶紧上前用棍子把裹着黄泥的叫花鸡扒拉出来，用脚轻轻一踩，黄泥就裂开了，一股诱人的香气缓缓飘出。

三个小鬼哈喇子流个不停。

何向东也顾不得了，直接用手扒开泥土，烫得自己龇牙咧嘴的，然后两只手抱着鸡迅速往旁边一放，田佳妮早拿了一个海碗等着了，两人配合很默契，鸡进了海碗。

田佳妮小心地剥开荷叶，露出一只黄澄澄的叫花鸡，肉香扑鼻，很是诱人。何向东上前直接扭了一只鸡腿下来，递给了石磊，说："鸡是你拿来的，你先吃鸡腿吧。"

小胖子笑嘻嘻地就接过来，大啃起来。

何向东又把另一只鸡腿给了田佳妮，自己扭下一只鸡翅大嚼了起来。还有一只叫花鸡，两人都很有默契地没有动，这只是留给他们俩的师父的。

鸡肉很嫩，很香，田佳妮和何向东吃得满嘴都是油，皆露出满足幸福的笑容。这时，小胖子却问道："这也没有那么好吃啊，曹操要派百万大军抢鸡吃吗？"

何向东向他解释："你看曹操是聪明人吧，这盖世无双的叫花鸡只有聪明人才懂得吃，笨的人都吃不出它的美味来。"

小胖子把茫然的目光看向田佳妮。

田佳妮用无辜的眼神看他，然后诚恳地点了点头。

小胖子又嚼了一口鸡肉，满脸放光，激动道："果然好吃多了。"

几人打完了牙祭，再玩了一会儿，也就各自散去了，小胖子石磊说他今天玩得很开心，改天还要找何向东他们玩。

何向东自然满心欢喜地答应了。

在分了那一只盖世无双叫花鸡之后，田佳妮和何向东也各自回家了，现在已经是下午了，方文岐也在家里。

何向东献宝似的拿出那半只叫花鸡，讨好笑道："师父，看我给你带什么来了，这叫盖世无双叫花鸡，传说在后汉三国年间有一位莽撞人……"

"行了行了。"方文岐赶紧打断他，道，"你会这些还不都是我教你的，瞎显摆什么啊。"

"嘿嘿，哇，师父你真了不起，我还没说你就知道了，真了不起。"何向东用他并不纯熟的马屁功夫拍得震天响。

方文岐看着好笑，知道自己徒弟那点小心思，也不戳破，只是道："得，别贫了，赶紧把鸡放好，洗干净手再过来。"

"好嘞。"何向东兴冲冲往厨房跑，放下叫花鸡，随便洗了洗手，在身上擦了擦，就赶紧跑回来了，对方文岐说道，"师父您有什么吩咐，就说吧。"

方文岐道："前面你黄叔来过了，说是明天在梁庄镇上有一个大赶集，我们商量好了明天去说一段相声挣点钱，你也准备准备。"

闻言，何向东有些失望，本来还以为明天就能开始学相声了，看来还要等一天，当下兴致也不高，就说了一声："哦。"

方文岐看自己徒弟这副样子也是好笑，毕竟是孩子喜怒哀乐都挂在脸上，也就说道："所以我打算现在就传你相声。"

何向东本来还低垂的小脑袋就像装了弹簧一样，瞬间弹起，两眼冒光，激动道:"真的啊？"

方文岐却不慌不忙地抿了口茶水，说道："去拿条凳子坐到我跟前来。"

"好嘞。"何向东赶紧跑去拿了条小四方板凳，端端正正坐了下来，听师父授艺。

方文岐看着眼前这个小孩也很是感慨，这是他唯一的弟子，也是他唯一的希望:"小东子啊，你先说说你为什么这么想学相声啊？"

何向东认真地想了想，最后却是摇头不确定地说道："我也不知道为什么，就是喜欢，也说不上来为什么喜欢。"

方文岐笑笑，继续问道："相声分很多种，有咱们学的传统相声，也有在电视上表演的新型相声，还有拿着吉他表演的乐器相声，你喜欢哪一种？"

何向东回答得很果断："我喜欢说传统相声。"

方文岐问道："为什么呢？"

何向东回答道："我喜欢穿大褂的感觉，也喜欢贴着观众说相声。师父您说的这几种相声我都听过，我最喜欢的还是您说的相声，那些在电视里面说的我都不喜欢，我都不知道他们在说什么。"

"对咯，相声这门艺术就是从街头起来的，想当初大清朝国祭的时候停了一切娱乐活动，所有的茶社园子都不让演出了。那些艺人被逼得没法子了，只能在街头说点笑话段子来挣两个钱，相声也就打那儿起来的。"

方文岐的表情在这一刻陡然变得严肃起来，语气也很是认真："所以，小东子你记住，无论你以后是富是贫，是贵是贱，只要你还在说相声，你就绝对不能脱离了观众，这一点你死都不能忘记。"

何向东很郑重地点头，恐怕连他自己都没想到，他这一点头就穿了一辈子的大褂，从没有变过。

方文岐继续说道："相声既出，行业始建，自穷不怕、阿彦涛、沈春和这些老先生开始收徒授艺，相声门的香火也算是传下来了。再到后来的清门、浑门合流，相声八德的问世，五档相声的发展，一直到如今，相声门的历史我也跟你说过很多遍，现在我就不多说了。"

何向东点头表示明白。

方文岐道："我主要跟你说的是传统相声，这些相声都是我们行内的老前辈们在观众群里摸爬滚打才写出来的，都是历经了上百年无数观众考验过的好东西。现在有很多相声演员说传统相声已经是老掉牙的过时东西了，没人爱听了，现在就只能说新相声，还说宁愿要不完整的新，也不要完整的旧。"

"这简直就是放屁。"方文岐爆了句粗口，情绪有些激动，"从来就没有过时的艺术，只有过时的艺人，那么多相声前辈百来年总结下来能逗乐人的法子，是他们一句话说抛弃就抛弃的吗？简直是乱来！

"说传统相声过时了，我这么多年在各地卖艺，哪一场没有把观众逗乐？过时了吗？没人爱听了吗？简直就是胡说八道。"

看着师父发怒的样子，何向东有些怯生生地问道："那他们为什么不学传统相声啊？"

方文岐解释道："为什么不学，因为他们吃不得这份苦，现在活跃在相声界的这些人跟我们这些从小撂地演出在地上捡钱的人不一样，他们都是曲艺学员班出身，拿国家工资，谁愿意学这些老段子啊。还有一些相声演员是其他单位转业来的，都是些厨子、裁缝，这些人年纪都大了，就更没人肯下死力气去学了。

"培养一个说相声的不容易，他需要有很高的天分，还要有很好的老师指导，更需要艺人他自己几十年水磨功夫日日练功才有可能成才，这里面实在是太难了，太苦了，耗时也太长了，不说别的，单你开蒙的这几年我就揍过你多少顿了？"

何向东挠着头，不好意思地笑了起来。学艺的这几年他可真没少挨揍，也没少吃苦头，拿着两个酒瓶子当金锤挥舞，一挥就是一整天，到晚上吃饭手抖得夹不住菜，还有盖着棉被学董卓撩袍端带，大热天连短裤都湿透了。何向东自己都记不清练了多少遍这些基本功了，也不知道遭了多少罪，艺人学艺太难了。

方文岐叹了一口气，说道："他们吃不了这份苦，也没有必要吃这份苦头，他们都有工资，饿不死撑不死，有机会再上几个节目，红了之后拿几个搞笑的段子去全国慰问演出，人家能糊弄一辈子去，但这不是真正的相声，他们也不是真的爱相声。现在肯下力气学相声的太少了，随着我们这老一辈人的逝去，还有人会说真正的相声吗？”

何向东听了之后也沉默了。

方文岐再叹一口气，盯着何向东的眼睛说道：“传统的老相声比较出名的有三百多段，加上一些流传不广的足有一千多段。经过我们这些人的‘努力’终于差不多都失传了。呵，我当初离开曲艺团出来卖艺，辗转江湖几十年，也算是学了不少将要失传的老段子，现在我会的传统段子有五百多段，你愿意学吗？”

何向东坚定道：“我愿意。”

方文岐再问：“学活儿比你开蒙的时候更苦、更累、更难，你还愿意学吗？”

何向东依然坚定道：“我愿意。”

方文岐终于笑了，笑得很开心。

三

“明天我们还要去卖艺，我今天就教你一点《八扇屏》的活儿。《八扇屏》里面的贯口你都学过了，我就不再多说了，我教你的主要是前面的垫话儿和怎么入活。”

“好。”见开始讲课了，何向东也认真了起来。

方文岐道：“我们传统相声的表演都是要有垫话的部分，是不能生拉硬拽直接入活儿的，不然相声就得拧了。就像《八扇屏》里面的‘小孩子’，你上台鞠一躬，说一句我叫何向东，我给您说段相声，在想当初，大宋朝文彦博……

“这观众不得傻眼了啊，人家还没闹清楚你要干吗，你上来就是嘚吧嘚一段贯口，人家观众能给你叫好么，人家没准觉得你刚从精神病院跑出来呢。”

何向东笑，但他还是觉得师父说得很有道理。

方文岐继续道：“所以垫话儿的作用就体现了，它能让观众最快记住你，听你说；你也能最快速度把观众带到你营造的场景故事里面。在相声表演里面永远都是我们艺人带着观众，而不能让观众带着我们走，不然你说什么啊？

“还有垫话儿最开始要说接话，在剧场茶社演出的时候，通常是很多演员一起演出的，比如说你上一场一个评书艺人说了一个《三国》，人家观众还沉浸在三国的故事里面，你上场直接说你二大爷怎么怎么着，观众都还没反应过来呢，你几个包袱一抖没响，你这相声八成就要瘟了。所以我们行内说，垫话是金子，正活是银子。

“就像你在石家说的那段相声，根本就没有接话儿，人家刚唱完评剧，你应该先说关于评剧或者上一场演员的事情，把观众的注意力吸引到你身上来，产生共鸣，然后一个包袱一抖，这就是很好的接话了；再接着你就可以说你自己的东西了。也幸好你是个小孩，一上场观众就被你吸引了，都把注意力放在你身上，不然你的相声很有可能要瘟了。”

这一番话，听得何向东是满头大汗，他也没想到自己原来还有那么多毛病，看来上次能成功真的是观众多捧啊。

方文岐继续说道：“像我们的露天演出，你也不知道观众是什么人，可能有学生，有工人，有农民，也有老板。这些人爱听什么不爱听什么，你都不清楚，那就要靠垫话儿来带带路了，几个包袱往外一抖，响了，咱就接着说。

“瘟了，就说明活儿使左了，换个包袱再说。南甜北咸，东辣西酸，咱们得按照观众的口味来说相声。等垫话儿的几个包袱响了，观众也就被你吸引了，这个时候就可以入活了，说你这段相声的正活。垫话儿也没个确切时间，一两句话是垫话儿，说几十分钟也是垫话儿，关键的是搭线，搭上你和观众的线，入活就顺当了。

“再说说《八扇屏》这活儿的垫话儿是什么，传统的《八扇屏》里面的垫话儿是对对子，像二赵版本的就是在说‘风吹水面层层浪，雨打沙滩点点坑’这个对子，当然也有别的对子，像‘石重船轻轻载重，地长尺短短量长’‘药芽蒜上药压蒜，鸡冠花下鸡灌花’这些对子也都行，万变不离其宗，你要会使活儿，说哪个对子都成。来，我现在教你怎么使这活儿……”

何向东学得很认真，方文岐教得也很认真，从中午一直教到晚上，连晚饭都是随便煮了点面条配上半只叫花鸡草草吃了，晚饭之后继续学艺。

一遍又一遍，从神态到身段再到语气，相声艺人的表演声音大了不成、声音小了不成，节奏快了不成、节奏慢了也不成，非常考验功底，也考验艺人的天分，没有天生自带幽默感的干不了这一行。

师父很严厉，一点不对就大声呵斥；何向东也不叫苦，一遍遍纠正，一直到深夜里，方文岐才让何向东回去睡觉，明天还要早起。

躺在床上的何向东，微微合上了眼，脑子里面想的依然是自己应当如何表演，怎么样使活，这一夜都没睡好。艺人行内有句话叫不疯魔不成活，说的就是这个。

第二天凌晨四点，方文岐就把何向东叫醒了，一老一少，带上几个馒头，趁着月色就骑车出发了。何向东坐在自行车后座，手上抱着个巨大的包裹，里面是表演用的道具。

已经入秋了，凌晨很冷，寒风刮在脸上生疼，何向东原本还昏沉的小脑袋也很快清醒了。

表演的地方在梁庄镇上，离他们有些距离，必须要早早出发才能赶上早市，起得晚了人家赶集都结束了，你表演给谁看？

像方文岐这样露天撂地演出的，现在也只能活跃在农村一带了，城市虽然人多但是不让演，没等圆好沾子就会被有关单位带走了。

现在作艺是越来越难了。

师徒俩骑车跑了两个多小时，一直到天放亮才赶到梁庄镇，买了两碗稀粥，就着自己带的馒头，简单地就把早饭解决了。

这时候镇上的人也慢慢多了起来，各种摆摊的已经在忙活了，卖衣服的、卖农具的、卖种子的、卖吃食的……卖什么的都有。

再过一会儿，方文岐的搭档黄华也来了。他也是位民间艺人，方文岐逗哏，黄华捧哏，两人也搭档了好几年了。

“黄叔，您来了啊。”何向东从凳子上站起来，笑呵呵打招呼。

黄华有些胖，脸比较宽大，笑起来很有喜感，他道：“哟，这不小东子嘛，长得越来越俊了啊。”

何向东也笑：“那黄叔你还不快点准备准备让小师妹跟我算了。”

“去。”黄华笑骂道，“哪儿学的这些话，没个正经样子，方老哥，你也不管管他。”

方文岐坐在凳子上站都没站起来，对何向东语重心长道：“孩子我得批评你，你怎么也不嫌脏啊。”

黄华毛了，喝道：“去，净胡说八道，一老一少没个好样儿。”

一老一少缺德地笑了起来。

等太阳升起来，街上已经有很多人了，有些卖艺的人也出动了，还有算卦看相的都窝到农村来了，还有一个耍猴的，很是热闹。

黄华和方文岐到附近农户家里借了几条长板凳出来，临时摆了一下，这是给听相声的人坐的。

何向东抓了一把白沙子，在地上画了一个大圈，行话叫画锅。撂地的时候，相声艺人在锅里面演出，卖艺挣钱，有等米下锅的意思。

画完锅之后就要开始圆沾了，要把观众吸引过来，通常相声艺人会唱点小曲小调、太平歌词或者唱段快板。

更传统的叫白沙撒字，就是用汉白玉的边角料磨成粉，然后用手夹着洒在地上形成字的形状，用的粉只能是汉白玉磨出来的，不然写不出棱角。

相声的开山老祖穷不怕先生就特别擅长白沙撒字，最擅长写的是对联，其中有一对非常出名，叫“画上荷花和尚画，书临汉字翰林书”。

白沙撒字也专门有小曲配合一起表演的，《拆十字》就是当中经典的代表作。现在会这门绝活的，已经非常非常少了，有的也是在旧社会从街头起步的老艺人了。

像侯宝林大师就曾经给毛主席表演过白沙撒字的绝活，为了找汉白玉的边角料可是没少费功夫。

黄华和方文岐已经换上了大褂，方文岐手上还提着一件小点的青色大褂，朝正在忙活的何向东走去，在其背后说道："东子，等会的门柳儿就交给你了，今天能不能圆好沾子就全看你了。"

"啊？"何向东吓一跳，连手上的白沙子都画散了。

"我来唱啊？"何向东很是惊讶，他开蒙阶段主攻柳活儿和贯口，每天练功也都有唱小曲小段、戏曲、太平歌词之类的，但是师父从没让他上场演出过。

方文岐反问道："怎么，害怕了？"

何向东赶紧道："没有，没有，我也是有过上场考验的人，怎么会害怕呢？"

"行了，别吹了，赶紧把衣服换上。"方文岐把青色大褂塞到何向东怀里。

"好嘞。"何向东喜滋滋地套上了衣服。这衣服是去年师父亲手给他做的，很合身，看起来倒是也颇有几分儒雅传统的味道。

方文岐做大褂也是一绝。传统的中式大褂是不能有肩缝的，要在一块整布上进行裁剪，同时要求领子、袖口等处要合身，口袋不仅要有暗口，还得斜切，所以制作难度比较大。

尤其是在盘"疙瘩袢"上面，这绝对是个细致活。基本的粗坯完成后，还要用镊子一点一点地微调，既要盘实，又要圆润，还要每个袢鼻都对称，这没个十几年功夫是下不来的。

黄华在一旁看得也眼馋，艳羡道："方老哥，你说你什么时候也给我做一套大褂呗，你看我求你这么久了。"

方文岐却道："你就算了吧，连叠大褂都不会还好意思问我要大褂？"

黄华道："不是，方老哥，我是野路子出身，又没有个正经师父教过，叠大褂这种基本功没学过啊，要不您教教我，我不就会了嘛。"

方文岐笑道："想学啊，可惜我现在已经不收徒了，要不你跪地上，给小东子磕一个，拜他为师让他教你？"

黄华不干了，道："那我还有辈没辈了？"

他不干，何向东更加不干了，急着嚷嚷道："师父，你可不能这样糟践我啊！"

黄华喝骂了一声："一边去。"

换好了大褂的何向东，喜滋滋问方文岐："师父，我等会唱什么啊？"

方文岐道："随你吧，你爱唱什么就唱什么。"

黄华也搭茬："对，你要是实在不会唱，玩个杂耍，摆个倒立都行，只要能圆好沾子就行。"

何向东道："唱曲我还行，倒立不行，小师妹倒立那是一绝，黄叔你让你家菲菲穿上裙子，来个倒立，我保证沾子圆得比谁都好。"

"小混蛋，你给我站住。"黄华脱下鞋子，满场追杀何向东。

方文岐也在那里笑，这叔侄两个人从来都是没大没小地瞎闹。

挨完收拾的何向东准备开场了，方文岐和黄华站到旁边垂手看着，何向东自己走到锅里面。

环顾了四周的人一眼，何向东从口袋里面拿出玉子板来，用右手拿好，先是打了一串花点。

嗒嗒嗒……嗒嗒嗒嗒嗒……嗒嗒……

板眼回归正常，何向东张嘴开场，嗓音清亮，鼻音悠然，韵味十足。

"汉高祖有道坐江山，有君正臣良万民安。

有一位三齐贤王名叫韩信，他灭罢了楚国把社稷来安。

这一日闲暇无事跨雕鞍在街前散逛，见一座卦棚摆在路南。

卦棚里坐定了一位道长，他仙容道骨骨道非凡……"

唱的是太平歌词《韩信算卦》。

周围赶集买货的人也被这唱曲的小孩吸引了，一来二来倒是聚了不少人过来。

"嘿，这小孩唱的是什么啊？真好听啊。"

"好像是太平歌词，我听我爷爷哼过几段，这小孩唱的还真有味啊。"

……

1984 年这会儿人民娱乐生活都很贫乏，虽说是电视开始走进千家万户，但走进的也仅仅是大城市里面那些有钱人家。在乡下，一个村子有一家有电视那可就了不得了，晚上全村的人都会围过去看，有电视的人家出门腰板都挺得比别人硬。

在这个娱乐基本靠吹牛，听戏基本靠哼哼的农村来说，曲艺艺人来表演卖艺，还是非常受欢迎的。

何向东自然唱得也好，台风很正，半点不露怯，不一会儿，这附近就聚起来不少人，沾子圆得非常好。

"九梁道巾头上戴，八卦仙衣身上穿。水火丝绦腰中系，水袜云鞋二足穿。"唱到这里，何向东来了一句夹白，"这老道没穿裤子，他甩镫离鞍下了马。"

观众们大笑。

何向东继续唱：

“进卦棚抽出来一根签，他未曾开言面带着笑。

口尊声：‘道长，要你听言，你算一算那万马营中谁能为首？

帅字旗能立在谁的门前？

谁能饮高皇三杯酒？黄金印能挂在谁的胸前？’

老道闻听睁开慧眼，忙把那铜盒拿在手间……”

《韩信算卦》讲的是韩信找一个老道算卦，老道算到他封侯挂帅，还能受到汉高祖的敬酒。但是其阳寿却只有三十三载，听得韩信大怒，质问老道为何如此。

老道将韩信做的有损阳寿的事情一桩桩一件件摆了出来，道尽了善恶到头终有报的理念，也有劝道人向善的意思。

“道长含笑忙站起，尊一声将军要你听言。

你朝的张良会算不会破，听我把原由说个周全。

一不该九里山前活埋你的母，老天爷损寿一个八年。

二不该问路你把樵夫斩，老天爷损寿二个八年。

三不该定下九龙埋伏计，老天爷损寿三个八年。

四不该乌江岸上逼霸王拔剑自刎，老天爷损寿四个八年。

五不该受了高皇二十单四拜，臣欺君损寿五个八年。

五八损去四十年的寿，将军想你还能寿活多少年。

算得一个三齐贤王长叹气，看起来争名夺利也是枉然。

韩信抬头再一看，不见卦棚在哪边。

一片青云飘飘去，那老道飘飘摇摇上了九天。”

唱道末尾，何向东收起了玉子，向四周观众抱拳拱手，继续唱：“我一言唱不尽韩信算卦，愿诸位福如东海寿比南山。”

“好……”观众鼓掌叫好，场面颇为热烈。

何向东向着四方鞠躬作揖，谢过观众，说道：“学徒何向东谢过诸位衣食父母捧场，谢谢！一段《韩信算卦》，诉不尽善恶离愁，道不完世事沧桑。我年纪小，能力一般，水平有限，唱得也不好，您诸位多捧了。”

“唱得好。”

“好。”

“再来一个。”

观众们倒是非常热情。

何向东摆手道："我艺术水平比较次，那边有好的，下面让我的师父方文岐和我的师叔黄华给诸位说段相声，如何？"

"好……"

观众掌声再起，非常捧场。

四

何向东下场，方文岐和黄华上场，在画好的锅内站好，抱拳拱手。

"相声艺人方文岐。"

"相声艺人黄华。"

"向我们的衣食父母致敬……"

艺人鞠躬，观众鼓掌。

方文岐逗哏，黄华捧哏。传统相声里面捧哏艺人是站在桌子里头，捧哏捧哏，你是要捧着逗哏的说的，所以站在桌子里头也是为了把更多的舞台和注意力交给逗哏艺人。

爱看相声的都知道，捧哏演员永远都是侧着身子站的，没有谁是直面观众站的。这是因为捧哏是要起到一个承接逗哏演员和观众的作用，他要时时刻刻关注到逗哏演员和观众的情况和状态，以便作出调整。

相声行内有话是，三分逗七分捧，这绝对不是抬举捧哏演员，以前捧哏的都是逗哏演员的师父、师爷、师大爷，最不济也是个师哥。

人家是要对这段相声比你逗哏的还要熟还要懂还要会的，才给你捧哏的，这样就算逗哏在舞台上表演岔了，他也能给你兜回来。一个好的捧哏演员是非常重要的。

在开始，一场演出下来分钱的时候，捧哏演员拿的是大份儿，逗哏拿的是小份。后来随着很多逗哏演员成名立腕，他们便觉得这些观众都是冲着他的名声来的，又不关捧哏的什么事，慢慢地捧哏演员拿的反倒是小份的钱了。

为了地位和金钱，许多合作很好的逗哏和捧哏演员都闹翻了，相声界也损失了不少人才，名利害人啊。传统相声里面还有专门的一个段子《论捧逗》，便是来说这些事情的。

的确逗哏演员成名立腕的很多，但是这里面捧哏演员绝对功不可没。在相声表演中，捧哏是捧着逗哏的说的，让逗哏有更多的表演机会。

唱个太平歌词，人家就算唱得比你好，也不能唱，要把舞台留给逗哏演员。说段贯口，逗哏的说得热闹，捧哏看得是动都不敢动，他不能分散掉观众的一点注意力。

长此以往，逗哏的红的可能性当然比捧哏的大了，成了腕儿的逗哏演员却有很多不认前账，反而瞧不起捧哏演员了，实乃不该。

捧逗之间的关系，有“子母哏”和“一头沉”之说。子母哏是捧逗演员之间互为捧逗，以逗乐为主。一头沉以逗哏演员说为主，捧哏演员配合为辅。

其实按照相声的艺术水平来说，方文岐是远远超过黄华的，但是黄华却是给方文岐捧哏，原因也很简单，黄华不会逗哏，他说不了，只会捧；方文岐倒是捧逗俱佳，他可是相声十二门功课学全了的人物。

方文岐道：“你爸爸说了，来快叫一声‘爸爸’，叫谁谁死，我倒是要看看你这孩子到底是谁的，把我舅舅给吓得啊。”

黄华道：“您少胡说八道了，这根本不挨着。”

方文岐又说道：“你爸爸又说了，‘来快叫爸爸，我看谁死了，来，必须喊。’你喊了一声‘爸爸’，结果你爸爸没死。”

黄华也乐了，说道：“你少来这套，死的是你舅舅吧。”

方文岐摇头道：“不是，我舅舅也没死，死的是妙峰山寺庙里面一和尚。”

黄华一推方文岐道：“我去你的吧。”

两人表演的是传统相声《拴娃娃》，涉及伦理哏，被主流界攻击和禁演，不过这两人在街头卖艺倒是没人管这个，而且现场观众反响很好，已经表演完了，掌声还是雷动，叫好声不绝于耳。方文岐和黄华连连鞠躬，致谢观众。

此时，何向东也拿起了一个小笸箩，他是负责打钱的。像他们这种撂地演出，或者是在小茶馆小书馆里面说相声的，都是演完一段，打一回钱，大剧场里面是凭票入场，先给钱才能进，这是有所不同的。

撂地演出还有一个谐称，叫“雨来散”，刮风减半、下雨全完。露天环境没遮没挡，刮风下雨了，听相声的人都走了，你找谁打钱去啊，民间艺人作艺非常不易。

打钱行话叫“开杵门子”，打第二回钱，叫“开二道杵门子”，基本上开完几道杵门子，相声也就结束了，艺人也可以收拾东西回家了。

何向东拿着小笸箩走到观众跟前，边走边说：“爷儿们几个说段相声不容易，水平可能一般，但是精气神是足的，咱们也是卖了力气的。没有别的，场里场外，两老一少，各位老大，学徒我脚踏实地，城墙高万丈全靠朋友帮，您诸位都是南走一千，北走八百，扎一刀冒紫血，咯噔咯噔的好朋友。我们本事不高，但是也是指着这个吃饭的，您诸位方面的给个三瓜两枣，回到家里去，端起粥来，也不忘您的好处。”

开杵门子也是相声十二门功课之一，这门手艺可简单不了，是要靠师父亲身传授的，想让观众把兜里的钱拿出来可不是简单的活。

所以就专门有打钱的生意口，用话来拴住观众，行话叫“纲口”，何向东说的那段就是。相声门内有这么一句话，杵门子是金子，纲口是银子，活头儿是铜子儿。以此来说明打钱的重要性，因为你没钱活不下去啊。开杵门子也有厉害的，东北的相声前辈于春明一回能开六道杵门子，让同行很是佩服。

当然有夸的就有损的，在打钱的时候，就有人想跑，他一跑就会带着别人一起跑了，剩下的人也会受影响都不给钱了，那艺人就要饿肚子了。

所以损人的话就出来了，比如："哥几个伺候您一场不容易，许您白瞧白看，您要是扭头走不要紧，万一给人群撞出一个窟窿来，那就是家里死人，您行大，回去着急奔丧，抢孝帽子戴。"这种损话的纲口叫"刮纲"，说自己困难说好话的叫"腥纲"。

还有聪明的艺人会先使一"栓马桩"。拴马桩，顾名思义就是拴马的桩子，让你走都走不了的，一般艺人会用手比出抓王八的姿势，说："列位，咱这儿有位这个，他太太和别人好了，但是人家在，咱不能说出来是谁，不然人家要急眼。他这就要走，等他走了，我就告诉您诸位这人是谁。"这话出来，人家就是站到死都不走，不然帽子就得绿了。

"受累了，辛苦您了。"

"受累，受累。"

"没有君子不养艺人，没有您不圣明的，受累，受累了。"

何向东对着观众一一打钱过去，碰到硬是不给的，他也没有强求。按理说他们卖了力气说了相声，观众在底下也听得热闹，享受了服务，就应当要支付费用，可就有那种占便宜不肯给的，非要听免费的，你也没辙。

最可气的就是有享受服务不给钱的还去讽刺那些肯给钱的观众，没有君子不养艺人，没有这些肯给钱的衣食父母，艺人们都饿死了，他们都上哪听相声去啊。

打了一回钱，何向东看了看笸箩里面多是一毛两毛的毛票，偶尔有个五毛的，罕见见到有一个块钱的了，拢共有大概两三块钱了，今天收入已经不错了。何向东看看师父，说了声："大概月、汪。"行话，月是二，汪是三，就是收了大概两三块钱的样子，是不能直接说多少钱了，不然观众一看你挣钱了，那接下来我们不给了，那就没辙了。

方文岐冲他点了点头，意思是不用开二道杵门子了。

刚才何向东说的话就是江湖话，更专业一点叫作江湖春点。这里所说的江湖不是飞天遁地的武侠世界，也不是动辄砍人的黑道世界，而是由江湖卖艺人还有挑担子卖货的生意人组成的江湖，也被称作是跑江湖的。

江湖春点就是这些人中互相交流的行话，作用也非常明显，就是用来替代一些不能公之于众的话语，就比如刚刚何向东说的挣的钱，他总不能大声嚷嚷出来吧，用春点说出来就没事了，因为外人不懂啊。

江湖春点是通用性的，甭管是哪个地界的江湖人，他们说的春点都是一致的。但是不同行当的江湖人，他们也都有本行当的隐语。

尤其是艺人行内，隐语的目的主要还是为了防止行内艺术外流。以前旧社会的老艺人是把自己的手艺看作和命一样重要的，这是他的饭碗，除非是他的亲传弟子，否则他是绝对不肯外传的。

所以艺人行内也有那么一句话，宁舍一锭金，不传一句春。宁给十吊钱，不把艺来传。

“初三十三二十三，两口子吃饭把门关。苍蝇叼走一个饭米粒，老头子一怒追到四川。老婆家里头算了一卦，伤财惹气……啪……赔盘缠。”

定场诗也是相声十二门功课之一，一般是在说单口相声时候用的。这个诗跟正儿八经的七言五言绝句不一样，它是比较生活化和趣味化的，往往会有包袱在里面。

而且会在诗的末尾摔一下醒木，意思是压压言，我这儿要开始说书了。关里关外的摔法不一样，关里是会在定场诗末尾留出几个字来，摔完了醒木，再把那几个字说上。

山海关往外，东北那一带，说定场诗是先把整首诗都说完了，然后再摔一个醒木，这是有区别的。

方文岐端坐在桌子前，说起了单口相声：“今天我说这段单口相声，它叫作《官场斗》，这个事情不是现在的事情，是在清代，说谁呢，清代的那个刘墉，就是过去唱戏《乾隆下江南》，说的那个刘罗锅……”

说的是传统单口相声《官场斗》，也叫《满汉斗》《君臣斗》，讲的是汉中堂刘墉和满中堂和珅，还有乾隆皇帝，三人“相爱相杀”的复杂故事。

1996 年，有一部电视剧叫《宰相刘罗锅》，李保田、张国立和王刚主演的，讲的就是这个，这个电视剧里面的很多东西都是从单口相声《官场斗》里面出来的。

《官场斗》是相声单口“八大棍儿”中的一段儿。八大棍儿顾名思义就是八个长篇单口相声，指的是《君臣斗》《马寿出世》《宋金刚押宝》《解学士》《康熙私访月明楼》《硕二爷跑车》《张广泰回家》《大小九头案》八段。后来就作为单口相声的总称了。

说起这八大棍儿还是真有来历的，其实这八段长篇单口相声都是评书类型的，大部分出自评书的《永庆升平》，这些都是评书艺人传给相声艺人的。

据传闻，在当初相声艺人想说长篇单口相声，但是不会说啊，然后就去了书场里面听评书艺人说书，偷偷学艺，偷人家的活儿。

学会之后，再改编成长篇的单口相声，自己卖艺挣钱。相声艺人最大的优势就是能逗乐啊，人家在说书里面加入了不少逗乐的元素，一来二去，去听单口相声的比去书场听书的人还多了。

这评书艺人不干了，你们这是偷别人的活啊，呛行了啊。旧年间，行有行规，门有门规，经过双方大辈儿的谈判，评书艺人决定传八段评书给相声艺人，但是相声艺人说单口相声，就必须只能限定在这八段里面，不能再说别的了。

而且人家传的八段都不是完整的评书，都是掐头去尾的，就跟光溜溜的棍儿一样，便是叫作八大棍儿。

当然，再后来，随着行业交流的进步，相声艺人和评书艺人也有互拜师父的行为，学习对方的本事。就像相声名家张寿臣，寿字辈的老前辈，相声门第四代的门长，他就拜了评书前辈张诚阔为师，师父赐张豫华，是评书门第九代传人。

卢伯三老先生原本是评书门第八代传人，伯字辈的，后来也改行说相声，被相声八德之一的焦德海先生代拉为师弟，艺名卢德俊，是相声第三代传人。

其实相声艺人拜评书艺人为师的居多，评书艺人拜相声艺人的很少，除非是要改行说相声的。这是因为在旧社会，相声艺人的社会地位很低，卖艺的性质也是半乞半艺，说相声都不叫说相声，叫“伺候爷您一段相声”。而评书艺人则不同，他们的社会地位比较高，是被叫作说书先生的，是个先生啊。

“您不是说我罗锅儿吗？哎，我这点儿能耐呀，全在这罗锅儿上哪！

文韬伴君定国策，

武略戍边保家邦。

臣虽不才知恩遇，

诚蒙万岁赐封赏。

别看罗锅字不多，

每年得银两万两！

乾隆一听：‘哎，他把我气坏啦！’

今天这《官场斗》就讲到这儿了，您诸位多捧了，多费心。”

说完《官场斗》的第一段儿，何向东再起来打钱了，依然是用生意口栓人，这里的观众都还算热情，这开的第二道杵门子挣了一块多，都还行。

方文岐下场休息了，他已经六十多了，体力不济，说相声是非常费心费力的，尤其是在街头，观众离你就是一步之遥，你又要照顾观众的观感，又要拿着自己的活儿，一个弄不好人家观众一眼就看出来了，那可就砸招牌了。

接下来，黄华上台，唱了一段快板，一段《哪吒闹海》，颇有味道，唱完之后，依然是何向东这小孩去开第三道杵门子，打了几毛钱。

演出基本上也快要结束了，按照他们自己的安排是方文岐和黄华再说一个对口相声，打最后一回钱，然后就可以收拾东西回家了。

但是意外偏偏就是在这个时候发生了。

一个挎着皮包，穿着黑色西装，梳一个锃光瓦亮的二分头的看起来像是位老板的人说话了：“我说你们这些说相声的，怎么不让这小孩上去说一段相声啊？”

何向东正在清点笸箩里面的钱，听到这话也愣住了。正准备上台的方文岐和黄华也是一愣，居然有人点何向东这小孩儿了。

方文岐上来解释，拱手道：“这位先生请了，这孩子是我一徒弟，还在学艺，水平不行可不能上台表演来，不然岂不是坏了您诸位的心情。”

那老板说道:“水平不行，我看不见得吧，前面我听他唱的那歌，那叫什么曲来着。”

方文岐提醒他道：“太平歌词《韩信算卦》。”

老板道：“对的，就是那个，我觉得就挺好听的，这孩子挺好的，我们就想听这孩子说相声，大家伙说对不对啊？”

“对。”围观群众也跟着起哄，也是看热闹不嫌事大。

方文岐笑了笑，道:“既然诸位这么捧我徒弟，就让我徒弟给大家伙再唱一个，来，东子来。”

“等会儿。”那老板又打断了方文岐的话，又说了，“我们不听唱的，就让这小孩给我们说段相声，我就爱看这小孩的灵醒劲儿。这样，我也不白点，我给十块钱，你们给说一个成不？”

说着，这老板从皮包里面拿出十块钱来，直接走到何向东身边，放到笸箩里面，何向东不知是拒绝好还是接受好，一时愣在当场。

五

方文岐也有些头疼了，刚才这老板的做法在行内也是有说法的，叫作“点活儿”，就是观众给钱要求某个艺人说相声，或者是说某一段相声。

相声前辈小蘑菇常宝堃先生以前在茶馆里面说相声的时候就把自己会的活儿都写在扇子上面，然后拿给观众看，让观众戳活儿，戳到哪个他就说哪个，当然戳活儿的观众也是会多给一点赏钱的。

这种情况以前在茶社小剧场里面比较普遍，现在在大剧场表演反而没有了，因为你都是买票进场的，节目也都是艺人在后台排好的，观众基本是管不了的。

像何向东他们这样露天演出的，客人点了买卖的，按照行规，艺人在场是必须要出来表演的。就算有急事，也得演完了戏才能去处理。戏比天大，这是艺德，也是规矩。

在旧社会一旦有艺人坏了规矩，会受到所有同行排斥，任何剧场茶馆都不会要你这样的艺人。或许可以说是不通人情，但行规如此。

新中国成立之后，各行各业都经历过改造，江湖气都消失了，曲艺类还算是稍稍保留了一点下来，像方文岐这样的从旧社会撂地出身的民间老派艺人，身上江湖气是很重的。

黄华在一旁轻声问道："小东子才九岁，他行吗？不会演砸了吧？"

方文岐却道："戏比天大，他既然唱了门柳儿（开场小唱），那就是演出的演员，观众点他，咱也没话说。给小东子一个机会，让他试试看吧。"

黄华皱着眉头，虽然点头表示同意了，但是他心里还是怀疑何向东的能力的，毕竟这才是一个九岁的孩子，太小了啊，人家观众都是真金白银给钱的，他真的能表演好吗？

方文岐倒是对何向东信心颇足，抱拳拱手道："既然众位这么捧我徒弟，那下面就让我和我徒弟来给大家伙说一段相声，小徒年纪小，您诸位多担待。"

"好。"

"来一段。"

观众很捧场，叫好声连连。

何向东反而蒙了，怎么着就他要上台表演了，他到现在都还没学相声的正经活儿呢，就昨天师父教他了《八扇屏》的垫话儿，隔一天就上台也太草率了吧。

方文岐在前面一招手，说道："东子，快过来。"

何向东赶紧小跑到方文岐身边。

方文岐轻声对何向东说："东子，下面咱们说《八扇屏》，里面的贯口活你练了好几年了，熟得很，垫话儿我昨天也教你了，你照着使就是了。师父给你捧哏，别害怕，尽管说，不管你说什么师父都兜得住你。"

"嗯。"何向东应承了一声，他是个天生的场上演员，一个活儿都不会就敢去人家寿宴上演出，现在又怎么会怕这种场景。

刚开始有点蒙，现在何向东已经调整好了，赶紧走到逗哏站的位置上。捧逗演员的位置是不同的，逗哏在右边，捧哏在左边。在观众的视角上起来，逗哏在左边，捧哏在右边。

方文岐也在桌子后头站好了，斜着身子看着何向东。

何向东左手压右手，抱拳行礼："学徒何向东。"

方文岐也看观众，抱拳行礼："相声艺人方文岐。"

"向我们的衣食父母致敬，谢谢诸位捧场。"

鞠躬，掌声起。

介绍相声演员的时候，都是先介绍逗哏，再介绍捧哏，这是老祖传下的规矩，所以虽然方文岐辈分比何向东高，但还是先介绍何向东。

何向东看着观众，半点不露怯，台风很潇洒，道："感谢诸位的捧场，这么捧我一个小孩子，诚惶诚恐啊，有说得不好的地方，您诸位多担待。"

掌声再起，观众很给力。

何向东继续说道："刚才是我的师叔黄华给诸位唱了一段快板，《哪吒闹海》。"

方文岐道："欸，对。"

何向东道："要说我这师叔的本事好啊，这快板书说得多好啊，这人家为什么艺术水平这么高呢？"

方文岐也问："是啊，为什么呢？"

何向东解释道："这是因为人家长了一张大……屁……股……脸！诸位您看看我这师叔的脸，这竖着拉一刀就是一个大屁股啊。"

方文岐赶紧拦他："去，胡说什么呢，你以为横着拉就不是屁股了啊。"

何向东自己都乐了。

台下观众也笑，黄华在场下还愣了一下，突然笑了出来，心里顿时也放松不少，没露怯就是个好现象。

何向东笑了笑，用手指了指方文岐，说道："站在我身边这位，是我的师父，方文岐。"

方文岐也笑，昨天没白教，自己徒弟会接话儿了，他也应道："对，是我。"

何向东继续介绍："我师父是位老艺人，艺术水平非常之高。"

方文岐笑道："哎哟，可不敢当，你捧我了。"

何向东："没有捧，这不大家都称您是青年曲艺老艺术家嘛。"

方文岐惊奇道："这个名号听起来好清新脱俗哟。"

何向东道："那是，您给大伙儿说说您是在曲艺里面干哪一行的？"

方文岐面向观众，道："我呀，是说相声的。"

何向东理了理领子，又道："那您猜猜我是干吗的？"

方文岐摇头道："这我还真猜不出来。"

何向东道："我是个文人啊，宝贝，您怎么了？"

方文岐一推他，斥道："叫谁宝贝呢，没大没小。"

观众在下面看得热闹。

方文岐又道："你说你是个文人，那你具体都干吗啊？"

何向东道："我呀，我平时就是读读书，看看报，练练字，弹弹琴，尿尿炕……"

方文岐赶紧打断他："你刚才说什么？"

"呃……"何向东辩解道，"对对子，对春联，说秃噜嘴了。"

方文岐笑道："好嘛，差点把实话说出来。"

何向东笑了一下，看了眼观众，心里顿时咯噔一下，一个笑的都没有，这包袱瘟了。

相声表演尤其是街头卖艺的，是非常讲究看菜下饭的，你要清楚你的观众想听的是什么，爱听的是什么，你再给人家说什么。

就像人家爱吃辣的，你却非要给人家上一盘甜的，人家能乐意听吗？《八扇屏》这个传统老段子也是取材于评书，文学气息比较高，属于文哏类型的，在乡下表演并不合适。当然最主要的还是何向东昨天才学的垫话儿，今天就表演，太快了，根本掌握不好。

方文岐自然也看出来这个问题，但既然上台表演，就绝对不能被观众轰下去，方文岐看着何向东的眼睛，冲他微微点头。

何向东心中稍稍安定，继续往下说："刚才说到对对子，我们这些文人墨客都爱对个对子，我出个对子您给对对成不成？"

方文岐也道："行啊，你给出个上联吧。"

何向东道："我的上联是，风吹水面层层浪。"

方文岐迟疑道："这……这我还真对不出来，您给说说下联呗。"

何向东嫌弃道："什么也不懂，什么也不会。"

方文岐道："对，我是不懂，你教教我呗。"

何向东道："风吹水面啊，这风是在上面的……"

方文岐打断他，道："不，我想知道这下联儿。"

何向东却继续道："水面啊，水面有浪，一层层。"

方文岐再次打断他："我想知道的是这下联。"

"哦，下联啊。"何向东像是这才听到，然后一摊手道，很光棍地道，"那我哪儿知道啊。"

方文岐道："好嘛。"

何向东再看一眼观众，这包袱又瘟了，还有几个观众都转身走了，窃窃私语的也有不少，给钱的那个老板也露出了不耐烦的表情。场下，黄华也把眉头皱起来了。

何向东心里顿时一紧，也暗暗焦急起来，接连两个包袱没响，就说明垫话儿的路子带得不好，这相声八成要瘟。

"不行，不能再这么说下去了。"几乎是在电光火石之间，何向东下了一个疯狂的决定，"现场再砸一回挂。"

何向东道："你以为我真的不知道这下联是什么吗，我这下联叫'雨打沙滩点点坑'。"

"对得好，好联。"方文岐目光微微一凝，自己这徒弟怎么突然把正确的下联说出来了，他到底要干吗？

黄华也霍然看来，眼睛睁得很大，这孩子要干吗？

何向东微微一笑："要说这学问啊，还得是您高，作协里面有您。"

"倒是还真有。"方文岐虽然不知道何向东想干吗，但还是依然捧着。

何向东又道："上个月，您收到作协的来信，让您去开会，有这事吧？"

方文岐道："有啊，我们作协经常开会。"

何向东拿起桌子上的手绢，一打开，当作是一封信，念道："请方文岐老先生下周日到我司开会，请务必穿着领带。"

方文岐道："这正式场合都得打领带啊。"

"对啊，然后您就打着领带去了，扎得漂漂亮亮的。到那儿一看，哎呀，他们还穿着衬衫和裤子，哎呀！"说着，何向东用手捂着脸，趴在桌子上一脸悔恨。

方文岐倒是吓一跳："嚯，我光着去的啊。"

观众全笑了。

何向东心里顿时一松，包袱响了，继续道："这可不嘛，那街上的人都看疯了，嚯，这老鸟……"

方文岐赶紧拦他，怒骂道："去去去，胡说什么呢，什么鸟！"

"吁……"观众开始起哄，气氛热了起来。

"嘿嘿。"何向东一笑，说道，"去作协开会了呀，住宿是主办方安排的，住在大酒店里面，一人一间，独门独栋。"

"欸，对，我们的待遇好。"方文岐继续捧着。

何向东看观众，道："诸位，你们可能不知道啊，我师父虽然是个文学家，但是人家也是农村人，没住过酒店。"

方文岐道："这是第一次住。"

何向东道："服务员把我师父带到房间里面，就关门出去了。正所谓人有三急啊，不一会儿我师父肚子就痛了，要上茅房。"

"肚子疼了嘛，那也没辙。"

何向东看那个老板，说道："像那位老板见多识广，住过大酒店肯定知道，人家酒店房间里面就有茅房。"

那老板也笑笑点头。

何向东继续道："但是我师父不知道啊，他还打算出去找茅房呢，可是这酒店的门他也不会开啊，关里头了，那怎么办呢，哎呀，肚子又疼。"

方文岐也纳闷，问道："是啊，那怎么着啊？"

何向东一拍手，道："我师父想出一个好办法。"

"什么好办法？"

"拉裤子里。"何向东一脸猥琐。

观众爆笑。

方文岐却赶紧拦他："我都没听说过，拉裤子里还是好主意啊？"

何向东理所当然道："您可以把裤腿扎上，这样就掉不出来了。"

"嚯……"方文岐吓一跳。

观众都笑得不行了，掌声连连。

何向东看现场反应这么热烈，他便放得更开了，道："我师父也犹豫啊，又看到墙角有一份报纸。"

"有办法了。"方文岐笃定道。

何向东却道："等会儿可以用它擦屁股。"

"去去去，我是想瞎了心了吧，想出这好主意。"方文岐骂道。

观众都笑得不行了，那油光发亮的老板更是笑得前俯后仰。

何向东也笑笑，道:"不开玩笑啊，最终我师父想了一个好招儿，拉报纸里面，哗，拉住五六斤来，各种形状都有，糖葫芦啊，大包子，还有那煎饼果子，那一尺来长的大果子……"

方文岐见何向东越说越不像话，赶紧拦他:"行了行了，你歇会儿吧，恶心不恶心啊，你等会让别人怎么吃饭啊。"

旁边那几个卖吃食的小贩也黑了脸，这倒霉浪催的。

何向东摸着肚子，一脸轻松地说道："啊呀，好舒坦，好舒服。正当我师父舒坦的时候，门被敲响了，服务员来了。"

"来提供服务来了。"

何向东急得团团转:"怎么办呢，怎么办呢，这堆东西还在这儿呢，要是被人看见，我这老脸往哪儿搁。"

"是啊，这可不能被人瞧见啊。"

"怎么办呢，怎么办呢，欸，有主意了。"何向东认真看着地上，就像那里真的有一坨似的，然后突然爆喝一声，"吓！"

方文岐倒是被何向东吓一跳，急忙道:“你吓唬它干吗，它还能被你吓唬跑了啊？”

观众都笑得不行了，掌声雷动。

何向东又急了：“怎么办呢，怎么办呢，哎呀，看不见我，看不见我……”何向东捂住了眼。

方文岐道：“你捂住自己眼有什么用啊？”

何向东又松开了，道:“怎么办，敲门声越来越急促，这眼瞧着人马上就得进来了。”

“是啊，怎么办呢？”

何向东往地上一蹲，双手捧起一个东西来，脸上露出极端复杂的表情，悲愤、嫌弃、无奈、视死如归……

观众也有搭茬的，都在喊：“吃了，吃了，吃了它……”

何向东都愣了，看着观众一脸惊讶，又转头对方文岐说：“师父，你看他们，好恶心啊……”

“哈哈……”观众都笑了。

方文岐也笑，道：“那你得赶紧想个招儿啊。”

何向东又看着手上的那一堆，闭上了眼，嘴里也不知道念叨着什么，突然用手往旁边一扔，大叫一声：“走你。”

“糊墙上了啊。”方文岐惊叫道。

何向东笑眯眯点头，道：“然后再把那报纸扔到垃圾桶里面……”

方文岐打断他，道：“你等会儿吧，有垃圾桶啊？”

何向东都愣了，一脸恍惚，最后来了一句：“昂。”

方文岐道：“那我干吗还糊墙上啊，我也是够缺心眼的。”

何向东道：“当时不是着急了嘛。话说这敲半天门的服务员拿钥匙开门进来，进来一说‘哎哟，哎哟，先生，我还以为您不在了，这才开了门，我们这……嗯？”

何向东目光凝视旁边，眼睛瞪得越来越大。

方文岐道：“你少来这套，看什么呢？”

何向东道：“看见了，服务员都看见了。要说我师父也聪明啊，立马从兜里面拿出十元钱来给服务员，让人家别把这事说出去。”

“对，得给人家封口费。”

何向东道：“可人家服务员不要，人家还拿出二十块钱来给我师父，说‘我给你二十块，您再给我演示一遍您是怎么拉上去的呗，这简直是世间的奇迹啊。’”

方文岐推何向东，一脸嫌弃道：“去去去，什么奇迹啊，你别胡说八道了。”

何向东也看方文岐，隐秘地努了努嘴，意思是可以入活儿了，因为这些垫话儿全都是何向东砸挂的，跟之前学得不一样，所以怎么入活两人也没商量。

六

方文岐看到了何向东的努嘴，也明白他是什么意思。方文岐说了几十年相声了，捧着何向东入活儿一点不成问题。

他当下道："这我得给人家服务员解释啊，我是乡下来的，我是个粗鲁人，您就别跟我计较了。"

何向东却摇头道："粗鲁人？这您可比不了啊。"

"这我怎么比不了了？"方文岐也纳闷。

何向东道："这可是一位古人呐。"

"哦？"

何向东道："我说说，您听听，在想当初，唐朝有一位粗鲁人。此人复姓尉迟，单字名恭，号敬德（děi），保定山后刘伍周。日抢三关，夜夺八寨。自秦王，夜探白壁关，敬德月下赶秦王，打三鞭，还两锏，马跳红泥涧。"

这些东西何向东练了无数遍了，早已炉火纯青了，入了活之后更是自信，举手投足风范十足："自降唐以来，征南大战王世充，扫北收服雷世猛。跨海征东，月下访白袍。唐王得胜，班师回朝。那尉迟恭，因救白袍，在午门外拳打皇叔李道宗，打掉门牙二齿。唐王大怒，贬至田庄。到后来，白袍访敬德，那尉迟恭独坐船头垂钓，忽听得，身背后人又喊，马又叫。我乃征东薛平辽，特地前来访故交，你我金殿去交旨，保你为官永在朝。敬德言道，将军不要错认，我乃山野村夫，耕种锄刨，一……粗鲁人也。这您比得了嘛。"

一大段贯口下来，无磕无碰，气度俨然，观众连连叫好。

方文岐道："这我可比不了，这是门神爷啊，我哪敢比啊。其实我做出这种事情来啊，只是一时莽撞，您把我当一莽撞人就好了。"

何向东再摇头，道："莽撞人，这您可比不了？"

"这我怎么又比不了啊？"方文岐问道。

何向东道："这又是一位古人呐。"

"哦？"

整个《八扇屏》里面最难的一部分要来了，只见何向东抓着手背上的袖子往上翻了个半翻。相声表演的时候一般袖子是不能乱动的，偶尔在表现人物的时候才会用的，就像何向东马上要卖力气了，把袖子翻了个半翻，这叫龙抬头，力气卖完就会放下来的。

“我说说，您听听，在想当初，后汉三国，有一位莽撞人。自从桃园三结义以来，大爷姓刘名备字玄德，家住大树楼桑。二弟姓关名羽字云长，家住山西蒲州解梁县。三弟姓张名飞字翼德，家住涿州范阳郡。后续四弟，姓赵名云字子龙，家住真定府常山县，百战百胜，后称为常胜将军。”

何向东转过身来，双腿一跨就是一匹骏马，双手一撑便是一杆长枪：“只皆因长坂坡前，一场鏖战。那赵云，单枪匹马，闯入曹营。砍倒大纛两杆，夺槊三条。马落陷坑，堪堪废命。曹孟德，在山头之上，见一穿白小将，白盔白甲白旗靠，坐骑白龙马，手使亮银枪，实乃一员勇将。心想，我若收服此将，何愁大事不成，心中就有爱将之意。暗中有徐庶保护赵云，徐庶进得曹营，一语未发。今日一见赵将军马落陷坑，堪堪废命，口尊丞相，莫非有爱将之意？”

何向东再转身，瞪眼凝眉，抿嘴绷脸，使出曹操的相儿来：“曹操言道：‘正是。’徐庶言道：‘何不收留于他？’曹操急忙传令：‘令出山摇动，三军听分明，我要活赵云，不要死子龙。若有一兵一将伤损赵将军之性命，八十三万人马，五十一员战将，与他一人抵命。’众将闻听，不敢前进，往后而退。一仗赵云怀揣真龙，二仗常胜将军实在骁勇，杀了个七进七出，这才闯出重围。曹操言道：‘这员勇将，焉能放走，后头紧紧追赶！’追在当阳，张飞赶到，高叫：‘四弟不必惊慌，某家在此，料也无妨！’”

这几年日夜苦练基本功的成果终于展现出来，何向东在场上闪转腾挪，进退有据，风范十足，俨然有了几分大师的气度：“让过赵云的人马，曹操赶到，不见赵云，见一黑脸大汉，立于桥上。曹操忙问夏侯惇：‘这黑脸大汉，他是何人？’夏侯惇言道：‘此乃是张飞，一……莽撞人。’曹操闻听，大吃一惊。想当初关公在白马坡斩颜良之时曾对某家言道，他有一结拜三弟，姓张名飞字翼德，在百万军中，能取上将之首级如探囊取物，反掌观纹一般。今日一见，果然英勇，撤去某家青罗伞盖，观一观莽撞人的武艺如何？”

“青罗伞盖撤下。”接下来便是到了这个贯口最快的地方，而且是越来越快，只见何向东嘴唇一张，舌灿莲花：“只见张飞豹头环眼，面如润铁，黑中透亮，亮中透黑。颏下扎里扎沙一部黑钢髯，犹如钢针，恰似铁线。头戴镔铁盔，二龙斗宝，朱缨飘洒，上嵌八宝云罗伞盖，花冠云长。身披锁子大叶连环甲，内衬皂罗袍。足蹬虎头战靴，跨下马，万里烟云兽，手使丈八蛇矛。站在桥头之上，咬牙切齿，捶胸愤恨。大骂：‘曹操听真，呔！今有你家张三爷在此，尔或攻，或战，或进，或退，或争，或斗；不攻，不战，不进，不退，不争，不斗，尔乃匹夫之辈。’大喊一声，曹兵吓退。大喊二声，顺水横流。大喊三声，把当阳桥喝断。”

何向东有些气喘，头上也冒了汗珠子，说大段的贯口太累了，他也非常卖力气，接着便是一个漂亮的收尾："后人有诗赞之曰，长坂桥前救赵云，吓退曹操百万军，姓张名飞字翼德，万古留芳莽撞人。"

"好……"

"好，说得好……"

"再来一个。"

观众们掌声雷动，那个给钱的老板掌拍得尤为激烈，连声叫好，大声说这钱没白花，可了不得了。贯口活儿的观赏性还是很强的，听相声演员在台上直工直令来一大段儿还是非常赏心悦目的，当然也非常考验相声演员的基本功。

尤其这还是一个跟桌子差不多高的小孩说的，这就更不了不得了。相声里面有两种演员特别受观众喜欢，一种是何向东这种小孩，小孩子什么都不懂，不管他说什么观众都觉得这孩子可爱。孩子说我结婚了，我有孩子了，我要娶你媳妇……

没有谁和孩子的计较的，大部分孩子都说过长大要娶自己邻居家姑娘，谁当真了？你换一个十四五的半大小子来说试试看，不挨揍就算好了。

还有一种特别受观众欢迎的就是老艺人，尤其是颤颤巍巍随时有可能倒在地上的那种，这种老艺人但凡还能在台上张张嘴，观众就已经很满意、很知足了。

说罢，谢观众，何向东和方文岐连连鞠躬，感谢观众捧场，何向东也没闲着，又拿起笸箩一个个打钱过去，嘴里说着："您费心，您受累，您捧了。"

这一场大家给得也很痛快，兴许是看何向东这小孩子卖艺也不容易吧，这一场打下来有小四块钱，加上那个老板给的十块，足足十四块了，很难得生意这么好的。

黄华幽幽走过来，眼珠子都快瞪出来了，那小眼神真是太……太……太复杂了。

"没人性啊！"黄华发出一声悲呼，仰天长叹。

何向东一脸愕然地看着他这位快要发疯的叔。

方文岐走到黄华身边，拍拍他的肩膀，安慰道："没事，阿华，你上场表演不一定比东子差的。"

听到这话，黄华都快哭出来了："我今年都四十多了，他才九岁啊。他演这一场打的钱都有我七八场那么多了，观众反响那么好……"

何向东也有点不好意思，挠着头，羞赧道："其实这是看天分的。"

神补刀，黄华瞳孔放大，喷血不止。

相声演出都是演一场收一场的钱，黄华演了两场也收了两场的钱，第一场和方文岐的对口相声两人对分的钱，第三场他是个人的快板，拿了独份。

传统的规矩如此，黄华也很豁达没抱怨方文岐的收入比他多，帮着收拾了一下，就走了。

等黄华走后，何向东才走到师父身边去，低着头说："对不起师父，今天是我自作主张了，您责罚我吧。"

方文岐看着面前这个九岁的小孩，也很是感慨，他这个徒弟比他想象的还要出色，有徒如此，他还能说什么呢。

"《八扇屏》有它原本的垫话儿，你今天是自作主张改了。你师父我从来不是一个墨守成规的人，相声需要创新，需要进步，我看不惯的只是那些抛弃前辈们的努力，抛弃百来年前辈们总结出来逗乐法子，自己在那里瞎胡来的人。今天……你做得很好。"

何向东抬头看着师父，脸上慢慢洋溢起了笑容，这是他第一次改传统相声，但这只是一个起步。

方文岐和何向东把借来的凳子还回去，说了不少感谢的话，然后一老一少逛起了集市。

快到中午，集市上依旧人满，小摊小贩也还在吆喝他们卖的玩意儿。

何向东很是兴奋，再怎么说他刚刚也算是挣了一大笔钱啊："师父，按照规矩，您是不是得给我个破份儿？"

拿份钱是在茶社剧场这些地方演出的时候才开始算的，因为在这里你就有了各种支出了，而且演员也多，不再是街头各干各的了。

观众也可能是来捧某一个角儿才来的，同时也听了别的艺人的手艺，才给了钱的，这时候如果还是按照原本分账方式就不好了。

尤其是在大剧场，大家都是买票进场，就花一次钱，这钱你怎么算，大角儿和一个刚出师的小艺人拿一样的钱？这显然不合理。

所以后来也有了开份儿之说，根据艺人的水平和号召力来确定份钱，基本演员是拿一个份儿，行话叫整份儿。水平一般的演员或者刚出师的拿的是破份儿，70% 或者 90%，叫七厘份儿、九厘份儿。学徒一般是不拿份儿的，偶尔分一点零钱，能顶场的学徒可以拿三厘份儿或者五厘份儿，也还有"板凳份儿"和"服装份儿"之说。

有号召力的大角儿还可以拿加份儿，因为其他演员都是指着你吃饭的。所以艺界还有"角儿"和"腕儿"之分，出了名的就叫腕儿，就像后世的炒作，上几个节目，弄出点绯闻来，红了，这叫腕儿。

别人指着你吃饭的才叫角儿，一整个剧场的演员都指着你的号召力吃饭，你要是病了不来了，大家伙都得饿肚子，这叫角儿。

听到何向东想拿破份儿，方文岐黝黑的老脸露出了一点笑意，道："个子不高，想法倒是不小啊。"

何向东道："师父，那十块钱还是人家看我面子给的呢，您不分我点儿您好意思吗？"

方文岐却理所当然地反问道："好意思啊，为什么会不好意思啊？"

何向东被师父的无耻惊得目瞪口呆。

"行了，给你买个煎饼果子当算奖励了。"方文岐去买煎饼果子给何向东糊弄事儿了，卖煎饼果子的那小贩也是黑着脸给做的，估摸着前面也听见何向东的相声了。

方文岐给何向东买了一个，自己没买。

何向东抱着啃，一老一少继续逛集市，在一个摆挂算命的摊子上停了下来，看穿着马褂的算命人盘腿坐在地上在给人算命。

看了很久，等那人给客人算完卦，客人也走了，方文岐这才抱拳拱手上前道："这位兄弟戗金活儿使得不错，兄弟我是团春的，都是老合，多来往啊。"

算命的那人大概五十来岁，这人还奇怪地看着方文岐，问道："合什么？这位老板你要算上一卦吗？"

方文岐一愣，随即笑着拱拱手道："不了，打搅了。"

说完转身便走了，留下那算命的一脸莫名其妙。

何向东在师父后头跟着，只听得方文岐嘴里在念叨："原来是个空子。"

何向东不懂，发问道："师父，是那个算命的算不准吗？"

方文岐也笑了，道："金点行的哪有绝对算得准的啊，都是腥活为主，偶尔有两个会点尖活的可就了不得了，我刚才也是看这个戗金的挺有门路的，还以为是个老合，原来是个空子。"

金点行指的就是算卦算命这一行的，戗金的指的是相面的。腥活就是假货，以忽悠为主，尖活就是读过一点玄学卦书的那种人，金点行有句老行话叫作"腥加尖，赛神仙"。

老合就是老江湖人，空子是不懂江湖事的人，略知一二的叫作半开眼。这里所指的江湖并不是武侠小说里面一言不合就漫天乱飞的那种，也不是混黑的那种，而是跑江湖。

在旧社会，卖艺的，说相声的，算卦的，打把式的，唱曲的，卖估衣的，卖膏药的，卖眼药的之类的这些人，也就是我们俗称的跑江湖的，江湖也是由这些人组成的。

江湖归类一下有八个行当，俗称江湖八门，金、皮、彩、挂、评、团、调、柳。金：金点行，就是算卦算命的；皮：卖药的，大部分都是卖假药，靠忽悠人为主，八九十年代街上还经常有卖虎骨酒的啊，珍珠粉治眼睛的啊，都是这帮人，再后来随着国家管控严了之后就渐渐少了。

彩：彩立子，变戏法的，中国传统古戏法；挂：挂子行，打把势卖艺的，这帮人有好多以前都是给富贵人家看家护院的，还有好多是镖局的。但是随着轮船火车等现代交通运输业的发展，这帮镖局的没饭吃了，就都下海从艺了。

评：说书的，江湖春点叫作“团柴的”；团：团春的，就是说相声的；调：卖各种假货的，这些人都是些大忽悠；柳：唱大鼓的。

江湖八门，其中艺人行当是占据绝大多数的，所以江湖艺人才是那个时代的江湖的主角儿。新中国成立之后，艺人都端上国家饭碗了，真正江湖其实也早就不复存在了，现在也仅仅是剩点残余罢了。

见师父兴致有些不高，何向东劝慰道：“师父，您也别想那些事儿，人家算卦的跟咱说相声的又不挨着，人家好坏对咱又没影响。”

方文岐看了他一眼，笑了笑，道：“那你就大错特错了。”

“啊？”何向东也是一愣。

方文岐淡淡一笑，解释道：“相声是打哪儿来的，就是从街头起步的。相声产生的百多年里面，我们一直在学习，上至庙堂下至江湖、大到国家小到家庭，都是我们学习的对象。

“就拿刚才的算命的来说，我们传统的相声里面就有《大相面》《揣骨相》。还有看到那边卖衣服的没，《卖估衣》哪里来的，就是打人家这里学来的。还有那边叫卖蔬菜水果的，我们相声里面也有《学叫卖》的老段子，包括你手上在吃的煎饼果子，老相声《满汉全席》也可以说。文有文章会，武有大保镖。现在你还觉不觉得，其他行业的好坏跟咱们没关系？”

“呃……”何向东更是一愣。

方文岐向前走去，边走边道：“小子，相声就是来源于我们的吃喝拉撒，可不能学那些人说拉屎放屁脏了，有本事你别拉屎放屁啊。都说相声来源生活，生活是什么，可不就是鸡零狗碎吃喝拉撒嘛，换个词能高雅多少啊，哼。”

何向东愣了好一会儿才追上去。

追上师父之后，方文岐还在自顾自地感叹道：“现在是越来越不行咯。像新中国成立之后大家都要说新相声，虽说是抛弃了很多老前辈的努力吧，但那时候至少大家作艺的态度还是认真的，曲艺团有些人为了写相声都是花好几个月甚至一两年的时间到基层去和大家同吃同住，感悟生活。

“那些相声虽说都是批判性的或者是歌颂型的，但确实也出了不少好东西。只是我呀舍不得那些老掉牙的老玩意儿，不然后来……呵，唉！再到后来啊，又遇到十年大动乱，我们这些艺人死的死，逃的逃，伤的伤，队伍也乱了，也不知怎么着了，那个时候曲艺团写出来的新相声却一点相声味儿都没了。

“本以为大动乱结束，大伙儿日子也越来越好过了，大家也都能好好作艺了。可也不知道是怎么了，现在就很少见那种能深入基层体会几年的艺人了，都是坐在办公椅上跷着二郎腿写相声。我们说相声都是平地抠饼、对面拿贼，你没跪在地上捡过钱，光坐在办公室懂什么才是相声啊。唉，这些年艺人谈钱的是越来越多，作艺的却越来越少。现在的相声是越来越不好笑咯，是越来越没相声味儿了。大家伙都在往电视台挤，出名了好到处跑穴挣钱去，谁有心思好好作艺啊。

“新相声都是拍着脑袋写出来，老的相声又被他们贬得一无是处。现在我们这些从街头起来的老艺人还在，侯爷、马三爷这些大师都还在，都已经变成这副操蛋的现状了。我是真怕啊，真怕要不了几年，我们这些人坚持了一辈子的相声就再没人听了……”

方文岐发出一声长叹，苍老的脸庞上多了几分挥之不去的忧愁。这个为了相声坚持了一辈子的老人，斗争了一辈子的老人，终于发出一声担忧的叹息，他反对过整个相声界，却终究还是败给了现实。

何向东默默低着头，连煎饼果子吃起来也一点味道都没了，不知道为什么他突然觉得自己肩膀上的担子很重，有一种无言的压抑感让他步伐都沉重了不少。

“师父，你们当年都是怎么学艺作艺的啊？”不知道为什么，何向东就问了这样一个问题。

方文岐看看四周，陷入了回忆，又看着他唯一的徒弟，默默叹道：“现在真的跟我们当初不一样了。那时候可比现在热闹，什么样的手艺都有，北京的天桥、天津的三不管、南京的夫子庙，老手艺人可多了，各行有各行的买卖，各家有各家的绝活。

“我也是跟着你师爷在街头卖艺出身的，就在北京天桥那里，唱戏的、说书的、练把式的、唱大鼓的、变戏法的都有。曲艺是后来的叫法，我们以前都是叫十样杂耍，吹打拉弹说学逗唱变练，各有各的买卖。生意也有文武之分，像算卦这种文活就不能跟打把式的武活在一起，不然人家一敲锣打鼓，你这儿人不都跑了啊，生意可就做不下去咯。

“那时候行有行规，我们这些跑江湖的也有一个长春会，也有会长带着大家，约束着大伙，包括各家买卖离多少距离，文活在左，武活在右，这都是有规矩的，大家也都遵守着。一个场子里面就不能出现同样的两种买卖，咱们在这儿说相声，别家说相声就得换个地儿，实在不行了，非要凑到一起了，那也得隔着一丈远，这叫相挨相，隔一丈。”

“现在是没有江湖气咯，不过也好，毕竟时代不同了嘛，现在艺人地位也高，出门在外也没人看不起，可不是我们那时候的下九流行当咯。这一点所有艺人都要感谢政府。

“我跟你师爷最开始也是撂地说的，风吹日晒的，挣得也少，日子过得恓惶。后来我也是去了常家人的启明茶社说相声，日子才慢慢好过起来。那时候老常爷都还活着。老常爷是穴头，可也是说相声出身的，对我们这些艺人很照顾，也教了我这个晚辈很多东西。我到现在都还记着人家的好。东子你看，老常爷当年送我的玉子，我还留着呢。”

方文岐从怀里拿出一个用丝绸认真包好的玉子，递给了何向东。何向东很小心地打开来。保存得很好，两块黑色水煮的玉子板，这些年出来演出师父一直带在身上，没用过，只是做一个信念存着。

何向东稍微看了一会儿，方文岐就拿回来了，小心地用绸缎包好再放到厚厚的绸包里面，然后继续说：“那个时候小蘑菇常家大爷也还在呢，我们还一起说过相声呢。人家可真是个了不得的人物，你不要看你今天观众反响很不错，小蘑菇在你这么大的时候可比你强多了。后来抗美援朝的时候小蘑菇去了朝鲜慰问，被炸死了，牺牲了，唉……可惜了，作艺先作德，真是让我们这些晚辈钦佩啊。”

“再后来啊，新中国了，大家都进曲艺团了，也开始相声改革了……”

那天何向东记得师父絮絮叨叨说了很多往事，也不知道是被那个算命的空子勾起来的，还是憋得太久了，反正是说了许多，从小镇到家里一直在说。

这年何向东还太小，什么都不懂。等到很多年之后，经历无数风风雨雨，他再回忆起今天的事情，心里却全都是心疼。

相声大师

第三段

百鸟张

一

“树叶。”

“树枝。”

“河水。”

“小鱼儿。”

嗓音清越，穿透力极强，何向东在小溪边上练功。相声艺人练功有很多法子，像这种看见什么说什么的也是一种，主要是为了亮嗓子。

说完一阵，何向东又拿起放在身边的两个酒瓶子当作金锤挥舞了起来，上下翻飞，煞是威武，耍出不少像模像样的好把式。

练了半个多小时，出一脑门汗，把酒瓶子放好。何向东又唱起了小曲儿，依旧是太平歌词，他自己也特爱唱，是《劝人方》和《韩信算卦》。

日上三竿头，流水潺潺而过，清风徐徐而来，很舒适，尤其是躺在大石头上的何向东更是舒适。

“喂，这大白天的你就这样躺着啊？”田佳妮来到小溪边找何向东玩。

何向东眼睛都没睁，惬意道：“躺着多舒服啊！”

田佳妮瞪起了眼珠子，不满道：“你是舒服了，人家大石头受得了吗？”

大石头在何向东底下说道：“还行，东子也不重，压上来刚刚好。”

田佳妮对这两个活宝也是无语了，赶紧小跑过去把两个人拉开，何向东起身坐到一旁，小胖子也起来坐在他身边。

大石头就是石磊那小胖子，因为名字里面有四个石头，所以何向东和田佳妮都坚持叫他大石头，反对无效。

何向东问道："大石头，你今天怎么没去上课啊？"

小胖子憨憨地说道："今天放假……"

何向东不信，问他："这没节没假的，你放的哪门子假啊？"

见谎话被戳穿，小胖子胖脸微红，也不好意思说话了。

田佳妮在一旁也问："到底发生了什么事啊，你这么不想去上学？"

小胖子用几不可闻的声音说道："我上课都学不会，听不懂。"

何向东道："什么课啊，这么厉害，连我们石家大少爷都听不懂。"

小胖子低声羞恼道："什么课都听不懂。"

何向东摇头感叹道："人才难得啊，你们校长肯定特不待见你吧。"

小胖子听得却连连摆手，道："没有，没有，我们校长人很好的，我们老师也很好，就是……就是经常家访和我爸说我学习的事儿……我爸经常揍我，同学也笑我笨，我不想上学，我想和你们一样学艺可以吗？"

说着，小胖子用非常渴求的眼神看何向东。

何向东和田佳妮互看一眼，两人都笑了，何向东无奈道："你以为我们学艺就不用读书了？"

小胖子反倒是很惊讶，问道："要吗？"

何向东道："废话，我们每天都要学，我们看的书都不知道有多少了，我们师父都是一手棍子一手书把我们这样教出来的。"

"也要念书啊？"小胖子瞬间兴致不高。

何向东语重心长道："书还是要读的，人不学不知义，孔子不是说过嘛，不读书你都吃不上嘎巴菜。"

田佳妮被何向东逗笑了，道："讲得真是在理啊。"

小胖子倒是一脸认真，问道："这孔子是谁啊，是你的好朋友吗？"

何向东和田佳妮对他瞬间视为天人，何向东也很认真地说道："他们家是卖嘎巴菜的，孔记。"

"那有机会真的要去吃吃看了。"小胖子一脸若有所思，外加馋嘴。

"什么乱起八糟的。"田佳妮忍不住吐槽这两个家伙。

何向东也笑笑，问道："你什么课啊，明天我陪你去上课得了，我倒是要看看有多难。"

"真的啊？"小胖子两眼瞬间发亮。

"当然啊。"何向东从来没上过学，他的知识都是师父教的，作为他这个岁数的孩子再怎么成熟都不可能不对学校感兴趣的。

不是有那么句话嘛，“得不到的永远在骚动，被偏爱的总是有恃无恐”。没上过学的天天想进去，在上学的却天天想逃跑，也是无奈。

“你真的要去啊？”田佳妮忍不住问了一句。

何向东回答道：“是啊，你要不要一起去？”

小胖子也看向田佳妮。

田佳妮摇头道：“算了吧，我明天还要学艺，师父要给我配弦，我不去了。”

何向东问道：“那行吧，就我和大石头去吧。哎，大石头，我能进你们学校上课吗？你们老师会不会把我赶出来啊？”

小胖子道：“不会的，你可以去旁听几节课的，我们老师一般不管的，到时候跟教导主任说一声就好了，说你是我家亲戚就好了。”

“哦，那就好。”何向东应承了一声，内心却隐隐有些激动起来。

当时的小学并不像后世那样封闭式教学，进出相对还是比较宽松的，而且那个时候教学环境都很淳朴，算是真正做到了有教无类。你一个小孩去人家学校听几节课一点问题都没有，老师也很乐意教你。

“明天都是什么课啊？”何向东又问了一句。

小胖子想了一会儿，道：“明天是语文、数学、音乐，还有体育，四门课。”

“好嘞，瞧好吧您呐。”何向东很是兴奋地应了一声。

两人又商量了一下上课的地点还有时间，到中午饭点，这几人也就各自回家了。

午饭后，何向东又在学相声的正活儿，还是八扇屏，他还没有学熟，依然和师父在练习。方文岐也告诉何向东了，说是过几天他们老哥几个有个小聚，还有一个远来的贵客，会带何向东一起过去见见世面，也会在场上表演节目，让他好好准备。

何向东也应承下来了，然后继续练功，这一练就到了晚上。拖着满身疲惫的身躯倒在了床上，眯上了眼，开始憧憬起了明天的第一次校园之旅。

第二天清晨，何向东起了个大早，匆匆吃了早饭就跑出去了，跟师父说是出去练功了，方文岐也没管那么多。

学校离何向东家倒也是有些路的，他一路小跑，差不多跑了一个小时才到学校，那时已经是朝阳升起了。

在门口，何向东看到等得急促不安的石磊。

何向东赶紧跑过去道：“大石头，我来了。”

小胖子背着书包也跑了过来，一边道：“你可算来了，我等你半天了。马上要开始上课了，咱们快进去吧，去找我们的教导主任，跟他说一声你来听一天的课，他很好说话的。”

何向东笑着催促道："好嘞，快走。"

这两个小家伙在校门口跟看门的大爷打了个招呼就迈着小短腿急匆匆跑进去了，在二楼的办公室找到了教导主任。

这位教导主任是个中年男人，何向东对他说自己是石家的远方亲戚，想转到这边来上学，先来学校听听课，再办转学手续。

这话听得小胖子是满脑袋汗珠子，他长这么大都还没骗过人呢，第一次陪人撒这么大的慌，心虚得慌。

幸好，教导主任非常好说话，见何向东年纪小却非常机灵，又非常懂礼貌，就非常大方地答应了这个请求，还带着何向东去找小胖子的班主任，说了这事儿。

班主任姓石，是个女老师，年龄不大。第一节课语文课就是她教的，她对何向东说："何同学……"

何向东赶紧道："哎哟，您客气了，叫我东子就行。"

石老师却是笑笑，道："行了，在学校都是要叫同学老师的，都随意点吧，我叫你何向东好了。行了，走吧，快上课了。"

"长幼有序，您是长辈您先请。"何向东笑着说道。

石老师也很开心，也笑了，道："你这小孩还一套套的，行吧，跟着我来吧。"

就这样，何向东跟在石老师的身后，心里隐隐有些激动，脸上有抑制不住的喜悦，第一次上学啊，多有意思的一件事啊。

何向东已经陷入无限幻想当中了，一定要好好表现。

到了教室里面，都是老式的课桌，两个人用一张桌子，桌子下面是掏空的抽屉，像书柜的那种，不能像抽屉那样拿出来。

所有的孩子都乖乖地坐好，两只手手肘叠放好在桌子上，小胖子也早就在教室里面坐好了，他个子高坐在最后一排。

石老师领着何向东进来，介绍道："来，各位同学，今天我们班里来了一位新同学，大家欢迎一下。"

"啪啪啪……"掌声响起，尤其是小胖子拍得尤为热烈，一双胖手掌都拍红了。

石老师对何向东道："来，新同学，向大家介绍你自己吧。"

"好嘞。"何向东迈着四方步出来，抱拳向教室里面的同学拱手，道："学徒……学……学生何向东向各位同学致敬。"

深鞠一躬，又转身向石老师抱拳鞠了一躬道："向石老师致敬。"

石老师眼前一亮，好大的礼数啊，旋即这老师又做出一副恨铁不成钢的样子数落起了班里的同学："你看看你们，再看看人家新同学，看看人家多懂礼貌，你们这些猴崽子是怎么教都教不会，你们呀……"

这番话说得班里同学和何向东都不好意思起来了，何向东这从街头混起来的早熟孩子还有点担心起了老师的这番话会不会给他拉仇恨。

何向东看着班里同学，又笑着打圆场道："小子我初来贵宝地，大家都是扎一刀，咯噔咯噔冒紫血的好朋友，您诸位胸怀似海义气千秋，都是南走一千北走八百都寻不到的良善人。小子我初来乍到，有什么冒犯的，多多包涵，学徒我谢谢您诸位了。"

班里霎时寂静了一番。

"好……"小胖子突然大喊一声好，又鼓起了掌。

随即班里也响起了掌声，虽然不明白上面那个人在说什么，但是好像很厉害的样子啊。

石老师有点蒙，这孩子也太……太怪了吧，这话打哪儿学来的啊，她当下也只能说道："来，何向东，你就去坐在石磊那边。"

"好嘞。"何向东走下讲台，迈步朝后面走去，班里的同学还是在用好奇的眼神看这位奇怪的同学。

何向东也懂礼数，一路上不断拱手说着："幸会，幸会，您辛苦，辛苦，费心了，费心。"

等到坐到石磊边上才消停下来，小胖子把脑袋凑过来低声说："你在上课的时候不能多说话的，不然老师是会说你的。"

"啊？有这事啊？"何向东显得很惊讶。

这时石老师发现了这两个小鬼的小动作，说道："石磊，你们两个不要交头接耳了，现在要上课了。"

小胖子立刻端端正正坐好。

何向东看了看小胖子，又看了看周围同学的坐姿，就学着他们把两只手叠放在一起，端端正正坐好。

石老师也松了一口气，原本还觉得新来的这孩子很奇怪呢，现在看起来分明是不知道从电视上还是广播上学来这一套说辞，想要表现一番罢了。

"来，把课本翻到21页，我们今天学李白的《静夜思》，我先领着大家认识一下生字……"

石老师开始讲课了，何向东听得很认真，也记着小胖子前面的话，没在上课的时候乱说话。

生字认完，石老师又领着大家伙读了三遍，这时石老师说："哪位同学来给大家读一遍，这样吧，新来的同学给读一遍好不好？”

何向东喜滋滋站起来，比出两根剑指，起范儿了，使出了身段儿，闪转腾挪，风范十足，嘴里说道:“床前明月光，疑是地上霜，举头望明月，低头……啪……思故乡。”

“念得不错，可是你拍桌子干吗？”石老师不解问道。

何向东解释道：“这叫压言，意思就是大家静静可以听我说了。”

“说，你要说什么啊？”石老师还是没懂。

何向东却是来劲了，一翻袖子，张嘴便道：“在想当初，后汉三国有一位莽撞人。自从桃园结义以来，大爷姓刘名备字玄德，家住大树楼桑。二弟姓关名羽字云长，家住山西蒲州解梁县。三弟姓张名飞字翼德，家住涿州范阳郡。后续四弟，姓赵名云字子龙，家住镇定府常山县……”

没办法，来得匆忙，今个儿没练功呢。

石老师彻底傻眼。

二

班主任石老师在头疼困惑之下离开了教室，她一堂课上下来愣是没弄懂新来的这孩子到底是什么路子，怎么越看越奇怪呢。

下了课，教室里倒是疯狂了，一大群孩子围过来看这个新来的同学。

一个流着鼻涕的小孩，说：“你上课的时候说的是什么啊，为什么我听不懂啊？”

何向东跟他说：“这说起来那就厉害了，这故事来自于很多年以前，有一条白蛇还有一条青蛇，修炼成精，化作人形，然后去了杭州西湖玩，西湖你们知道吧？”

一群小屁孩连连点头，听故事听得很是认真。

何向东继续说道：“话说那一日白蛇在二楼梳妆，不小心往窗户下面掉了一根簪子下去，砸到一人。那人名叫许仙，是当地的一个大官人。这许仙大官人朝上一看，哇塞，大美女，然后就去隔壁找王妈妈去了……”

“咳……”人群后头传来一声咳嗽，这群正听得如痴如醉的孩子们立刻散了，端端正正坐在座位上，一个个装起了好宝宝。

来的人是数学老师，白老师，是个中年老头。他沉着脸走到何向东身边，说:“刚才这个故事是谁给你说的？”

何向东也笑了：“自学成才，自学成才，您多捧了。”

“哼，胡闹，是要跟你们班主任好好反映反映了。”数学老师黑着脸就上了讲台了。

何向东倒是半点都不怕，他就是今天来凑一热闹的，明个儿就不来了，算是票友性质，谁怕谁啊。

数学老师是一个特别严谨和传统的老师，上课的时候非常严肃，讲起课来也是非常的沉闷。

“23 减 7 等于多少，有没有人知道？嗯？”

班里所有的同学都把头低下来，生怕老师发现自己，算对了是应该的，错了还得落一顿数落。

“没人知道吗？”数学老师又说话了。

又是一片沉默。

何向东看得也是暗暗着急，他是为数学老师着急，这冷场了多么尴尬啊，这要是在相声表演当中遇到这种情况，相声演员不得疯了啊。

虽然人家刚刚说自己了，师徒如父子，怎么会怪老师呢，所以何向东决定帮衬数学老师一把。

这孩子也是想瞎了心了。

当下便直接搭下茬了，道：“欸，对了，有人知道吗，过了这店儿，您就再也见不着这武大郎了啊。”

“什么乱七八糟的。”数学老师黑着脸，转过身看着何向东。

何向东还冲他扬头一笑，意思是不用感谢他的救场。

“你知道这答案是什么吗？”数学老师沉声问道。

何向东笑着说道：“您问我呀，那我可真就不知道。”

数学老师有些微怒，斥道：“不知道你说什么？”

何向东却摆出一副理所当然的模样，道:“不知道怎么了，我自豪了吗，我骄傲了吗，老师您知道吗？”

“废话，我当然知道。”

“我有看不起你吗？”何向东又来了一句。

“你……”数学老师一噎。

班里同学都被何向东给逗乐了，嘻嘻哈哈笑个不停，课堂气氛陡然活跃起来。何向东也非常得意，瞧咱这本事，两句话就把大家伙逗乐了，优秀的相声艺人就是这样不仅能逗哏，还要能捧哏。

何向东冲数学老师拱拱手，意思是接下来就交给你了，这冷场算是我帮您给炒热起来了，不用谢我。

然后……

然后何向东就被赶出去了。

站在门口何向东简直快悲愤地哭出来了，一直在抱怨数学老师没艺德，不摆席请他吃饭表示感谢就算了，还把他赶出来。

“这在行内是要被封杀的。”何向东又咒骂了一句。

这孩子没治了。

数学课结束，数学老师直接找班主任石老师反映情况去了，理都没理这位帮他捧场的热心同学。

午饭时间到。这小学是自己蒸饭的，学生自己带着米、菜还有饭盒到学校来，早上把米洗好搁在铝制的饭盒里面，放在蒸屉里面，学校食堂的工作人员会帮着蒸好，中午就能就着自己带的菜吃一顿午饭了。在那个年代，学生除了缴学费之外，还要交一笔柴火费，就是蒸饭用的，通常不是交钱，而是让家里人挑几担子柴火来。

小胖子今天来上学还特意带了两个饭盒，都蒸下去了，他家里比较富裕，带的菜也比较好，是豆干炒肉，还有一个煎土豆片。

他们这种老学校也没有地方提供给他们吃饭，大家伙都是拿着饭盒弄点菜站着吃、蹲着吃，或者坐在台阶上吃。

那时候吃饭是真热闹，整个学校到处都是端着饭盒的学生。小胖子找到饭盒就和何向东两人去了操场上吃饭，就坐在旗杆下面的台阶上。

小胖子从背包里面拿出两个搪瓷罐子，里面装的是菜，他对何向东说道：“昨晚我跟我奶奶说了你今天会和我一块来上学的，我奶奶还特定多准备了点菜，来，你尝尝。”

何向东端起饭盒，吃了一口菜，道：“味道真好，帮我谢谢老太太。”

小胖子吃得正欢腾，嘴里嚼着饭，含糊不清说道：“我奶奶一直夸你来着，说你年纪小，本事却很厉害，还让我向你学习呢。”

“嗨，老人家净爱说实话。”何向东倒是半点不谦虚。

小胖子却是很认真点头，说道:“反正我觉得你挺厉害的，会说相声，会唱太平歌词，还会做盖世无双叫花鸡。”

“噗……”何向东一口饭喷出来，这孩子还想着那茬呢，没治了。

小胖子继续说道：“我大伯也说你厉害，说你以后肯定能成为大角儿，就像在电视上的那样。不过我爸爸倒是没说你好，他还让我好好读书，不然就只能跟你一样到处卖艺了。”

何向东倒是一点没介意，人家小胖子的父亲说得没错，民间艺人的生活是非常苦，学艺作艺比他们这些在学校上学的孩子可难太多了。

何向东也劝道："大石头啊，你爸说得没错，我们卖艺这行实在是太苦了，真的不适合你，你还是好好读书，你爸是个有本事的人，你听他的没错。"

小胖子低着头说道："我也想好好念书，可是我笨，我老是学不会，很多字都认不全。"

何向东道："认字也是有法子的，中国很多字拆开了合起来就是不同的字，不同的组合就是新的字，千变万化，含义很深的。来，你过来，我教你。"

何向东拉着小胖子到操场上面。这年头的操场基本上都是黄泥操场，其实也就是一块没人动过的空地罢了，还有一些杂草。

何向东捡起一小块石子，在黄泥地上从一依次写到了十，还边写便唱。

"一字儿写出来一架房梁，

二字儿写出来上短下长。

三字儿写出来'川'字模样，

四字儿写出来四角四方。

五字儿写出来半边儿俏，

六字儿写出来三点一横长。

七字儿写出来凤凰单展翅，

八字儿写出来一撇一捺分阴阳。

九字儿写出来是金钩独钓，

十字儿写出来一横一竖站在中央。"

小胖子的眼珠子是越瞪越大，他从没想过学字还可以这样学，竟然还可以唱着学。

这个本事就是前文提到过的白沙撒字，是相声艺人撂地演出圆沾的时候用的，何向东现在也没有白石沙子，就用手写代替了。

这曲子也有名号，叫《拆十字》，前面这段儿是从一唱到十，后面一段儿就是从十开始添上笔画改成别的字，再一句一句唱上去，其中还夹着各种故事。

"十字儿添笔念个'千'字儿，赵匡胤千里送京娘。

九字儿添笔念个'丸'字儿，丸散膏丹药王先尝。

八字儿添笔念个'公'字儿，姜太公钓鱼保过文王。

七字儿添白念个'皂'字，田三姐分家打过皂（灶）王。

六字儿添笔念个'大'字，大刀关胜武艺高强。

五字儿添笔还念'伍'字，伍子胥打马过长江。

四字儿添笔还念'泗'字，泗州城捉妖是纪小塘。

三字儿添笔念个'王'字，王祥卧鱼孝顺他的娘。

二字儿添笔念个‘土’字，土地爷扑蚂蚱——他着了慌。

一字儿添笔念个‘丁’字，丁郎寻父美名扬……”

《拆十字》唱完，何向东又在小胖子崇拜的眼神中向他一一解释这些故事，何向东发现其实小胖子学得很快，他说的这些故事小胖子很快就能记住，偶尔遇到一两个生字也掌握得很快。

何向东就让小胖子以后遇到不会的字就编一个小故事，带到故事里面就好记了。他今天一个无心的举动，还真的帮了这小胖子一把，让这个家伙成绩越来越好，人越来越灵醒。

以至于到很多年以后，这个当年的小胖子竟然去创办了教育机构，专门开发小孩子智力的那种，就是用各种法子来提高孩子的记忆力和学习兴趣，还真的成就了一番事业。

当然这是后事，暂且不提，日后再叙。

三

下午是音乐课和体育课，在小胖子的怂恿下，何向东上台唱了一首太平歌词，还有一段评剧，这让音乐老师顿时惊为天人，以为何向东是上天赐予她的音乐奇才。

她还非让何向东跟着她学音乐，然后代表学校去县里、市里、省里乃至全国参加比赛，为这事她还去教导主任、校长那里跑了很多趟。可惜，那时候何向东已经离开学校了，他也就是来玩，并没有真的想上学。为此，善良的音乐老师还怅然若失了许久。

还有最后一节体育课，大家伙玩了一下，就都回家了，何向东的上学生涯也就彻底结束了。

回到家里也是晚上了，何向东野惯了，师父说了他两句就让他回去睡觉了。

接下去的几天何向东都是跟着师父学习正活，师父还教了他另外一个老段子说是让他在老艺人的聚会上面表演，看得出来，方文岐对这个聚会还是非常看重的。

日日苦练，四天后，便是到了老艺人聚会的时候。

聚会的地点在县城，就在县城中心的招待所里面。一大早柏强就和田佳妮来找何向东他们了，这两人今天也是带着家伙来的，大鼓，还有三弦、匀板，看来今天也是要唱上一场。

他们今天没有骑车，身上的乐器太累赘了。方文岐和何向东倒是简单，一个包袱就解决了，两套衣服，加上几样简单的家伙事儿。

几人出门等车，早上会有公车出来，坐上车到了县城里面。又出来走了一段时间，来到了县城里面的招待所。

在房间里面，何向东终于见到了师父的老伙计。

那大叔姓张，穿着老式马褂，头发梳得很是整齐，眉清目秀的，还有一口简直可以拍牙膏广告的牙齿，洁白闪亮，非常整齐。他见到几人拱手道:“柏强兄，好久不见了。”

柏强也很是感慨，上前握着那人的手，道:“张儿啊，咱俩也有好些年没见了吧。”

张玉树也道：“这些年我一直都在上海，你在北京，上次见面还是我们团去北京表演，咱们才见的一面啊。”

柏强感慨道：“是啊，几年不见，你都还好吧？”

张玉树笑道：“都好，都好。”

柏强又拉过站在一旁的方文岐道：“来，张儿，你看看这是谁。”

张玉树看着方文岐，眼珠微动，慢慢地染上了一层晶莹，他大步过来，一把抓住了方文岐的手，声音颤抖道：“是你吗？方老哥，是你吗？”

方文岐也很激动，连道：“是我是我，玉树，是我。”

张玉树目光凝视着方文岐，有些感伤道：“柏强跟我说他和您在一起，我还不信呢，没想到今天终于见到了。咱们可是有小二十年没见了吧，方大哥你怎么老成这个样子了？”

方文岐摸着脸，故作轻松地笑道：“岁月就像一把杀猪刀，一刀两刀可不就把我这头猪宰成这个模样了呗。”

张玉树也咧了咧嘴：“方老哥还是这么爱开玩笑。”

方文岐道：“穷开心，穷开心，人生在世不过是开心嘛。”

张玉树看着方文岐这副苍老的样子，非常感慨，问道：“这些年四处奔波卖艺受了不少罪吧？”

方文岐倒是十分洒脱，说道：“没什么受不受罪的。我就是一个民间艺人，也不会别的手艺，就走遍四方说说相声了，挺好。”

张玉树道：“要我说当年曲艺团就不能这样对您，您当初要是没离开……”

方文岐赶紧打断他，道：“好了，当年的事情我也不想再多提，都过去了，现在我过得也很舒心，说着自己喜欢说的相声，我挺满足的。”

张玉树沉默了一会儿，还是有些愤愤道：“当年受过你恩惠的那些说相声的在你出事的时候一个帮腔的都没有，还有落井下石的，连您的徒弟都那样……”

方文岐也只是洒脱地笑笑，把何向东拉到身边来，道：“来，张儿，给你介绍一下我的徒弟，何向东。来，东子，叫叔。”

何向东也很是机灵，赶紧恭恭敬敬鞠了一躬，喊了一声：“张叔好。”

张玉树倒是吃了一惊，看着在他跟前的这小孩，又惊讶地看着方文岐，道:“方老哥，您当年被您徒弟害了，不是说再不收徒了吗？”

何向东身体顿时一僵，被徒弟害了，这是怎么回事，他从来没听自己的师父说过，事实上师父也很少说他过去的事情。

方文岐摆摆手道：“算了，过去的事情不提了，这孩子叫何向东，是个难得的好苗子，也爱说相声，我决定把我会的都交给他，让他继承我的衣钵。”

张玉树又把目光投向眼前这个小孩，衣钵传人啊，自己老哥当年被徒弟伤得很重，说是此生再不收徒，现在又冒出来一个衣钵传人，这是有多看重这个孩子啊。

“你跟着师父学艺几年了啊？”张玉树和颜悦色地问何向东。

何向东还沉浸在刚才的对话中，听到问他的话一愣，才抬起头看张玉树，回道：“正式学艺的话倒是只有两年，不过从小跟着师父吃住有六年了。”

听到这话，张玉树倒是有些纳闷了。

方文岐解释道：“这孩子是我从老渣手里救下来的，从小就跟着我吃住，我看这孩子很有天分，祖师爷也赏他吃这碗饭，我才决定传他手艺的。”

张玉树这才点了点头。

方文岐继续道：“你看看这孩子怎么样，能不能传他点什么？”

张玉树很郑重点了点头，他很清楚自己这位老大哥带这孩子来见他是为了什么。

当下就直接答应了：“我会在这里住半个月，你让这孩子到我这里吃住，我给他开开活，能学会多少就全看他自己的造化了。”

方文岐也很明白人家是体制内的人，可不像他一介民间闲散艺人，能空出半个月时间来已经是非常给面子了：“好，多谢你了，东子，还不快谢谢你张叔。”

何向东一副迷惑的样子，这些大人谈的话他是越来越听不懂了，但出于对师父的信任，他乖乖道谢：“谢谢您了，张叔。”

张玉树摸着何向东的小脑袋，微微一笑。

柏强也没闲着，把站在他后头有些怯生生的田佳妮拉了出来，介绍道：“张儿，这是我徒弟，叫田佳妮，跟着我学京韵大鼓的。等再过一段时间我带她去曲艺团学员班，这是个好苗子，你掌掌眼？”

田佳妮怯生生叫了一声张叔。

张玉树也笑着看着田佳妮，连声说好。

表演时刻到，田佳妮和柏强先唱京韵大鼓，在房间内支好了竹制的鼓架，把大鼓放置上去，田佳妮拿着木质的匀板和竹制的鼓签在大鼓前站好，柏强也拿着三弦在一旁坐好。

田佳妮有些紧张，看了看师父，又看了看何向东，最后还有些害怕地看了一眼张玉树，便迅速低下了头。

柏强也看出了田佳妮的紧张，赶紧劝慰道："妮儿，别紧张，这里都是自己人，都是你大爷大叔的，好好唱，别怕啊。"

张玉树也含笑点头。

田佳妮点点头，但是还是有些紧张，她太害羞了，也没有何向东这种从小在街头卖艺混出来的经历，太容易露怯了。

柏强看得也是心里七上八下的，他今天带田佳妮出来是特地给自己这位老友认认脸，看看演出水平，以后好让自己的老友捧上一把，可是这孩子这么紧张，等会儿演砸了那他怎么好意思开口啊。

何向东自然也看出来了，他可不能让自己的小伙伴在舞台上出岔子，他太清楚田佳妮的性子了，今天要是演砸了，这姑娘回去指不定要哭多久呢。

想至此，何向东从椅子上跳下来，对田佳妮说道："妮儿，这里都是你的长辈，没什么好怕的。来，叫大爷。"何向东指着自己师父。

田佳妮也很听话，就脆生生喊了一声大爷。

何向东又走到张玉树身边，一指，道："来，叫大妈。"

张玉树一脸蒙。

田佳妮一愣，突然"扑哧"一声笑了出来。

柏强和方文岐对视一眼，皆是哭笑不得。

何向东反倒不以为然，继续道："正所谓四海之内皆兄弟，天下何处不是你妈。叫大妈没错。"

田佳妮在台上又被何向东逗乐了。

张玉树摸着鼻子，无奈道："你这孩子哪学来这些怪话，倒是灵醒，行了，赶紧回位子上去吧。"

"好嘞。"何向东见田佳妮已经不紧张了，就赶紧归位了。

被何向东这一番打岔，田佳妮倒是真好了不少，一点也不紧张了。她冲师父点了点头，意思是准备好了。

三弦飘出悠扬的旋律，田佳妮打板，击鼓。

前奏奏完，田佳妮张嘴唱道："马嵬坡下草青青，今日犹存妃子陵，题壁有诗皆抱恨，入祠无客不伤情。万里西巡君请去，何劳雨夜叹闻铃。杨贵妃梨花树下香魂散，陈元礼带领着军卒保驾行。叹君王万种凄凉千般寂寞，一心似醉两泪如倾……"

依然是田佳妮学了很久的《剑阁闻铃》，配上三弦之后，她的击板也没有乱了节奏，看来这段时间也是下了功夫的。

唱功方面也纯熟了不少，低回婉转，如泣如诉。方文岐和张玉树听得很有味儿，频频点头，表示认可，这个年纪能唱到这个地步已经是非常不错了。

“恸临危直瞪瞪星眸咯吱吱皓齿，战兢兢玉体惨淡淡花容。

眼睁睁既不能救你又不能替你，悲恸恸将何以酬卿又何以对卿。

最伤心一年一度梨花放，从今后一见梨花一惨情。

我的妃子啊……”

唱到“我的妃子啊”，田佳妮积蓄的感情一下子迸发出来，让人动容，仿佛真看见了唐明皇叹悔杨贵妃，不顾人间帝皇的尊严，只是一个连累妻子的悲痛丈夫。

张玉树眼前微微一亮，真是个好苗啊。

“柔肠儿九转百结百结欲断，泪珠儿千行万点万点通红。

这君王一夜无眠悲哀到晓，猛听得内宦启奏请驾登程。”

唱罢，停弦，停板，田佳妮深鞠一躬。

柏强也站起来，笑着对张玉树说：“张儿，怎么样，我这徒弟唱得如何？”

张玉树也笑了，道：“有点儿骆大师当年的味道啊，是个好苗子啊。”

柏强道：“那您可太捧了，既然你也觉得这孩子不错，以后可得多捧了。”

张玉树也很洒脱，直接说道：“您放心，咱俩关系在这儿，以后需要用到的尽管言语一声。”

柏强笑呵呵地对田佳妮说道：“还不快谢谢你张叔。”

田佳妮又鞠了一躬，道：“谢谢张叔。”

京韵大鼓表演结束，轮到说相声的上场了。

方文岐招呼何向东，道：“该咱爷俩了。”

“好嘞。”何向东应了一声。

两人这就开始换衣服，说相声的倒是也简单，换上大褂，找一块红布盖在桌子上，就可以说了。

其实有没有大褂，有没有桌子都是这么说，并没有本质上的区别，不过方文岐对这些却是非常看重，说相声必穿大褂。

爷俩往前一站，就算是上台了，鞠躬致敬。

掌声响起，尤其是田佳妮拍得最热烈，拍得手掌都红了。

何向东道：“刚才是我师叔和我的童养媳给大伙儿唱了一段京韵大鼓。”

张玉树笑，看了眼满脸羞红的田佳妮；柏强脸有点黑，这一老一少都没个正形，净瞎说。

方文岐老脸上也露出笑容，道："你可别埋汰人家妮儿了。"

何向东却不干了："师父，您四岁认我做师父的时候可不是这么说的啊。"

方文岐惊道："我呀？我四岁，你爷爷都不定生出来。"

何向东也笑笑，没在这个问题多作纠缠，继续道："今天在座的都没外人，一个是我柏叔，一个是我童养媳，还有一个是我张大妈。"

张玉树苦笑。

田佳妮却是笑个不停，她前面在场上就差点真的叫大妈了。

方文岐这老货却笑了，道："知道你张大妈为什么笑得这么甜吗，因为我有糖尿病……"

"噗……"张玉树和柏强顿时笑喷出来。

何向东迷惑地看了师父一眼，又看了眼同样迷惑的田佳妮，他没懂什么意思。

方文岐自然也看出来了，赶紧道:"孩子，别瞎琢磨了，你想瞎了心都想不出来的，你还小，等你长大就明白了。"

何向东一副傻傻的样子，也只能继续说道："我柏叔刚才的三弦弹得挺好的，说是人家当年在保加利亚弹过弦子。"

方文岐道："去表演。"

何向东接了一句："去要饭。"

台下笑，衣冠楚楚、十分讲究的柏强竟然还要过饭，这孩子……

方文岐惊问道："嚯，这事儿你是怎么知道的？"

何向东却道："这不是在抗美援朝的时候，人家柏叔在保加利亚怕被炸死，又逃到埃塞俄比亚去要饭，后来这还是我一个在南极挖煤的朋友告诉我的事儿嘛。"

方文岐惊叫一声道："嚯，你这地理课是你们大队书记教的吧，这都挨着吗？再说南极还能挖煤啊？"

何向东却理所当然道："这可不嘛，要不然北极的北极熊不得冻死啊？"

方文岐竖起大拇指："好学问。"

台下几人也笑，包袱都响了，没问题。

何向东得意地笑道："那可不，名师出高徒，都是师父您教得好。"

方文岐急忙摆手，赶紧解释:"可别胡说，我是你师父，你可不能这样糟践我啊。"

何向东笑笑，道："其实我和我师父这些年出去卖去，也挣了不少钱。"

方文岐急了，赶紧打断他："你等会。"

何向东也赶紧解释："我是说卖……"

方文岐又道："什么叫这些年啊。"

何向东都愣了。

台下都乐了，田佳妮脸红红的，很好看。

何向东也是真服了他师父了，这老油条功力真是强大，他也继续说道："要说我师父那人品艺德真是没话说，卖艺挣钱了，有钱了，他不像那些大老板去包个小蜜二奶，从来没有。"

方文岐道："那是，咱不是那样的人。"

何向东一脸嫌弃道："人家看不上他。"

方文岐叫道："啊？"

何向东道："师父，你知道我这些年我看你……我都，我都……呃……"

方文岐瞪起眼珠子道："你都怎么着？"

"嘿嘿。"何向东讨饶地笑笑，解释道，"我师父虽然长得次点儿，但是人家品行好啊，像别人有钱了都是跟朋友胡吃海喝花天酒地吃喝嫖赌，我师父就从不这样。"

方文岐脸色缓和了很多，道："那是的啊，不能够。"

何向东摆手道："我师父根本就没朋友。"

方文岐抓起桌子上的扇子作势要打何向东，何向东向旁边一闪，笑个不停。

台下听相声那几位也笑得停不下来，还有几个连连起哄。柏强也在底下起哄，搭茬道："东子你这话没错，你师父这辈子就没朋友。"

何向东却一指张玉树，争辩道："这不有我张大妈嘛。"

张玉树英俊的老脸又是一黑，他算是倒霉在这上面了。

田佳妮小脸红红地看着在台上挥洒自如的何向东，她在想她什么时候才能像东子这样自信，这样落落大方啊，唉……

方文岐也说道："我跟你张大妈感情是没话说的，瞧人家笑得多甜。"

柏强再一次笑喷，张玉树脸都快黑成锅底了，现场只有两个小孩没明白这是什么意思。

作为一个专业的艺人，何向东自然不会在舞台上露怯，不明白就不明白吧，他说道："嗨，其实上面说的都是实话。"

"还实话啊？"方文岐道。

"嗯嗯嗯嗯。"何向东连连点头。

"嘿，你这小子！"方文岐微怒道。

何向东笑笑道："其实我也有一阵没说我师父的事了，今天我给大伙儿再说上一回。"

底下柏强在喊："快说一个。"

何向东拱拱手表示感谢。

方文岐道："你这是在作死啊。"

"嘿嘿。"何向东一指柏强道，"观众都要求说了，人家是咱衣食父母，不能不说啊。"

"哼。"方文岐鼻子里发出一声轻哼，道，"倒是要看你能说出什么来？"

何向东道："其实我师父是个特别有文化的人，人家特爱看书。"

"呵呵。"方文岐似笑非笑地哼唧了两声。

"好话，绝对是好话。"何向东赶紧宽慰师父那颗敏感的中老年之心。

"说呗。"方文岐道。

何向东道："我师父爱看名著，四大名著，红楼、水浒、三国、西游，是不是好话？"

方文岐老脸上露出傲娇的样子，斩钉截铁道："什么好话？这就是事实。"

何向东倒是吓一跳，他珠子骨碌一转，便道："您还爱看兵法，有这事吧？"

方文岐不疑有他道："有啊，最爱看兵法了。"

何向东道："在家里我经常看见我师父拿着一本老式的线装兵法书在看，我走过去一瞧，都看不懂。"

方文岐接茬道："那是，兵法书都深奥。"

何向东继续道："是啊，我就打算问啊，我刚喊了一声师父，谁知道我师父就不让我喊了。"

"为什么呢？"方文岐问道。

何向东解释道："我师父说了，他看了兵法，我就不能叫他师父了。"

"那该叫什么啊？"方文岐也纳闷。

何向东一拍胸脯道："请叫我孙子。"

"去！"方文岐喝道。

四

相声四种表演风格，帅卖怪坏。许多相声演员都是要在舞台上磨练多年才会慢慢形成自己的表演风格的，何向东今年九岁，但是看样子已经在"坏"的道路上一去不复返了。

相声演员表演风格的形成有自己天分的因素，也有市场选择的结果。有些演员天生就很潇洒，演出风格就是落落大方，也一直坚持下来，做得也很出色，观众也很喜爱，侯宝林大师便是如此，是"帅"的典型代表。后来转变风格的也有，艺人卖艺当然要看衣食父母喜欢什么了。

“卖”的典型代表是李伯祥老先生，指的是风格淳朴，很卖力气，李先生上台演出经常也会说“今天我老李卖卖力气”。相声演出，有些人说一整天都不累，一些人说半小时就累得不行了，这就是要看卖不卖力气的。

普通的以说为主，消耗的力气不大，但是要是说一整段一整段的大贯口，那就要累吐血了。就像《八扇屏》里面有三十多段贯口活，一般场上表演都是只说三四段，没有全说完的，不然逗哏演员得累死在台上。

偶尔也有完整说完《八扇屏》的节目，但说的肯定不是逗哏演员一个人，往往是后台一大帮人轮着上，一人说一段，没人能一次性说下来的。

学唱戏曲也特别累，尤其是调门特别高的，就像《四郎探母》里面的《叫小番》，京剧和梆子都有这一折，而且都有一个嘎调，调门高得飞起。

“一见公主盗令箭，不由得本宫喜心间，站立宫门……叫小番。”调门是一级一级往上爬的，尤其是到最后的“叫小番”，这里是个嘎调，声音还得往上翻个八度，艺人唱完脑门上都得冒汗珠子，特别卖力气。

“怪”的典型代表应该是马三立老先生，马派相声的表演风格确实非常有特色，非常独树一帜。不温不火，不咸不淡，不荤不素，就像是跟你聊天一样随意自然，丝毫没有表演的痕迹，往往像是在和老友闲聊的时候便把相声说完了，境界相当了得。就算是在天津这个相声窝子里面也有无与伦比的影响力，有“无派不宗马”之说。

马家在相声界的地位也是相当超然的，马三立老先生就不用说了，听相声的没人不知道他的，其本身也是相声的第四代传人，寿字辈的老先生。

马三爷的父亲就是“相声八德”之一的马德禄老先生，外祖父是相声的第二代传人恩绪，就是给慈禧太后献艺，并且获得御赐玉子的那位。可以这么说，马家一门祖传的大师，包括马三爷的公子马志明先生，人称少马爷，马派相声的嫡系传人，也是大师级的人物，相当了得。

相声门里面的传人辈分也有争议，马三立先生在《天津文史资料选集》和《中国相声史》上面都把张三禄先生作为相声的第一代，传闻穷不怕先生是叫张三禄做师父的。但是这一说法争议比较大，苏文茂和田立禾两位先生都反对这一说法。

因为张三禄从来没有留下来过一段相声，不能把一个表演八角鼓的艺人当成相声鼻祖，他们认为穷不怕先生才是相声的第一代传人。（作者赞同后一种观点，所以写作的时候论第几代传人，都是按穷不怕是第一代这样算下来的）

祖师爷和开山鼻祖是不一样的，相声门的祖师爷不是穷不怕，而是东方朔。在旧社会，艺人的地位都很低，就会把一个非常出名的有关联的人物奉为祖师爷，以提高自己的地位。

就像梨园行会供奉唐明皇为祖师爷，据传闻唐明皇是个狂热的戏曲发烧友，经常让戏曲俳优在一个种满了梨树的园子里面演出，这就是梨园行名称的由来。而且这位皇帝不仅听戏，还写戏，甚至上台唱戏，最喜爱唱丑角。在清代黄幡绰的《梨园原》里面曾说：“逢梨园演戏，明皇亦扮演登场，掩其本来面目。唯串演之下，不便称臣，而关于体统，故尊为老郎之称。今遗有唐帽，谓之老郎盔，即此义也。”（当然，这些都是传说，也无法细细考证，但是唐明皇喜爱戏曲是真事，他也曾谱过戏曲《霓裳羽衣曲》）

因为传闻唐明皇爱扮丑角，所以在旧年间丑角艺人在戏班里面的地位特别高。

戏班里面有装演出衣服的箱子，其中有一个箱子装着的是代表皇家身份的黄蟒、凤冠、九龙冠等砌末，这个箱子除了丑角艺人其他人都不可以坐，无论是在什么情况下。而且在祭拜祖师爷的时候，也只有丑角艺人不用跪下。

东方朔是因为用语言幽默滑稽的法子来给汉武帝劝谏，所以才被相声艺人奉为祖师爷，在早年间有给相声艺人送帐子（送锦旗）表彰都会写“曼倩遗风”或“曼倩在世”，张学良就曾经手书“曼倩遗风”四个大字送给张寿臣老先生。

“坏”的典型代表是侯耀文先生，侯宝林先生的第三子，人称侯三爷，聪明机巧，也擅长讽刺。

方文岐自然也不会在意何向东在台上损他，且不说这是何向东的表演风格，说相声约定俗成的规矩就是台上无大小，台下立规矩。上了台就是表演，大家都是演员，只有剧情人物之分，没有身份地位的区别。下了台了，师父还是师父，师叔还是师叔，长幼有序，规矩还是重的。

既然师父不介意，何向东就继续说了：“其实我师父最大的优点就是爱帮助人。”

“呵。”方文岐斜斜看着他，反正知道这孩子没憋什么好话。

何向东倒是没管那么多，继续说：“人家有什么难处都找我师父，一说话就没有不答应的。饭店缺厨子我师父去了，红案白案，忙活一整天就是不收钱。”

“朋友嘛。”方文岐应承了一声。

何向东道：“人家造房子忙不过来请我师父帮忙，我师父也没二话，立刻就去了，帮着挑，帮着砌，没二话。”

“那是，人都有难处，困难的时候帮衬一把。”

何向东继续道：“是啊，还有医院验尿的机器坏了，请我师父去帮忙了，我师父没二话。”

“啊？”方文岐惊道。

台下几个人憋着坏笑，都快绷不住了。

“机器坏了，找我去干吗啊？”方文岐还纳闷呢。

何向东提醒他道：“您不是饭馆的厨子嘛，那味觉肯定好啊。”

“喝啊？”方文岐瞪大了眼。

何向东右手往前做出一个端杯子的动作，放到嘴前，轻轻一吹，呼……

方文岐赶紧打断他，一脸嫌弃道：“行了，就别吹了。”

何向东却道：“我看喝茶不都是这样么，我吹吹上面的浮沫子。”

“哎呀，你就别糟践茶了。”方文岐捂住了眼。

底下那几人都乐得不行了。

何向东虚端起杯子放在唇边，一仰头，嘴里发出“咯噔咯噔”的声音，方文岐看得整张脸都皱起来了，台下反响倒是不错，都笑得停不下来。

“咕咚咕咚。”何向东砸吧砸吧嘴，说道，“糖尿病，提醒病人控制饮食。”

方文岐看何向东还在那里吧唧嘴，一副恋恋不舍的样子，赶紧伸手拉他，道：“行了，就别吧唧嘴了，你还舍不得那点甜味了是吧。”

何向东赶紧点头，台下都笑疯了。

何向东见反响很好，又虚端起一杯喝了起来，像是嘴里有一个异物，捣弄着嘴，然后“噗”的一声吐了出去。

方文岐问道：“这是干吗呢？”

“结石。”

“啊？”方文岐目瞪口呆。

何向东又端起一杯来，咯噔咯噔喝下去，眉头都拧成一朵，抿着嘴来了一句：“真骚气。”

方文岐问道：“这杯怎么这么骚气啊？”

“狗尿。”

“嚯。”方文岐吓一跳。

说这段以来，底下人的笑就没停过，都快笑疯了。上次撂地的时候说拉屎也是，效果特好，何向东小小年纪说拉屎喝尿很有一套，方文岐都戏称他是“屎尿大王”。

何向东再坏笑了一会儿，道：“其实吧，我师父最厉害的还是人家的唱功，我们行内叫柳活儿。”

垫话儿路子带得不错，也接上线了，这就要入活儿了。

方文岐已经对这个徒弟没指望了，半死不活道：“这是好话吗？”

何向东理直气壮道："那可不。"

方文岐却并不相信，道："且瞧着吧。"

何向东道："要说您这柳活虽好，但是比起我来还是差了一点。"

方文岐赶紧一把拉住他，道："你等会儿吧，你会的都是我教你的。"

何向东道："你教我的就三段，韩信算卦，韩信还算卦，韩信再算卦。"

方文岐道："这韩信也不嫌累得慌啊。"

何向东笑道："是啊，您就会这么一点儿，我会的都比您多。"

方文岐继续道："我就会这三段儿，那你是怎么会其他的？"

"这不有我张大妈嘛。"何向东一指张玉树。

张玉树无语，这师徒俩今天算是跟他卯上了。

方文岐问道："那你都会哪些太平歌词啊？"

何向东道："《太公卖面》你听过吗？"

方文岐故作惊讶地张大了嘴，道："还真没有，我都是去太婆那里买面的。"

何向东嫌弃地摇头道："什么都不懂，什么都不会。"

方文岐道："那您教教我呗。"

何向东拿出玉子板来，黑色的水煮玉子，问方文岐："师父，您知道这是什么吗？"

方文岐道："这我还真不知道。"

"这叫玉子，瞧好了啊。"何向东右手轻摇，用玉子打了一段极为漂亮的花点。

台下掌声骤起。

方文岐却道："这种水平的一分钱听七段，还管饭。"

何向东翻翻白眼，没理他，张嘴便唱："石崇豪富范丹穷，甘罗运早晚太公。彭祖寿高颜回命短，六个人俱在五行中……"

"嘿，嘿……"方文岐在拉何向东。

何向东却没管，自顾自继续唱道："西岐山住着一个姜吕望，买卖行内做过经营，他贩得牛来羊增价，他贩得羊来牛又把价增……"

见状，方文岐也应着何向东唱了起来，调门更高，韵味更足，几乎是压着何向东在唱："太公牛羊一齐贩，殷纣王传旨就断了杀生。姜太公削本赔了一个净，只落得肩担着八根绳……"

唱不下去了，何向东停声，一脸幽怨地盯着方文岐。

方文岐还故作纳闷道："孩子，你这是怎么了？"

何向东发起脾气道："我都说你不会了，你还唱，还压着我调门唱，一把年纪怎么还这样啊？"

方文岐还在解释："我是不会啊，这不后来你张大妈教了嘛。"

张玉树苦笑，他现在反正已经是免疫了。

见何向东还别扭着呢，方文岐又道："要不你再唱唱别的？"

"好，我再唱点别的，您也注意点儿啊。"交代完了，何向东打板再唱，"那烧麦出征丧了残生，有肉饼回营他勾来了救兵。那锅盔儿挂了这元帅的令，那发面的火烧为那前部的先锋。"

方文岐也唱，调门再次压过何向东："那吊炉的烧饼他将够了十万，那荞面饼催粮押着后营。那红盔炮响惊动了天地，他不多时来置在了馒头城。"

"不唱了。"何向东一甩袖，当下就要罢唱离场。

方文岐一把拉住他，道："孩子怎么啦？怎么你就不唱了啊？"

"您还好意思说，我唱一首您会一首，还压着我唱，什么意思啊？我这张大妈都看着呢，您让我怎么办？"何向东倒是急了。

方文岐也赶紧认错："怪我，怪我，孩子，怪我。这样，你再唱一首，我保证不掺和，行不？"

"不唱了。"何向东倒是发起了倔脾气。

方文岐劝道："就一首，你就算不给师父面子，也得给你张大妈面子啊，人家都看着呢。"

何向东想了想，道："行吧，呐，说好了为了张大妈啊，您这次可不能再唱了啊。"

"不唱不唱，坚决不唱。"方文岐做了保证。

张玉树无语看天，有自己什么事啊！

何向东打板再唱："那庄公出游出趟……"

方文岐不唱，改成在一旁搭茬："城西，出趟城西。"

何向东翻了个白眼，没理会，继续唱道："出趟下水道。"

"嚯。"方文岐吓一跳。

何向东继续唱道："瞧见了他人骑马我就骑着……"

方文岐又搭茬："驴，骑驴。"

何向东却唱道："骑着狗。"

"你也不怕咬着啊？"方文岐问道。

何向东再唱："扭项回头瞅见一个……"

"推小车的汉。"方文岐道。

何向东微微一笑，唱道："瞅见了我的张大妈。"

台下全笑了，张玉树都快崩溃了。

“啊？”方文岐发出一声惊呼，也不搭茬了，就看着何向东继续唱。

何向东继续唱道：“我这张大妈前面走着我的柏大叔。”

“还有你柏叔呢。”方文岐搭茬道。

柏强在台下也是一愣。

何向东打板继续唱：“其实他们两个不是两口子。”

“废话。”方文岐道。

张玉树和柏强两个人黑着脸，哭笑不得，只有田佳妮乐得不行。

何向东道：“那我也得解释解释啊，不然你误会了怎么办啊？”

“嗯，真讲理。”方文岐也应道。

何向东打板再唱：“我的张大妈就问呀‘我的大姐呀’……”

“你等会儿。”方文岐拦住了何向东了，道，“你管你柏叔叫大姐啊？”

何向东却振振有词道：“不是我啊，是我张大妈啊！”

张玉树和柏强两人无语看天，相声包袱有一个窍门叫“理儿不歪笑儿不来”。

方文岐点头表示明白，道：“那难怪了。”

何向东再唱:“我的大姐啊,厕所怎么走？那柏叔可就说……”一顿,来了一个夹白，“滚蛋。”

方文岐道：“喝，够横的啊。”

“那是。”何向东打板再唱，“那张大妈也没有了辙了，回过身来呀又问我‘大哥’……”

“你等会儿。”方文岐再一次拦住了何向东，惊讶问道，“你张大妈叫你大哥啊？”

何向东反问道：“有什么不对的吗？”

方文岐一摆手，道：“没有，您继续。”

“好嘞。”何向东再唱，“大哥，厕所怎么走呀？我就说‘拉裤子里’。”

“嚯，你唱的这太平歌词真讲理。”方文岐夸赞了一声。

何向东得意一笑，继续唱道：“我张大妈可就说‘好的’。”

一停板，何向东就蹲了下来，做出拉屎状。

“你等会儿。”见这孩子越来越不像话了，方文岐赶紧上前拉他。

何向东还纳闷了，问道：“您拉我干吗？”

方文岐喷了一句：“废话，有你这么拉的吗？”

“哦，对。”何向东一拍脑袋，道，“忘脱裤子了。”

“去，有这么没溜儿的吗！”

何向东道：“这不我张大妈嘛。”

“那就说得通了。”

两个不是什么好货的家伙缺德地笑了起来了。

张玉树都快崩溃了，还叫不得苦，他和说相声的算是半个同行，渊源极深。说相声就是这样，损的都是同行，而且你还不能介意，这是行规，你要是介意就别干这一行了。

何向东改的太平歌词，叫歪唱太平歌词。相声里面所有唱的部分都叫柳活儿，有正唱和歪唱之分，正唱就是正儿八经唱，主要是展现唱功为主，歪唱就是加入不少包袱，以逗乐为主。

方文岐感叹道：“要说太平歌词还是你唱得好呀。”

何向东却很谦虚道：“是我张大妈教得好。”

方文岐道：“那你再给我们唱一遍呗。

“瞧好吧，您呐。”何向东拿起玉子打了一串花点，而后恢复正常板眼，唱道，“那庄公出游出趟城西……”

“你等会儿吧。”方文岐打断了何向东的演唱：“你刚刚不是唱出趟下水道吗？”

何向东道：“哦，您说我刚唱的那个啊？”

“对啊。”

何向东摇头道：“这可来不了。”

“为什么呢？”方文岐也问。

何向东笑道：“我这玩意呀，它就是一次性的。”

方文岐一推何向东，道：“玩去吧。”

鞠躬，相声表演结束，台下几人鼓掌，尤其是田佳妮把小手都拍红了。柏强和张玉树对视一眼，眼神中都有浓浓的欣赏之意。虽说何向东刚才在拿他们两个打趣，但是人家相声说得是真好，这个岁数能把相声说到这个地步也是没谁了。

五

方文岐走了下来，端起桌子上的茶水，一仰头就喝了个精干，他岁数大了，上台时间稍长就有点累得吃不消。

“张儿，接下来该你露一手了。”柏强笑着说道。

何向东也在那里搭茬：“是啊，张大妈给咱露一手尿裤子的绝活。”

张玉树拿起桌子上的枣糕就朝何向东扔了过去，何向东笑嘻嘻在怀里接住，然后放到嘴里喜滋滋吃了起来。

张玉树对这个机灵的倒霉孩子也是无语了，真是让人恨得牙痒痒的。他话也不多说，站起身，对在坐众人拱了拱手，便走到一旁，搬出一扇巨大的屏风来。

何向东看得纳闷，就低声问方文岐："师父，他这是在干吗，要表演皮影戏吗？"

方文岐没好气道："去，什么皮影戏，人家可有绝活，你接下来这半个月跟你张叔好好学，这是你的造化。"

"哦。"何向东应承了一声，但是还是没弄懂，他到底要跟这位神秘的张叔学什么啊……

张玉树起身拿了一条凳子放到屏风后面，他自己坐在凳子上，屏风很厚，看不清人。

何向东一脸纳闷地盯着屏风，根本不懂，又看了看同样一脸不解的田佳妮，两个小孩犯愣了。

"轰隆隆……"闷雷声似车轮滚滚而来，绵绵不绝，像是马上便要有一场骤雨。

何向东就坐在窗户边，赶紧伸头出去看了一眼天空，他们今天出来可没带伞，要是下雨可跑不回去了。

"这么大太阳，哪来的雷声啊？"何向东不解。

忽听得一雄厚男声响起："即刻捉拿偷糖犯何向东，抓住后立刻枪毙。"

"是。"

"是。"

"是。"

应声连连。

"咔咔咔……"冲锋枪上膛，特质军靴踏在地上发出铿锵的声音，是在爬楼梯，越来越近，瞬间便响起了砸门声。

"开门，开门。"

"枪毙何向东。"

"枪毙偷糖贼。"

……

这一连串声音来得极快，节奏快得让人反应不过来。何向东当时就急了，大声叫道："我没偷糖啊，我没有偷糖啊，别枪毙我啊！"

"师父，你救我啊。"何向东都快急哭了。

方文岐对自己这徒弟也是无语了，平时不是挺机灵的啊，这会儿怎么犯浑了，他一手拉住何向东，一手朝屏风那里指了一下。

何向东这才明白过来，刚才那番大动静都是屏风后面的张大妈搞出来的，他看着师父惊愕问道："是张……张……张叔？"

他也不敢再叫张大妈了，这也太吓人了。

方文岐看得好笑，这野猴子也知道害怕了。

闷雷声再起。

这下子何向东淡定多了，坐在凳子上专心欣赏起了这神乎其技的表演。

雷声骤起，刹那间电闪雷鸣，声势极大。在场几人看得频频点头，这份功力震到他们了，尤其是何向东和田佳妮这两个没见过世面的孩子都被吓住了，根本无法想象这番动静竟然是从人嘴里发出来的。

雷声过后，倾盆大雨骤降，雨声、雷声、闪电声、雨点敲击在地面上发出的声音，这几种声音混成一片，赫然是一幅暴风骤雨图。

少顷，雷声停住，雨点暂歇，几只小鸟从茂密的树林中小心翼翼飞了出来，羽毛刮擦着树叶发出沙沙声，震落雨滴打在地上水潭叮咚作响。

“唧唧……”画眉在迷惑地叫嚷，像是在担心等会儿还会不会有大雨。

“啾啾……”百灵兴奋地叫了起来，声音很俏皮，像是在呼唤朋友一起出来玩。

树林树叶发生不绝于耳的沙沙声，鸟儿们都出来了，站在枝头，各种兴奋愉悦的叫声响成一片，杂而不乱，非常具有观赏性。

方文岐和柏强相视一眼，皆露出笑意，两人都懂对方的意思，这么些年没见，张玉树的功力越发深厚了。

何向东闭上眼睛，仿佛真的看到了雨后百鸟迎着蒙蒙水汽在兴奋交谈，好一幅和谐的自然画卷。

睁开了眼，何向东又看了一眼同样听得如痴如醉的田佳妮，俩小孩相视一笑，都对那位神秘的叔叔佩服不已。

这时候，异变陡然发生了。

招待所的房间有一个小阳台，张玉树就是背对阳台而坐，屏风在前，屋内几人都可以看到阳台的风景。

一只小画眉居然停在了阳台上的围栏上面，好奇地往屋内张望，也不敢飞进来，然后试探性地叫了两声。

百鸟的叫声微微一顿，像是被新来的小伙伴吓到了。同样是一只画眉发出了叫声，像是在询问什么。

阳台上的小画眉也叫了两声。

屋内画眉叫声再起。

一鸣一和，一鸟一人在交谈。

见此场景，屋内众人都惊呆了，何向东和田佳妮这两个懂得少的孩子倒是还好，但是方文岐和柏强脸上却带着掩饰不住的震惊。

“人兽合鸣啊，这是人兽合鸣的境界啊，玉树竟然到了此等境地了吗？”方文岐惊得都要从凳子上站起来了。

两只画眉的叫声还在一问一答，不一会儿，屋内的画眉像是接受了这只新来的伙伴，朝四周叫了几声，瞬间百鸟欢迎的叫声骤然响起，非常热闹。

屋外阳台上的画眉也很开心，扇动翅膀便飞了进来，在天花板上转了一圈，没看到一只同类，又看到了一脸兴奋的何向东站了起来，这只画眉惊叫一声，从原路飞到阳台，也不敢停留，瞬间飞向远处。

屋内的百鸟似乎还因为画眉的离去而有些低沉，声音很是疲累，兴致不高，各自鸣叫几声，抱怨一下不打招呼就离去的小伙伴。

“砰”的一声枪响骤然响起，百鸟惊散，皆发出慌张不已的鸣叫。何向东心都提到嗓子眼了，虽说他知道这一切都是假的，但是耐不住现场听得实在太投入。

振翅声、枪声、惊慌的啼叫声，构成一曲杂乱的乐章，百鸟疾飞，振翅发出呼呼的破空声，飞得极快。

枪声朝天上无意义地放着，但却并没有打到一只。还有猎人用枪托子砸地面的声音，发出一声声遗憾的叹息。

风声再来，带走一切不和谐，悄夜静谧，万籁俱寂。

“啪。”

抚尺一响，群响毕绝。

张玉树从屏风后面走出来，手上拿着一把折扇，朝在座众人鞠躬致意。

“好。”何向东第一个跳起来，手掌拍得震天响。

田佳妮也赶紧起身，小脸激动得发红，掌声不断。

方文岐和柏强也站起身来为张玉树鼓掌，实在是太精彩了。

张玉树笑道：“方老哥，柏强兄，你们太捧了。”

方文岐道：“我们这可真的不是捧你，你这水平实在是太高了，你是已经达到了人兽合鸣的境界了吗？”

方文岐问出了这关键性的问题。

张玉树不好意思地笑了笑：“算是这么说吧，但是也要看发挥水平，状态好的时候可能能引来几只鸟合鸣，时灵时不灵的，见笑了。”

方文岐依然惊叹不已，道：“你这个境界谁敢笑啊，我们也有十几年没见了，真没想到你竟然成长到了这种地步。”

张玉树俊脸露出笑意，道："还是要感谢我孙师叔对我教导，这些年人家也没少费心。"

方文岐这才了然，道："原来是孙老，那可难怪了。"

柏强也点了点头，表示明白。

何向东听得是一头雾水，问："师父，你们在说什么啊？谁是孙老啊？"

方文岐拍拍何向东的后脑袋，把这孩子拉到张玉树身边，对何向东说道："东子，给你介绍一下你张叔，你张叔可是'百鸟张'的后人。"

何向东眼睛一亮，张玉树他不认识，"百鸟张"的大名可是如雷贯耳，这可是当年和他们相声门的老祖穷不怕并列"天桥八大怪"的人物，因善于学百鸟鸣叫，神乎其技，江湖送名号"百鸟张"。

方文岐继续道："孙老就是他们这一门的大师——孙泰。这位可是个了不得的人物啊。人家孙老当年在罗马尼亚表演《云雀》的时候引来大批云雀在其头顶盘旋，一鸣一和，久久不肯离去，人家是真正达到了人兽合鸣的境界了，那些外国佬都看傻了，轰动了整个欧洲。"

【孙泰大师引来云雀合鸣是真事，有兴趣的读者可以去查查资料，当初整个欧洲包括美洲都轰动了，都是用中国魔法几个字眼来报道这件事情的。此外，大师还曾经在1956年的波兰华沙国际杂技节上，凭借口技绝活，技压各国高手，一举夺魁，傲视群雄。原苏联的国家马戏团还打算用他们国家两个最好的节目来换我们的口技绝活，被周总理以保护国宝为由拒绝了。

在抗美援朝时期，孙大师也去了朝鲜战场慰问演出，创造了不少军旅作品。其中有一个是《胜利的空战》，孙大师用扩音器表演飞机飞来的嗡嗡声，在场战士就有紧紧捂住汽油灯的，还真以为是敌机来侦查了，久久不敢松开，完全达到了以假乱真的境界。

在祝贺孙泰大师舞台生涯60年的大会上，杂技家协会还送来一条由书法家陆石写的条幅，上书："万类之声，出于一口，维妙维俏，技艺神奇。"做过错字练习的都知道，"维妙维俏"并不是成语，是个错词，"惟妙惟肖"才是正确的。当然书法家陆石先生也并非笔误，他认为孙大师的造诣又岂是一个"肖"字所能及的。孙大师在口技界绝对是一代宗师，其造诣之高绝，几可通神，令后辈晚生叹服不已。

若论口技艺术，我中华口技当属世界第一，只是可惜啊，如此瑰宝却没落了，也没有展示艺术的平台，甚至面临着传承困难的窘境，实在是可惜可悲可叹啊。】

何向东也听傻了，竟然如此神奇。

方文岐又道："接下来半个月你张叔会教你学口技，这是你的造化，你一定要好好学，不然看我怎么收拾你。”

何向东缩了缩头，又看着笑眯眯的张玉树，突然对张玉树认真鞠了一躬，说道：“张叔，接下来这半个月就麻烦您了，我要是学得不好就请你替我师父责罚我吧。”

张玉树一愣，旋即笑道：“你这孩子倒是机灵。”

方文岐也笑了，没好气道：“一天到晚就爱抖那点小机灵。”

“嘿嘿。”何向东笑。

几人用过午饭之后，到了下午就都告辞了，何向东留下来和张玉树同吃同住，学习口技艺术。

临走前，柏强再一次托付张玉树以后要捧他的宝贝徒弟，张玉树也爽快地答应了，方文岐则是再一次警告何向东别惹事，否则往死里头抽他。

柏强来找张玉树主要是为了自己徒弟铺路的，方文岐则是为了让自己徒弟多学点本事。从这一件事情上就可以看出两位老先生在待人接物方面的区别，这也直接导致了田佳妮日后的成长之路比何向东好走许多。

当然张玉树肯教何向东本事已经是给了天大的面子了，艺人行内有一句话叫作“宁舍一锭金，不传一句春”，不是嫡传的弟子，人家是不可能传门子（独门本事）给你的。

待得几人走后，张玉树坐下休息，端起茶杯慢慢啜饮着，对站在那里的何向东说：“东子啊，你自己随意点，我跟你师父交情很深，你就跟在自己家一样就好。”

何向东像是没听见似的，站在当场一动不动。

张玉树看得纳闷，放下茶杯问道：“你怎么了？”

何向东转身目光灼灼盯着张玉树的眼睛，一字一句问道：“您前面说我师父被徒弟害了是什么意思？”

何向东的眸子亮得惊人，小脸很是严肃，张玉树也微微有些惊讶，问道：“你师父从来没跟你说过他以前的事情吗？”

何向东道：“说过一些，但都是无关痛痒的东西。”

张玉树忽然沉默了，过了好一会儿，他才抬头皱着眉头缓缓说道：“孩子，既然你师父决定不告诉你，那我也不能说，等到合适的时候我相信你师父会把他的故事都告诉你的。我能说的是，你师父是一个好人，一个……有本事的人，一个有脾气的人，一个有本事有脾气的好人，所以注定了他一生都很坎坷。

“孩子，我不知道你能不能听懂我说的，但是你要记住你一定要好好孝顺你师父，你是他唯一的指望。你一定跟他好好学相声，你是他唯一的传人，你要知道相声就是你师父的命，要是连你也……那你师父也活不下去了。”

何向东豁然抬头，看着张玉树，脸上多了许多不解和震惊，许久过后，他才点了一下头，什么话都没多说。

张玉树站了起来，慢慢走到何向东身边，伸手摸了摸他的头，眼神中多了很多复杂的情绪。

回到家的方文岐是不知道这一切的，他正在为另外一件事情烦恼，因为他收到了一封战书。

柏强也在方文岐家里没走，这老小子憋着坏笑，问道："是你那师弟寄来的？"

方文岐黑着脸点了点头，道："都一把年纪了，还这么没溜儿。"

柏强也道："嗨，他那人就那样，你又不是不知道。"

闻言，方文岐盯着柏强，问道："他怎么知道我在这个小县城里面的，还把信寄到我家里来？"

"嘿嘿……"柏强不好意思地笑了起来，解释道，"我这不是为你着想嘛，你这辈子又没朋友，我算一个，张儿算一个，你师弟算一个……好了，没了，我不是想你们叙叙旧嘛，谁知道他这么没溜儿啊。"

"哼……"方文岐鼻子里面发出一声轻哼，也不理会这个满嘴胡说蔫坏的老头了，直接问道："我收东子为徒的事情也是你告诉他的吧？"

"嘿嘿……"柏强笑得更不好意思了，连声道，"顺带，顺带嘛。"

方文岐扬着手上的信纸，没好气地道："人家都把战书寄到我家里来了。"

柏强摆摆手道："嗨，他哪里是你的对手啊？"

方文岐斜斜看了他一眼，道："人家说的可是让他的徒弟跟我徒弟比，看看谁赢，输的学狗叫。"

柏强故作惊讶道："啊？有这事啊，这文泉也太没溜儿了吧。"

"哼，你敢说不是你撺掇的。"方文岐问道。

柏强也清楚自己老友的性子，要是再不承认人家立马就要翻脸，他嬉皮笑脸道："我这不是简单提了咱们东子的出色表现嘛，哪知道文泉这么没溜儿啊，还非要比赛，还学狗叫，这是一个老头能想出来的招儿吗？"

方文岐对眼前这个看热闹不嫌事大的老货也是无语了，思忖了一会儿，他问道："文泉那个徒弟，你了解多少？"

柏强瞬间来劲了，坐了下来，道："那我确实知道不少，我和文泉都在北京曲艺团里面，那孩子打小就在学员班里面学艺，后来被文泉看中暗中收为弟子，传他手艺。

"要说这孩子天分就是高啊，基本上你们相声的活路他一遍就会，而且都使得有模有样的，现在会的段子也有不少。我上次还听说这小子自己写了新相声，文泉还捧他呢，两师徒公开表演了这个相声，我们团里面的领导也很喜欢这孩子。”

“还有啊，文泉对他的这个徒弟可宝贝了，去哪儿演出都带着，一有机会就让孩子上台表演，这孩子也争气，一点不露怯，我想过不了几年这又是一个好角儿。”

方文岐听得很仔细，微微皱起了眉头，而后问道：“那这孩子跟东子比怎么样？”

柏强道：“要是论起天分来，那绝对是东子强了，我从没见过东子这么灵醒的孩子。可惜东子今年才九岁，太小了，你也才正经教了他两年，学的还都是贯口和柳活儿，基本功是扎实了，可会的太少了。

“人家孩子会的可多了，能捧能逗能唱能跳，而且人家孩子都十三岁了，舞台表演经验也多，这些年可没少演出，大小也是个腕儿了，东子对上人家可不一定有胜算。”

方文岐点了点头，沉默了一会儿，没有说话。

见方文岐沉默了，柏强又凑上去刺了一句：“老方哥，你不是怕了师弟了吧，没事，咱都是朋友，我去帮你推了他，就说你离开郊县了，没有收到信，怎么样？”

“放屁。”方文岐爆了一句粗口，当时就急了，道，“老子会怕他？他跟我斗了半辈子就没赢过，这次我不让他学狗爬着回去，我跟他姓范。”

柏强缺德地笑了起来……

第四段

师兄弟

一

“若论起口技的起源恐怕要追溯到上古蛮荒时期，那个时候人类为了引诱猎物或者吓退强大的野兽，就会模仿一些动物的叫声。最原始的口技就是从这里开始的，到后来战国时期，也有擅鸡鸣狗盗的口技者助孟尝君脱险的传说。

“在唐朝时期就有了专门培养口技艺人的组织，叫‘学像声社’；再到了宋代，口技这门艺术得到了极大的发展，《东京梦华录》里面就记载了口技艺人文八娘模仿小贩叫卖堪称一绝。

“宋朝是一个精神、物质都极其丰富的朝代，各种民间艺术发展很快，那时候就有了隔壁戏，口技艺人以八尺屏障为依凭，一桌、一椅、一扇、一抚尺，艺人在屏障内说学逗唱模仿各种动物声音。宋徽宗时期有一个口技艺人叫刘百禽，能模仿多种动物叫声，技艺十分高超。

“一直到清代民国，我们口技艺术算是真正成熟了，是百戏之一。清人李振声的《百戏竹枝词》里面的表述‘围设青绫好隐身，象声一一妙于真。谁知众口空嘈杂，绝技曾无第二人’，说的就是口技。

“在20世纪30年代以前，我们的表演都是在屏障后面的，正所谓只闻其声不见其人；30年代以后我们表演慢慢走出屏障，和观众面对面声情并茂地表演，还借助了现代科技音响扩音器，使得我们有了大范围表演的可能。我们这些演员这些年到处演出，包括去国外，都是面对面演出的。不过我之前演的那一段是传统的口技表演，是有屏障的。”

张玉树大致给何向东介绍了一下口技的历史和由来。

何向东听得很认真。

张玉树继续说道:“我们口技和你们相声也可以说是出自同门，口技最初是叫像声，也讲究在屏障后面说学逗唱。那个时候有一个人表演的，也有两个人表演的，跟你们相声的单口、对口差不多；后来也是一部分口技艺人走出了屏障，面对观众开始了表演，也有了相声的雏形，那个时候也有明相声和暗相声之分。你们相声的十二门功课里面也有口技一门，你肯定也听你师父表演过吧。”

何向东点头道：“是的，我师父比较擅长伐木还有学鸟叫，不过他学鸟叫都会往嘴里面塞一个小器具来助力，不然学不出来，其实还是您高明点。”

张玉树笑，说道：“我就是靠这个吃饭的，要是连这个都被你师父比下去了，我还怎么活啊！”

“嘿嘿……”何向东也笑。

张玉树道：“我在上海杂技团也是有职务的，我最多只能抽出半个月时间来教你，所以这段时间你的学习压力会非常大，你要做好准备。”

何向东也收敛了笑意，非常认真地点头道：“张叔你放心，不管多么大的压力我都承受得了，您尽管来。”

张玉树欣慰地摸摸何向东的脑袋，道：“这段时间我主要教你的是口技的运气发声，还有口齿唇舌喉的运用，这些都是基本功，你一定要练扎实了。万丈高楼平地起，靠的就是地基稳实。口技和你们相声一样，都需要几十年的水磨功夫才有可能成才，千万不要妄图一步登天，这是不可能的。”

何向东点头表示明白。

张玉树继续教道：“口技的呼吸法以前一直是单呼吸法，后来在中央电视台的一期节目《鸟类的发声方法》里面，鸟类专家介绍了鸟类的特殊发声结构……鸟类的鸣叫其实是可以持续好几分钟的，它们没有声带，但是有鸣管，鸣管吸气、出气都有发声的功能，鸟类的这种发声方法就是‘循环运气法’和‘循环发声法’。

“这种方式对我们的启发很大，尤其是玉亮兄利用声带反正发声的特殊条件，加上他多年的探索实践，终于研究出循环运气法和循环发声法。这种方法可以反复用气，反复发声数分钟，达到正常人的十几倍，而且音律也更和谐，效果非常好，我要教你的就是这个。”

何向东点头说好，张玉树便开始教授如何运气。

“气”是发声的动力，气不足则声就不足，科学运气是口技表演根本的根本，基础的基础。循环运气的练习法子也就是要根据人的生理呼吸规律和发声原理，先加强肺部的呼吸量，然后练习呼气量，一口气呼出的时间由短逐渐加长，由最开始的十几秒逐渐延长至一分钟甚至更长，气沉丹田，肺部放松，减轻肺部压力，用鼻子配合口吸气，巧妙偷气存气，让气有用之不尽的感觉。

张玉树一遍遍指导何向东练习运气的法门，尤其是着重教授偷气、存气的窍门。其实口技运气首先要练的是肺部的呼吸量，可是张玉树时间不多，只能先教法子，基本功只能等何向东回去自己慢慢练习了。

何向东倒是也极为聪慧，学得非常快，基本上张玉树教过一遍就不用再说第二次了。张玉树也非常开心，连连称赞何向东是个好苗子。

这一整天，爷俩都在练习循环运气法。

当晚何向东也住在这里，就和张玉树两个人凑合一张床。第二天，天刚刚放亮，何向东就起来跑到没人的地方练早课了。他毕竟是相声艺人，功一日不可废。艺人行也有一句说练功的话："一天不练自己知道，两天不练同行知道，三天不练观众知道。"

练完早课，何向东回到招待所，用过早饭之后，张玉树开始教授口技的发声法。

口技因为模仿自然界的风雷雨电，还有动物、乐器、战争等场面，它需要用到多种复杂的发声方法，以人声为主音，配合人体的口、齿、唇、舌、喉、小舌、口腔肌肉、软腭等发声。口技也有其独特的声域和音阶，运用单音、双音、圆音、哑音，还有音阶中的剁音、拖音、组合音等来完成表演。因为口技讲究以假乱真，所以其还有一个倒嗓的发声方法，再配合上正嗓发音，也就是所谓的循环发声法。

开始五日，何向东昼夜勤练循环运气法和循环发声法，这是基本功，一定要熟练，等回去之后，还要继续苦练才有可能成功。

到第六日，张玉树开始教授何向东一些模仿的技巧性问题。

像模仿马蹄奔跑的声音，需要用到唇齿相互摩擦，由远及近，依次递进；模仿乌鸦青蛙或者飞机坦克的声音，就需要用到小舌的颤音；伐木则是需要用到口腔肌肉的运动；用鼻腔共鸣模仿猫叫，用哑音模仿母鸭叫，用喉音配合上腭模仿公鸡声和鸭叫声……

这些技巧都是需要师父手把手教的，这些天何向东一直在跟着张玉树学，越学便越觉得口技这门艺术博大精深，越发觉得他张叔真是了不起，逐渐多了许多孺慕之情。

这些天，方文岐也来了好几回，看何向东和自己的老伙计练功练得废寝忘食，也不打扰他们，连他师弟的挑战都没跟何向东说，看何向东没惹出事来，就背着手又回去了。

又过两天，张玉树提了一只鸟笼子进来，里面有一只百灵鸟，他对何向东说这就是他以后的老师了。

学鸟叫是口技里面一个难度非常大的挑战，因为鸟的叫声非常俏皮和多变，正常的人声想要模仿出来是极为困难的，这对口技艺人也是一个极大的考验，能不能学好鸟叫也是一个口技艺人能不能出师的关键。

举个例子，在模仿百灵鸟鸣叫的时候，就需要用到唇齿口腔等部位来控制速度的快慢和声色的变化，以此来完成百灵鸟灵活多变的叫声，难度非常大。

在口技艺术里面还有百灵十三套之说，指的就是用百灵鸟的本声融合模仿音组成十三种不同的声音，包括燕子、猫叫、大姐姐、母鸡下蛋、小鸡、鹰抓小鸡、喜鹊登枝、推小车、小车轧狗、蝉鸣、苇炸子、水鸟、家鹊闹林等。

因为百灵鸟的叫声非常灵活多变，有很多不确定的因素，所以有的叫声便不够十三套，这就是不合格的鸣叫；但是也有超过十三套的，这便是极品；有的还有乌鸦的叫声，这叫脏口。而张玉树送给何向东的就是一只极品的百灵鸟，非常珍贵。

艺人在表演的时候，有的人表演百灵十三套，也有的人表演百鸟争鸣。像张玉树的祖先“百鸟张”擅长表演的就是百鸟争鸣，还创造性地把黄莺的鸣叫声融合其中，非常有影响力。

百灵十三套和百鸟争鸣都是传统口技里面的绝技。

“我们的口技发声要求非常清晰，不能有杂音。尤其是在模仿鸟鸣的时候，要求将上下牙齿适度咬合，让气息从牙缝里面排出，声音随着气息自然流出去，用上下嘴唇来控制音色的变化。

“尤其是我们在用话筒表演的时候，气流冲击上去是很有可能产生杂音的，所以我们必须利用气息的控制来调解音量变化、大小强弱，这样才能阻挡气流冲击话筒，让音色变得悦耳起来。

“要达到这个境界，就一定要练蜡头功，这是我们模仿鸟鸣的一种练习方法，把蜡烛点燃放到离你嘴巴一寸远的地方，模仿鸟叫而蜡烛不灭。这非一日之功，你一定要勤加练习，等你练成之后，你的口技也就有了几分火候了。”

张玉树摸着何向东的小脑袋，温和地笑了。

何向东低垂着脑袋，闷闷道：“张叔，您是要走了吗？”

张玉树淡淡笑道：“天下无不散之筵席，小家伙，我们有缘还会见面的。”

知道张玉树要走，柏强和方文岐也来送他，柏强说道：“张儿，你这次回上海也不知道什么时候才能再到北京来，咱哥俩不知道什么时候才能再见一面。”

张玉树笑道：“也不用多久，今年过年我们团在北京有演出，就几个月的事儿，到时候咱哥俩也可以好好聚聚。”

柏强也露出了笑脸：“那敢情好啊。”

“嗯。”张玉树又看着方文岐，有些感伤说道，“只是方老哥，咱们下一次见面就真的不知道什么时候了。”

方文岐故作洒脱，打趣道：“免了吧，我才不想见你们两个呢，酒不喝、烟不抽的有什么意思啊，吃喝嫖赌一样不沾身的，我都看不起你们。”

这番话说得张玉树和柏强都笑了。

张玉树叹了一声，看着自己老大哥苍老的脸庞，说道：“方老哥，您年纪也大了，是该找个地方安定下来了，别再四处漂泊了，太苦了，真的。”

方文岐脸上挤出一丝笑意，洒脱道：“我就是一介民间闲散艺人，四处卖艺是我的工作，客死他乡也是我的宿命，没什么苦不苦的。辗转江湖也大半辈子了，早就习惯了。”

气氛顿时有些凝重起来，柏强和张玉树看着方文岐久久不语，仿佛是要把这张倔强的老脸印刻在自己脑海里。

半晌后，张玉树才走上前去，摸着何向东的脑袋，轻声嘱咐道：“小家伙，张叔教你的东西可千万不能懈怠了，每天都要练习的。还有我送你的百灵鸟可千万不能养死了，好好观察百灵的神态，咱们口技模仿都是要传有韵、学有神。等咱爷俩下次见面我可要考考你的，你要是没学好，我可真的会抽你的哦。”

“嗯。”何向东认真点头，眼睛亮晶晶的。

张玉树继续嘱咐道：“还有啊，你师父年纪大了，你要好好照顾他，更重要的是要学会你师父的全部本事，你可是你师父唯一的指望了，千万别让他失望。”

何向东抬头看着张玉树，他想起了那日向张玉树问起师父的事情，他就是这样含糊其辞的，现在又是如此。顿了一会儿，何向东还是认真地说道：“张叔，您放心，我会的。”

张玉树笑，露出一口洁白整齐的牙齿。他走到墙边提好一个行李包，对在场几人抱拳说道：“人生难得是相聚，唯有离别多，此去应是经年，相逢终会有期。玉树恭祝诸君万事顺心，咱们来日再相聚，告辞。”

这番话说完，张玉树极为洒脱地一转身，便离去。

在场几人，方文岐、柏强、何向东、田佳妮皆抱拳行礼，目送他远行。受不得离别苦，在招待所分手也是极好。

待得张玉树走出招待所大门之后，何向东突然冲到窗户边上，对着张玉树的背影，大声喊：“张大妈，我会想你的。”

张玉树身形微微一顿，依旧是背着身，举起右手挥舞了几下，便大步离去了。

再看何向东，已是满脸泪痕。

二

虽然跟着张玉树学习口技只有半个月，但是这段时间张玉树填鸭式的教育也的确塞了不少东西给何向东。

在其后的日子里，何向东勤加苦练，终有成就，这对他未来的发展极有裨益，高超的口技本领也成为了何向东未来相声表演的一大特色。

此时何向东跟着师父又回到县城东的那间农家小屋，依旧是每日练功，不过现在多了一门口技功夫要练。

方文岐这段时间又传了一些新活儿给他，也带他出去撂地卖艺，有几次还是方文岐逗哏，何向东捧哏。（相声艺人学艺都是先学逗哏再学捧哏，最后看看适合干哪个再干哪个，所以一个优秀的相声艺人是要求捧逗俱佳的）

同时，方文岐也把他师弟下战书的事情跟何向东说了一下，还叮嘱何向东绝对不能输了，否则要他好看。

这番狠话出来，连带着何向东都紧张了起来，每日练功特别苦，被师父逼得够呛。他在心里也一直在思索，到底是什么样的人物让师父这么紧张，何向东对这素未谋面的师叔和师哥产生了极大的好奇。

半个月后的一天，方文岐起了个大早，罕见地洗了个头，把身上那套邋遢的衣服换了下来，穿上了一件崭新的大褂，脚上蹬着一双千层底的布鞋，头上稀疏的毛发也打理得根根整齐。

何向东在一旁打趣:“师父,瞧您这架势不像是去见师叔,倒像是去约会老情人啊。”

“一边去。”方文岐没好气道，“你也赶紧把衣服换上啊，我可告诉你啊，在家里你再怎么折腾都可以，在你师叔面前可不能失了礼数。”

何向东张大了嘴道：“啊？这师叔什么来路啊？这么严肃啊！”

方文岐叮嘱道：“我实话跟你说，我和你师叔在跟你师爷学艺的时候就开始较劲，我们俩斗了大半辈子了，反正他是没赢过我。现在都开始比下一辈儿了，你要是丢人丢的可不是你的人，是我的这张老脸啊。”

听到这话，何向东瞬间了然，拍着胸脯应承下来:“师父您放心吧，无论场内场外，我都把面子给您攒得足足的，保证让咱师叔羞愧地拿裤衩遮住脸跑回北京去。”

方文岐欣慰地摸了摸何向东的小脑袋，夸赞道：“好孩子，记得好好表现啊，等把你师叔赶走了，师父给你买煎饼果子吃。”

方文岐这辈子哄孩子也就这一招了。

何向东流着口水笑了，这孩子也是没治了。

话不多说，何向东穿上师父给他专门做的那件青色大褂，换上一双崭新布鞋，这一老一少看起来很有几分儒雅的味道。

方文岐把何向东拎到二八加重版自行车后座上，他在前头蹬起，往县城里面奔去，接他的师弟和师侄。

这爷俩在县城里面的车站等了好几个小时，这年头的汽车也没个准点，一直到了下午那辆中巴车才姗姗来迟。

方文岐和何向东就推着自行车等在车子的下门口，两人伸长脖子张望着。方文岐一双大手紧紧攥着车把手，脸上满是期盼的表情，不管嘴巴上说的有多么不屑一顾，他内心还是特别想见这位多年不见的师弟的。

终于，人来了，车子上面下来一老一少，两人都穿着棕色西装，打着领带，看起来特别……特别风骚——嗯，这是何向东的评价，方文岐也是这么说的。

何向东的师叔叫范文泉，在北京曲艺团工作，是方文岐的亲师弟，两人跟着一个师父学艺的。这位师叔今年也五十来岁了，但是人看着特别精神，红光满面的，还有些发福，完全不像方文岐这副又干又瘦的老头儿模样。

范文泉的徒弟叫郭庆，是一个十三岁的小孩儿，一个小分头梳得油光发亮的，他比何向东更高更壮，头抬得也更高，看起来特别欠揍——嗯，这是何向东的原话。

范文泉下了车来，一眼就看到了等在那里的方文岐，赶紧往前小跑了两步，脸上满是激动，又不知道想到了什么，顿时就放慢了脚步，慢慢踱步过去，还微微扬起头，摆出一副不屑的表情。

见状，方文岐也立刻收敛了脸上激动期盼的表情，老脸往旁边一摆，做出一副更为不屑的表情。

这俩老头变脸一流。

范文泉走到方文岐身边，说了一句："哟，师哥，您这几年可显老啊。"

方文岐也说道："那可比不得你们，天天好吃好喝伺候着，我们这些民间艺人有个上顿没个下顿的，能不显老吗？"

范文泉笑笑，没有反驳。

方文岐看了何向东一眼，何向东微微点头，表示明白，然后立刻上前，恭恭敬敬给范文泉鞠了一个九十度的躬，大声喊道："师叔好。"

范文泉眼前微微一亮，低头看了一眼跟前这孩子，又抬头问方文岐："师哥，这孩子是你徒弟东子吧？"

方文岐微笑点头。

范文泉笑得也很开心，赶紧扶起这孩子，微微发胖的脸庞笑得跟弥勒佛似的，道："东子，来，让师叔好好看看。呀，这孩子长得真灵醒，来，师叔有见面礼给你。"

说着，范文泉从兜里拿出一个红包来，递给何向东。

方文岐脸有点黑，他可没准备什么见面礼。

何向东也没立刻接过来，扭头看师父，他不知道该不该接受师叔的见面礼。

方文岐咬咬牙，一点头，送上门的钱凭啥不要啊。

得到师父的暗示，何向东立刻喜滋滋地接过来，放进自己的袋子里面。然后这孩子又走到那个竖着中分头的师哥身边，又是一个深鞠躬，大声喊了一句："师哥好。"

郭庆头往上一扬，嘴里发出一声"哼"，傲娇得想让你打他。

"郭庆，你师弟叫你呢。"范文泉沉着脸说了一声。

郭庆这倒霉孩子这才说了一句："师弟好。"然后走到方文岐身边，微微一躬身，喊了一声，"师大爷好。"

方文岐看了看眼前这个傲气的小男孩，应了一声："小家伙，你好。"然后似笑非笑地瞥了范文泉一眼。

范文泉脸当时就挂不住了，沉声说道："还有没有一点礼数了，你看看你师弟多懂礼数。"

郭庆脸微微抽了一下，然后又心不甘情不愿地深鞠一躬，重新喊了一声："师大爷好。"

"好孩子，快起来。"方文岐笑眯眯说了一句。

范文泉脸色也好看了许多。

谁知何向东此时却闹事了，这孩子往范文泉身前一跑，"扑通"一声跪倒在地，结结实实磕了个头，大声喊了一句："师叔好。"

在场其他人惊呆了，尤其是郭庆看着这小师弟都傻眼了。

何向东迎着郭庆惊呆的眼神，小脑袋往旁边一扬，嘴里发出一声高八度的不屑声音："哼……"

叫你前面不理我。

范文泉立刻黑着脸看向郭庆。

俩老头斗气，两个小孩遭殃，何向东这蔫坏的小子倒还好，反正早就没羞没臊的了，郭庆这傲到天上的小屁孩可是受了苦，愣是被他师父逼着结结实实给方文岐磕了一个头。

见过面之后，方文岐就领着师弟和师侄回到了他们郊区的家，也早就把何向东的房间收拾出来了，这几天何向东跟自己住，范文泉和郭庆住何向东的房间。

中午饭是在家里做的，方文岐还罕见地去割了两斤大五花肉，买了一只鸡，一条鱼来招待客人。

猪肉做的是红烧，方文岐亲自下厨，把猪肉剁成麻将块大小，放到大铁锅里面翻炒，变色出油了，再加酱油上色，然后加水慢慢炖。

锅子是那种老式的灶台，烧柴火的，何向东负责烧火。要说烧菜还就是这种老式的柴火灶烧出来的好吃，特别香。

鸡也杀了，在热水中褪了毛，剁成块，放在砂锅里面炖着，底下是烧红的木炭炉子，也没有加什么调料，完全是农家土鸡的醇香。

猪肉熟了出锅，拿一个大海碗装好满满一碗，端到桌子上，尽管是馋得流口水，何向东愣是忍住没偷吃，也是难为这孩子了。要知道这孩子馋起嘴来什么正活都不会就敢跑到人家寿宴上卖艺去，这位爷可是个要吃不要命的主儿。

灶台空出来了，方文岐又把鲤鱼收拾了，依然是红烧，味浓酱重，特别有味儿。再炒了几个蔬菜，中午饭就准备好了。

午饭点，柏强带着田佳妮也来了，大家都是认识多年的老朋友，相谈甚欢。不过方文岐的脸色有点黑，他知道柏强这蔫坏的老头肯定是来看他和师弟斗法热闹的。

吃饭倒是没有什么讲究，放开吃就是，这一点几个老头都有共识，饭桌上不讲规矩，好不容易吃顿好的，你还能不让孩子好好吃一顿啊。

所以何向东和田佳妮吃得特别欢腾，何向东也是这时候才知道师父的厨艺竟然这么好，做出来的东西竟然这么好吃，平时都是他做饭了，也不知道师父是怎么忍到现在的。

郭庆刚开始还有点矜持，吃得很小心，生怕油渍弄脏自己的西装，后来看何向东和田佳妮吃得实在热闹，而且这些菜也真心好吃，当下也不管那么多了，衣服一脱，甩开膀子就开吃了，饭桌上尽是这三个小鬼抢食的场景。

三个老头看得好笑，也不去拦他们，大人有大人的过法，方文岐和范文泉是喝酒的，这师兄弟就着一壶酒慢慢抿着，柏强是滴酒不沾的，但是也倒了杯水糊弄着。

酒过三巡，菜过五味。餐桌上一片狼藉，方文岐和范文泉喝得也有些微醺。

范文泉大着舌头说道："师哥，这么些年你都去哪儿了，我是怎么找也找不到你。"

方文岐笑道："我呀，还能去哪儿，就是到处卖艺啊，东两天西三天的，就这样慢慢过来的。"

范文泉仰头又灌下一杯酒，把杯子往桌子上重重一磕，大声道："那你这么些年为什么也不来找我们，要不是柏强跟我说你在这里，我都不知道你就在我眼皮子底下。”

方文岐也笑：“师哥知道你过得好就行了，就不打扰你们了，再说我现在过得也不错，每天都能说自己喜欢的相声，也没人管着我，多自由啊。”

范文泉还是有些气，粗声粗气道：“当年要不是那几个小畜生害你，你也不至于到现在这样的地步。那几个小畜生现在可是了不得了，有一个甚至当了文化部门的领导，就是那个钱……”

“好了。”方文岐打断范文泉，皱着眉头道，“不要再说了，我不想和他们有半点联系，也不想听到他们任何消息。”

范文泉微微一愣，发愣的还有何向东。

见气氛有些尴尬，柏强打圆场道：“老范，你是不是喝多了，醉没醉？”

“醉个屁。”范文泉也丝毫不客气，道，“就你这鸟样的，我一个人能干仨。”

柏强鼻子都气歪了。

范文泉咧嘴一笑，又对方文岐道：“师哥咱们打小跟着师父学艺的时候，你就比不过我，现在拿下一辈说吧，我的徒弟依然比你徒弟强。”

“放屁，从小到大你哪次赢过我？你第一次演出就演砸了，师父拿着棍子抽你的时候，还不是我帮你挡着的，也不知道羞。”方文岐开始揭起了范文泉的短。

范文泉老脸一红，立刻道：“你当年勾搭王老五的闺女被人家老子拿着刀追到剧场后院，是谁帮你逃走的？这段你怎么不说啊？”

方文岐也急眼了，反驳道：“那你半夜翻马寡妇墙头的事呢，这你怎么不说？”

见两人越说越不像话，柏强赶紧打断这两人的互相揭短，道：“行了行了，都别说了，孩子们都还在呢，还要不要脸了。”

方文岐回头就是一句：“别以为我不知道去八大胡同你是第一个。”

范文泉也来了一句：“而且每次都让人记我账上……”

柏强也怒了，加入战圈，三人是越吵越凶，短是越揭越多。

何向东、田佳妮和郭庆这三个孩子都看呆了，他们也没想到平时挺正经的师父年轻时候居然这么热情奔放。

三个人吵得是粗脖子红脸的，范文泉拍了桌子了，道：“行了，都别说了，都不知道扯到哪去了。师哥，咱俩的事怎么办？”

方文岐道：“什么怎么办，你既然把你徒弟吹得那么神，那咱就比比，明天就到大街上撂地去，就看谁打的钱多，谁多谁赢，怎么样？”

范文泉反驳道：“还撂地，师哥啊，你看看这都是什么年代了，还做这种老掉牙的事情，丢人不丢。”

“丢个屁，你当年在剧场挣的钱不够花，还不是去撂地挣钱再去八大胡同的啊？现在嫌丢人了啊。”方文岐又来了一句。

“我去，你……”

见两人又要吵，柏强赶紧道：“少废话，赶紧说怎么比。”

范文泉压下心头的怒火，道：“就在天津城的一个小剧场里面，那剧场的经理是我一铁磁（好兄弟），让两个孩子上去演，一人来一个单的，再来两个对儿的，互为捧逗，就看观众反响，怎么样？”

“去天津城里？”方文岐有些迟疑了。

“怕就直说，那行，咱就撂地说啊，找一乡下咱撂地，我是不怕啊。”范文泉又刺了一句。

方文岐当时酒也上头了，一拍桌子道：“怕个屁，剧场就剧场，我们撂地都说过，还怕你个小剧场，就去天津。”

范文泉和柏强相视隐秘一笑。

三

20世纪八九十年代是天津小剧场刚刚抬头的时候，那时候都叫什么俱乐部、文化站，名字比较洋气。

小剧场其实也没多大，差不多也就是坐几十个人，顶多一两百人，表演的舞台大概就是两张床那么大。

在里面演出的演员叫小班演员，就是从原来的专业院团里面退出来的那一帮人。

以前专业的曲艺团很多，后来因为合并，下放了一批人，又解散了一批人。有很多演员就被分配到工厂、饭店里面工作，还有的就没有工作了，成了闲散游民。

但是这群人总不能喝西北风吧，结果他们有的人就自发成立了各个剧社，租下个小剧场开始演出，唱个评剧啊，京剧啊，大鼓书啊，说个评书啊，都有。

在80年代其实小剧场里面是几乎没人说相声，那会儿说相声的基本都在专业曲艺团里面，别的曲艺下放了不少人，相声反倒是还涌进去很多人。一直到1998年，天津才出现相声剧场，是相声前辈于宝林先生发起的。

像厨子、裁缝、工人啊，因为他们单位改革调整工作，结果一大帮人就直接进曲艺团说相声了。可是这帮人绝大多数都是从来没有接触过相声的，年纪又大了也不可能从头开始学，就是以糊弄事为主了，反正都是拿国家工资，所以在90年代以后相声低迷也跟这些人有直接关系。

入相声这门非常简单，任何人都可以说，会说话就能进，但是门槛是在门里面的，能跨过这个门槛的万中无一。

说相声的里面没有所谓百分之一的天分，百分之九十九的汗水之说，相声艺人首重天分，没有天分的人是干不了这一行的。

相声要怎么说，这是要师父教的。同一个师父教的，使活的法子也是一样的，但不同的弟子表演出来的效果却是完全不一样，有的往台上一站，大伙就笑得不行了，有的抖出来的包袱全是瘟的。

原因在哪儿，就是天分问题。说相声讲究的就是一个妙到巅毫的掌控，语气轻一点或者重一点带来的效果是完全不同的，有天分的艺人钻研掌握起来很快，怎么说都是乐的；天分不够的就没辙了，所以艺人行内也有祖师爷赏不赏饭吃这句话。

当然天分也不能当饭吃，这个段子要怎么说观众才会笑，这不是相声艺人说了算的，要观众真的笑了才行。所以除了要有天分，还需要在不同的观众面前不断实践探索。

就像有很多观众都会吐槽某某相声演员又说老段子，都快听吐了，这用相声行话来说叫“一遍拆洗一遍新”。同一个段子对不同的观众说，产生的效果是不同的，换一个字少一个词带来的效果也是不同的；语气轻一分重一毫带来的效果也完全不一样的，所以一个好段子必须经过不同观众的多次磨炼才能试探出最佳的表演方式。

因为要去剧场表演，这几天何向东和郭庆都在磨炼节目，他们俩要一人表演一个单的，但是这两个人都不会说单口相声，只能想着弄点别的东西出来。

何向东是打算唱一段太平歌词，反正这两年开蒙他净练这些功课了。郭庆本来也是打算唱太平歌词的，他师父范文泉对这些传统的老东西看得也很重，也传了他不少老手艺，但是他一听何向东唱的之后，便立刻决定改成唱快板了，果断力十足，是条汉子。

两人还要准备两个对口相声，需要排练，但是在准备的时候却发生了争执。

郭庆皱着眉头，嫌弃道：“你看你的包袱里面又是屎又是尿的，怎么全都是臭活儿啊，多脏。”

闻言，何向东也有些不悦：“什么臭活脏活的，我跟师父说了这么多年也没觉得脏啊，而且观众反响也好。”

郭庆摇摇头不屑道：“难登大雅之堂。”

那副傲娇的样子，让何向东很想扁他。

当下何向东也没好气道：“这是我的相声，你就负责给我捧就是了，你管我怎么表演啊，还是你故意想毁了我的包袱，好让你赢是吧？”

郭庆却只是淡笑摇头，道:“要赢你可不费吹灰之力，师弟啊，师哥也是为你好啊，你老是说这种臭活脏活，以后可怎么发展啊，你看看现在整个相声界还有谁说这种东西。”

何向东争辩道：“可是现在相声我也没听出几个可乐的来，我反正就这么说了，你要愿意配合就配合，不愿意就拉倒。”

郭庆无奈道：“行吧，那你就说吧，我尽量配合你，省的你到时候输了赖我。”

这番话说得何向东牙根直痒痒，他一直觉得自己挺傲气的，别人夸他的时候就没谦虚过，不管什么好话都接过来。现在碰到这个傲到骨子里面的师哥，看着真的很想扁他，何向东第一次觉得骄傲是一种多么欠扁的行为。

接下来就是谈包袱，也叫对活儿，两人对相声里面的包袱对了起来，虽然这是何向东写的相声，但郭庆还是时不时刺了几句，那傲娇的表情也是绝了。

“血泪史？有血，有泪，还有屎？呵，得亏你的小脑袋能想出这种话来。”郭庆习惯性地又刺了一句。

这一句话彻底把何向东给惹毛了，他把手上写满了包袱的白纸揉成一团，往地上用力一砸，怒道：“不对了，对个屁活啊。”

郭庆还在那里笑：“还生气了，果然还是个孩子啊。”

何向东看着眼前这个混蛋，怒气冲冲道：“小爷不陪你玩了。”

郭庆却道：“这可是你自己不肯对的啊，到时候输了你可别哭鼻子啊。”

何向东压压心头的怒火，挑衅道：“爷儿们，有种咱们就这样直接上，我师父给我捧的时候从来都不跟我对活，甭管我说什么他都能捧得住。我给我师父捧的时候，一个包袱都没对过我也敢上。咱俩对口就用一头沉，别对活了，就赤条条上，我就问你敢不敢吧？”

“这……”郭庆倒是迟疑了，他作为一个专业曲艺团的天才演员，自然看不上何向东这种泥腿子出身的人了，所以眼高于顶的他一直对何向东的包袱不屑一顾。可是何向东现在突然提出来一个包袱都不对就直接上台，这反倒是让他迟疑了。他们上台演出可是一句话一句话排练过的，要非常熟练才能上台，谁试过这么玩啊。

“怕了就直说。”何向东也回刺了一句，他反正是不怕的，砸挂砸了好几场了，还怕这点玩意！

郭庆最是受不得激了，当下梗着脖子就说：“来啊，谁怕谁啊。”

憋了一肚子火的何向东去找师父了，当然不是告状，他是打算去和师父琢磨包袱的，可惜方文岐却不肯帮他，说是这一次所有的东西都让他自己弄，两个师父都不会去帮徒弟的。弄得何向东好生郁闷，只能默默走到一旁自己琢磨了。

三日过后，一行人出发去天津。

柏强带着田佳妮也跟上了，这老货死活非要看热闹，谁也拿他没辙。一行人去县城赶汽车去的天津城，一直到下午时分才来到俱乐部门口。

这家小剧场叫连城曲艺俱乐部，名字是曲艺，但是主要演的还是京剧和评剧，也有其他曲艺艺人来串场演出。经理叫林正军，一个非常精明干练的商人，也非常懂行，是范文泉的好朋友。

林正军在办公室接待了他们，他陪三个老头在沙发上坐着，三个小孩在后面站着，没有坐下。

林正军给几人一一斟上茶水，笑着说道："老范，你可有阵子没来天津卫了啊，我都快忘了你长什么样了。"

范文泉轻轻呷了口茶，打趣道："你这个当老板的怕是被资本主义糖衣炮弹腐蚀了吧，当然忘了我这个无产阶级分子了啊。"

林正军无奈摇头苦笑，道："这都什么年代了，你还来这套啊。"

"嘿嘿。"范文泉咧嘴一笑。

林正军看看坐着的柏强和方文岐，又对范文泉说道："今儿来的这几位朋友你怎么也不给我介绍介绍啊。"

"嗨，你就把他们俩当我跟班算了。"范文泉说道。

柏强当时就不干了，笑骂道："谁是你跟班啊？还要脸不要了！"

林正军也道："行了，老范你也别闹了，赶紧给兄弟我介绍介绍，省的我有眼不识泰山，冲撞了两位。"

"成。"范文泉放下茶杯，一指柏强，介绍道，"刚才胡咧咧的这位叫柏强，是唱骆派京韵大鼓的，在曲艺团工作。"

柏强翻个白眼，没理他。

林正军站起身来，笑着拱手道："原来是柏先生，失敬失敬。"

柏强也站起身来，同样拱手道："林经理您客气了。"

两人客套一番，各自落座。

范文泉继续介绍道："坐我右边这位就是我经常跟你说起的，我师兄，方文岐。"

林正军眼睛顿时一亮，惊喜道："您就是方文岐，方先生？"

方文岐也很客气，道："是我，林经理，幸会幸会。"

林正军赶紧上前一步握着了方文岐的手，激动道："方先生，我小时候也是听您的相声长大的，那时候广播台总是放您的相声，您来天津演出的时候我还跟着我爸去看过呢。"

方文岐似是想起了往事，思索道："来天津演出，那应该是在二十多年前了吧？"

林正军点头感叹道："是啊，一晃都过去这么多年了，方先生您现在可显老啊，您的事我也听老范提过不少……唉，这些年您没少受罪吧？"

方文岐干瘦的脸庞挤出笑容，道："也没什么受罪不受罪的，我天生显老。"

林正军深深看了方文岐好几眼，默默叹了一口气，坐了下来。

范文泉继续给他介绍三个小家伙，三个孩子也一一上去问好。何向东上前问好的时候，郭庆还紧张了一把，他是真怕何向东冷不丁又跪一把，那玩意实在太吓人了。

只不过何向东却没这个兴趣，给林正军鞠个躬，行个晚辈礼就好了。他可不是见人就跪的，范文泉是他本门的亲师叔，跪是应该的，别的人就算了吧。

范文泉也跟林正军说了两个孩子比赛的事情。

林正军很爽快地答应了，拍着胸脯道："行，这事没问题。这样，我先安排你们住下，我们俱乐部是开两厢的，下午一场，晚上一场，明晚我办一个相声专场行不行？"

范文泉眼前一亮，颇为欣赏地看着林正军，说道："可以啊，老林你魄力十足啊，这么捧这俩孩子啊，行，我看相声专场就蛮好。"

林正军却狡猾一笑，道："可不能就这两孩子啊，人家观众一看，尽看两孩子的表演人家可不把我剧场给砸了啊？"

范文泉立马就知道林正军打的是什么歪主意了，当下指着对方笑着说道："好你个林正军啊，生意人的精明气尽在你身上了吧，我们俩的主意你也想打啊？"

林正军对范文泉的指责丝毫不以为意，依旧笑道："你们这行不是都有前辈提携后辈的传统吗？这又是你们的亲徒弟，捧一场也是应该的嘛。再说了这方老板好不容易来了，我可不能放过这机会啊，多少年没听他相声了。"

方文岐却道："你可别叫我老板，我就一介民间艺人，可当不起这称呼。"（老板在旧时是对艺人的一种尊称，就像梅兰芳先生叫梅老板，马连良先生称呼为马老板，这种称呼在戏曲艺人身上比较多，其他曲艺艺人要这么称呼也可以）

林正军道："您太谦虚了，您绝对当得起。"

范文泉问道："师哥啊，您说咱俩是上还是不上啊？"

方文岐笑："我是无所谓啊，我反正没组织没纪律的，到哪儿不是说啊，街头可以，别人家里也行，剧场也没问题。"

那个年代的演员都是国家工作人员，有组织有纪律，是不允许私自演出的，更不允许跑穴揽钱。所有的戏曲演员、曲艺演员、杂技演员、电视演员、音乐演员……表演节目或者拍摄电影都是要团里统一安排的，工资津贴也是统一规定的。

但是 80 年代以后随着经济发展，广告业逐渐兴盛，民间的娱乐活动也日益昌盛，便有了某些演员私自跑穴接活演出，挣钱花，后来叫商演，是一种再正常不过的行为了。不过在那个时候，跑穴都跟做贼似的，没人敢公开来的，一旦被人发现立马就是一个处分，严重的要丢掉铁饭碗。

不过范文泉倒是不怕私自演出，他又不拿钱，而且又是才上百人的小演出，就算被发现了顶多就是一顿通报批评，到他这个快退休的岁数早就无所谓了。于是他说道："你没问题，我当然也没问题了。师哥啊，咱俩多少年没一起说过相声了啊？"

方文岐眯着眼睛稍稍思索了一下，不确定道："怕是有小三十年了吧。"

范文泉也很是感慨："是啊，都这么久了，都怪这个世道啊。师哥，这回咱俩谁使活儿，谁量活啊？"

方文岐道："我来使活，你来量活吧，你当年在茶社可是公共量活的，师哥信你。"

在相声行话里，使活的就是逗哏的意思，量活的就是捧哏的意思，包括师父教徒弟这个活儿要怎么使，也就是要怎么逗，一个意思。师父教徒弟叫说活，给徒弟说说活儿。

在旧社会的相声剧场老茶社里面，还有一种人叫公共量活的，这种人也就是所谓的捧哏高手，在剧场后台特别受尊敬受欢迎。

因为有的逗哏艺人他的固定搭档病了或有事没来，而他也得演出，别的艺人又不一定能捧得好他，这时候公共量活的就体现出价值来了。这类人捧哏本事非常厉害，随便来一人，随便来一包袱都能接得住，水平相当高。

范文泉点头笑道："好，那我再给师哥你捧一回。"

方文岐脸上露出追忆的笑容，不知又回忆起了什么。

林正军和柏强都露出了沉重而又期盼的笑意，终于又可以听到这二位说相声了。

四

当天晚上，林正军做东，请几个人好好吃了一顿，晚上就把他们安排在了俱乐部旁边的宾馆里面。

待到第二日一早俱乐部门口就挂出了晚上相声专场的告示，也没以范文泉专业曲艺团的身份来招揽观众，尽管这样可能更能卖票（1984 年专业的演员在民间还是很有号召力的）。

同时，林正军还派人去发小传单，想尽量地把声势弄得大一点，尽可能多吸引一些人。他们这些自负盈亏的小剧场，生存其实挺艰难的，后台人比观众多这都是常事，他这个经理也特别不好干。

上午，何向东跟着师父、师叔还有师哥一起去熟悉场地。剧场真的不大，舞台是搭的一个木制舞台，左右两边是进场门和出场门，有布门帘挡着的，上面写着字，一个出将一个入相，这个剧场主要还是唱戏的。

底下前两排是沙发座，后面是硬木椅子，整个剧场坐满了大概有一百人吧，在当时的小剧场里面算是比较大的了。

后台还是一个小房间，里面放着好几个大箱子都是唱戏用的砌末，另外还有演员化妆用的桌子、镜子之类的物事，很简单，但也算是齐全了。

下午是京剧表演，唱的是《四郎探母》，来的人也不多，大概三十来个人吧。到了晚上，一行人早早吃了晚饭就到后台来了，表演晚上六点半正式开始。

天津真不愧是相声窝子……以前演出的都是专业曲艺团，基本上都是单位免费送票的，所以叫慰问演出，没想到这俱乐部花钱听相声的居然也来了不少人，一百人的小剧场来了八十多人，基本上都坐满了，很难得这么能卖票的。

票价也不算贵，前排沙发座四块钱一张，后面硬木椅子两块钱一张，靠门最后一排是一块钱一张，满满当当都是人。

后台，林正军也很激动，对几个人说道："都准备好没，今天可来了不少人啊，好好演啊。"

范文泉宽慰道："老林你就放心吧，节目我们都排好了，都是卖力气的好节目，我们保证让观众看得过瘾，谁要是觉得不值票钱，你让他来找我。"

林正军笑："有您这话我就放心了，我再去看看前面弄好没，咱们六点半准时开场啊。"

嘱咐了一声，又匆匆跑开了，看得出来他很重视晚上的演出。

郭庆嘟囔了一声："才来了七八十人就弄得鸡飞狗跳，真没见过世面。"

范文泉看了郭庆一眼，眉头一皱，不过却没说什么。

方文岐也皱起了眉头，不过看师弟都没说什么，自己也没开口。

今天，这四个人全部换上传统的大褂，打算说一场真正的传统相声。

范文泉摸着自己身上的黑色大褂，自嘲地笑了笑，道："师哥啊，我是有年头没穿大褂了，这些年净穿西装说相声了，这大褂还是你当年给我做的呢。"

方文岐笑着道："行了，别伤古怀秋的了，今晚咱们就说一场最传统的相声，好好满足你这么多年的狗屁毛病。"

"哈哈……"范文泉大笑。

林正军又匆匆跑来了，对几人说："别聊了，几位爷，赶紧候场了。"

几人也不多话，立马跟着林正军走出后台，在进场门那里候着，林正军则是亲自上台当起了主持人，这货也算是多才多艺了。

只见林正军一身红色西装就上了台，很骚气，对着观众拱手说道：“感谢啊，感谢这么多好朋友来我们连城曲艺俱乐部捧我老林的场，我老林谢谢您诸位了。”

深鞠一躬，台下也还算捧场，响起了稀稀落落的掌声。

还有人在下面搭茬的，说：“老林啊，我们花钱又不是看你的，我们是来听相声的，快把说相声的叫出来呗。”

林正军也笑，道：“成嘞，知道您诸位不爱看我，咱话不多说，接下来就请您诸位欣赏我们连城的相声专场。”

又是一鞠躬，林正军下场。

剧场里面灯光微微一暗，还没等观众反应过来，锣鼓声骤起，是京剧艺人出场的曲调，板、鼓、锣、钯这些乐器都是从下午唱京剧那里调过来的，弦师是柏强，这位拉弦可是一绝。

何向东和郭庆首先出来，何向东在左，郭庆在右，两人走到台前，向观众鞠躬致敬，然后分别走到两侧站好。

而后出来的是方文岐和范文泉，依然是鞠躬行礼，待到范文泉站在桌子里头捧哏的位置时，何向东和郭庆这才站到两位师父的身后。

方文岐却没歇着，抱着拳，左手压右手，迈着四方步，走向四周向观众行礼，连连鞠躬，而后才退到逗哏的位置。

弦鼓声停歇下来，在场观众都看得很新鲜，头一次见到说相声竟然是这样开场的，真有味啊，尤其是配上弦鼓之后。

方文岐笑着道：“今个儿来不少人，这小屋都坐满了。”

范文泉应道：“对，没错。”

方文岐继续道：“今儿晚上，也是由我们四个人给您诸位直工直令地说几个大段儿，让您诸位好好乐呵乐呵。”

台底下还有搭茬的，大声问道：“说什么？”

方文岐回了一句：“说出来我都怕吓死你。”

底下都笑。

相声在小剧场里面好说，几十个上百个观众，所有人都能看到相声演员的每一个表情，是最佳的体验方式。相声虽说是一门语言的艺术，但是也不全靠一张嘴巴说的，身段表情在相声表演里面也占据非常重要的地位。

对相声演员来说，在小剧场能很快磨炼他的本事，因为与观众的距离非常近，他能最快速地接收到观众对他的包袱段子的反馈，以便以后进行调整改变，这是一个能出好活的地方。

当然小剧场里面最大的毛病就是观众爱搭茬，因为你和观众太近了，你在台上说，观众在底下搭茬，这就要考验相声演员的应变本事了，你要是压不住场子，这相声就说不了了。压场子对方文岐这种在街头起来的艺人来说根本不算事，街头卖艺发生的状况比这儿可多多了。

方文岐又说道："在以前说相声的开场前都会有一个开场小唱，我们行话叫门柳儿，唱的一般是小曲小调，十不闲莲花落居多，今天我们就给大伙唱上一回，您诸位多捧了。"

十不闲是民间的一种说唱艺术，起源于凤阳花鼓，在清朝中期就已经在北京十分流行了，嘉庆十四年的书籍《草珠一串》里面记载："顽笑人能破酒颜，无分籍贯与京蛮。而今杂耍风斯下，到处具添十不闲。"

十不闲其实也是一种乐器的名字，就是在一个架子上安置上锣、鼓、镲等打击乐器，用于演唱十不闲曲目。

用十不闲来命名这种说唱艺术也是有两种说法的。第一种，十不闲莲花落艺人"抓髻赵"认为，在最初唱十不闲的时候，一人打十不闲，一人打堂鼓，一个人打铙，四人扮旦角，三人扮丑角，十个人都不闲着，叫十不闲。

但是学者张次溪却有不同看法，他认为，十不闲这种乐器是在木架子上放置锣鼓镲，一个人连拉带打，左手还夹两鼓锤，敲打单皮和大鼓；右手拉绳，敲小锣和小镲，还要把大镲的绳子系在地上，用脚来控制，嘴里还得唱曲，说是非常手忙脚乱，所以叫十不闲儿。

莲花落因为说唱的艺术形式跟十不闲很像，后来在两者慢慢接触之后就逐渐走向合流了，称为十不闲莲花落，也是评剧的前身。十不闲莲花落在演出的时候，也有开场小唱，一般是先唱十不闲的曲目《四喜》《八掌》《架子曲》之类的，然后再唱莲花落的曲目。

这种艺术形式被相声艺人所借鉴，他们在开场小唱里面也经常演唱十不闲的曲目。当然了，传统相声有，新相声没有。

方文岐转过身来，先是来了一个定场诗："说书唱戏劝人方，三条大路走中央。善恶到头终有报，人间正道……啪……是沧桑。"

摔完醒木，观众叫好，尤其是那些年轻观众看得那叫一个新奇。

方文岐环顾一眼，继续说道："接下来就是十不闲的曲目《发四喜》，福禄寿喜。"

话音刚落，锣鼓镲声顿时响起，这些京剧的乐师也能配十不闲的曲调。

方文岐率先开场，别看年纪大了，但是嗓子依然清亮，调门很高，韵味十足："福字添来喜冲冲，福缘善庆降瑞平。福如东海长流水，恨福来迟身穿大红。""恨"要唱成"汉"，曲子里面禁忌唱恨。

一听开嗓，观众连声叫好，这韵味绝了。

方文岐没有接下去唱，左手往旁边一摆示意范文泉接下去唱，范文泉微微一笑，张嘴也就来。他也是打小学艺，这些东西都学过，调门虽然没有方文岐高，但也非常有味："禄星笑道连仲三元，鹿衔灵芝口内含。路过小桥松林下，六国封相做高官。"

锣鼓声空出几个板眼，范文泉招呼后面两个小孩，上来唱"寿"和"喜"，郭庆赶紧小跑上来，张嘴唱道："寿星秉寿万寿无疆，寿桃寿面摆在中央。寿比南山高万丈，彭祖爷寿高永安康。"

观众很捧场，掌声非常热烈，没想到一小孩也唱得这么好。

最后轮到何向东了，这孩子走到两大人中间，半点不露怯，他从来都是现场型演员，场面越大唱得越好，把两边袖子翻了个龙抬头，待到板眼合适时，立马开唱："喜花儿掐来插满头，喜酒斟上瓯上几瓯。喜鹊鸟儿落在房沿儿上，喜报登科独占鳌头。"

他这一开嗓，现场顿时燃了，掌声、叫好声差点掀翻了屋顶，谁也没想到这个比桌子高一个脑袋的孩子竟然唱得这么好，无论是调门还是韵味完全不输两个大人。

郭庆脸色有些难看，他早在何向东唱太平歌词的时候就知道自己这师弟唱功了得，没想到唱十不闲也如此厉害。

范文泉看得也暗自赞叹，他早就听柏强提过这孩子了，今日一见本事果然了得，虽然会的还不算多，但基本功太扎实了，也不知道自己师兄是怎么培养的。

方文岐倒是一点不意外，自己徒弟自己最清楚，祖师爷赏了他一副好嗓子好脑袋瓜子，而且这几年日日苦练从没荒废过一天，能唱成这样很正常。

何向东倒是很淡定，冲观众拱拱手，就到后面去了。

方文岐继续说道："紧接下来，就是给诸位唱两段架子曲。"

观众却还在那里起哄。

"让刚才那孩子再唱一个。"

"再唱一个。"

"我们要听那孩子唱。"

……

方文岐伸出双手微微一压，待到观众声音降下去了，他才说道："既然诸位都这么捧，这样，架子曲都是单人唱的，我唱一段《一门五福》，再让我徒弟唱一段《一上台来细留神》，怎么样？"

“好……”观众很给面儿，掌声叫好声连连。

锣鼓声再响，观众也静下来了。

方文岐拿起桌子上的折扇做道具，唱道：“一门五福，三多九如。七子八婿，满床笏，胜似那文王百子图。寿星佬跨鹤在云端舞，龙头拐相衬着紫金葫芦。那金葫芦里面飘仙气，来吧您呐……”

后面三人大喊：“怎么样？”

方文岐唱道：“飞出来十万八千燕蝙蝠。”

方文岐一招手，何向东立刻小跑上前，站在桌子里头。

观众大声叫好。

何向东唱道：“一上台来细留神儿，一边是财神，一边是喜神儿。财神怀抱着摇钱树，喜神怀抱着聚宝盆儿。聚宝盆上有金马驹子在，金马驹子上坐着金人儿，金人儿手托着八个大字，来吧您呐……”

剩下三人大喊：“怎么样？”

何向东一拱手，唱道：“愿您诸位，招财进宝，日进斗金哇。”

这是好话，观众大声叫好。还有一些年轻的观众连连惊叹：“没想到相声还有这样的啊，真有意思啊，平时电视里面的都不这样的啊，都是穿西装的，这几个人还穿大褂，真有意思啊。”

旁边还有上了年纪的老观众解惑：“这是老的传统相声，在我还小的时候去听相声就有这样的，以前老茶社表演都会有开场小唱，后来都说新相声就没人再唱咯。没想到今天又让我听到了，也不知道明天还有没有，不然我还来。”

那年轻观众也说：“您还别说，这真好听啊。”

何向东退到后面，方文岐站好，说道：“再接下来是《张公道劝善》，也叫《百日图》，也叫《公道老爷劝善歌》，这个需要配上竹板唱，来，郭庆，孩子快过来。”

范文泉也赶紧招手，师兄就这点好，能提携后辈的机会就绝对会让出来。

郭庆也赶紧拿出板来，小跑上前，这竹板还是为他等会儿唱快板准备的呢，他在方文岐身边站了。

方文岐向观众介绍郭庆，道：“这孩子是我们这里竹板打得最好的，这小孩年轻的时候在丐帮干过宣传工作。”

观众都笑了，郭庆也被逗乐了。

“来，孩子别乐，快打板。”方文岐吩咐道。

郭庆也不含糊，竹板是一手五块板，一手两块板，拢共七块板，他拿起来就打了一串花点，还别说，打得很不错。

观众掌声也响。

方文岐点头道："还别说，人家专业的就是不一样啊。"

"吁……"观众起哄。

"好了，孩子，别打花点了，我们这要开始唱了。"方文岐又说了一句。

郭庆这才把板眼恢复正常。

哐哩叮叮哐叮叮叮，哐哩叮叮哐叮叮哐……

方文岐右手一指，张嘴就唱："混沌初分实在难晓，谁知道地多厚天有多么样儿的高，日月穿梭催人老，又争名把利捞，难免死生路一条，八个字造就命也该着。"

何向东和范文泉和了一句："八个字造就命也该着。"

方文岐再唱："树大根深要扎稳牢，人受这个教调武艺高，井掏三遍吃甜水，劝明公你们忍为高，千万别把这个小人学，小人他过河就拆桥。"

何向东和范文泉再和一句："小人他过河就拆桥。"

方文岐继续唱："走过了三川六水大海大江，看惯了灯红酒绿世态炎凉。争什么多来，论的什么少。充好汉，逞刚强，金银财宝梦黄粱。倒不如来听段相声开心笑一场。"

方文岐拱手唱道："愿诸位你们招财进宝，喜气洋洋啊。"

"好……"掌声雷动，还有人起立鼓掌的，这在小剧场很少见的。

台上几人连连鞠躬谢观众。

方文岐说道："开场小唱就到这儿了，后面还有精彩的节目，您诸位今晚好好乐呵乐呵，谢谢诸位，谢谢。"

又是一鞠躬，演员都退场。

《张公道劝善》唱的是劝导各个行业的人忍让向善的，有当官的、读书的、做买卖的、行医的、穷人、富人、做鬼的、做畜生的、做神仙的，等等，篇幅很长，方文岐也是截了一小段唱了一下。

传统相声里面是有劝人向善的曲子段子，用比较温和的方式唱出朴实的普世价值观，而不像后世那样批评各种社会现象，骂这一类人，骂那一群人的。虽说批评社会乱象是应该的，但也不能为了批评而批评，如果强行把相声提高到一个道德高度，好好一个节目也会变了味道，没起到教育作用不说，反而让人觉得尴尬……

相声从一开始就是一门逗乐的艺术，让大家哈哈一笑就行了。它没有那么大的作用，给不了车，也给不了房，让观众听上一段哈哈一乐，忘记忧愁事，第二天开开心心过日子，个人认为这就是相声对社会最大的贡献了。

五

演员退场，林正军上台，他很激动啊，这个小剧场办了也有几年了，从来没有哪一天像今晚人气这么高，果然不愧是他的偶像方文岐出马啊，简直绝了。

这位话也不多说，只是报个幕而已："下面请您诸位欣赏快板《同仁堂》，表演者郭庆。"

观众鼓掌，郭庆出来，观众一看是那小孩，叫好声就响起来了，大伙儿都对小孩子的表演有非常大的兴趣和热情。

郭庆也不多话，打板就说，节奏非常明快，这孩子吐字也清。

"同仁堂开的本是老药铺，

先生就好比神手自在王。

药王爷就在当中坐，

十大名医列两旁。

先拜那药王后拜你呀，

你是药王爷的大徒弟。

药王爷他本姓孙，

骑龙跨虎手捻着针。

内科的先生孙思邈，

外科的先生华佗高。

孙思邈，医术高，

三十二岁保唐朝。

正宫的娘娘得了病，

走线号脉治好了……"

《同仁堂》是高派快板的代表作，高派指的就是高凤山先生创立的快板流派。高派快板的特点就是吐字清晰，语言俏皮，节奏鲜明，气势流畅，唱段紧凑，一气呵成，板槽极稳而又富于变化，在说逗方面也很有特点。

范文泉的快板主要是跟着高凤山先生学的，也是拜过师的，是高派快板的传人。相声行内管拜了两个老师的叫"一马双跨"。

"打的这个'陈皮'流鲜血啊，

鲜血甩在'木瓜'上。

大苏丸，小苏丸，

‘胖大海’滴溜圆，

‘狗皮膏药’贴风寒。

还有这一全丸、二顺丸、

三清丸、槟榔四消丸、

五虎丸、六神丸、

七真丸、八宝丸、

九龙丸、十全大补丸。

我有心接着药名往下唱，

唱到明年唱不完。”

郭庆天分高，快板打得很不错，看来平时也没少下功夫，而且说得也好，节奏明快，一气呵成，观赏性很强。

观众连连叫好。

郭庆一鞠躬，下台了。

林正军再出来报幕道：“接下来请您欣赏太平歌词《饽饽阵》，表演者何向东。”

主持人退场，何向东便走出来。他是穿惯了大褂的人，而且出场的时候永远是用一只手提着大褂的下袍离地一寸，这不是相声规定的出场方式，而是戏曲界撩袍端带出场。传统的大褂是有点长的，堪堪触碰到地面，提起一点一方面是好看，另一方面也是干净。

何向东年纪虽小，风范却是十足，气场也强大。有相声前辈说过，看一个相声演员值多少钱都不用看他表演，只要看他往台上一站那范儿，就知道了。很显然，何向东是值钱的。

观众一看是前面那个唱功很好的孩子，掌声立马就响起来了，还有人看何向东是个孩子，心下欢喜，就想要逗弄一下，有在喊的：“小孩，你多大了啊，你爸妈呢？”

何向东哪会怕这点场景，他直接来了一句：“别起哄啊，起哄你小伙子都找不着对象。”

喊的那人又搭了一句：“我已经有对象了。”

何向东也喊道：“那你小心你老公跟人跑了。”

那人急了：“我男的。”

观众都笑，真有意思。

何向东话不多说，拿出玉子来打了一串花点，然后板眼回归正常，张嘴唱道。

“那烧麦出征丧了残生，

有肉饼回营他勾来了救兵。

那锅盔儿挂了这元帅的令，

那发面的火烧为那前部的先锋。

那吊炉的烧饼他将够了十万，

那荞面饼催粮押着后营。

那红盔炮响惊动了天地，

他不多时来置在了馒头城。

在那小米面的饼子以上安下了营寨，

那拉开了馓子麻花儿所了连营……”

《饽饽阵》全都是用各种小吃编成的太平歌词，饽饽是老北京人的叫法，老北京人把面食和各种糕点统称为饽饽。这《太平歌词·饽饽阵》里面有几百种饽饽，能把人唱饿了，对刺激消费扩大内需很有意义。

方文岐和范文泉在进场门旁边看着何向东在台上挥洒自如的演唱，范文泉说道：“师哥，这东子的柳活儿可是了不得啊，这基本功简直太扎实了，师哥你是怎么教的啊？”

方文岐微微一笑道：“还能怎么教啊，我们都是一个师父教的，练功的法子都是一样，无非是每天苦练呗，不疯魔不成活啊，这孩子苦练的时候你是没见那个疯狂劲儿。”

范文泉点点头，叹了一声：“我徒弟倒是没那么疯过。”

方文岐瞥了他一眼，道：“你那个徒弟太浮了，你太惯着他了。”

范文泉回看师哥一眼，没有回话。

毕竟是别人的徒弟，自己也不好多说，话点到为止就是。方文岐继续道：“这回咱们赌两个孩子输赢，正经的赌注可还没说呢。”

范文泉笑道：“怎么？不学狗叫，改赌钱啊？师哥你都穷得当裤子了，还有钱吗？”

“别说那没溜儿的……”方文岐轻哼一声，道，“都是说相声的，赌什么钱啊！这样，东子赢了，你传三段传统相声给他；郭庆赢了，我也一样传他相声。”

范文泉惊讶道：“嗬，我说师哥你答应得那么爽快呢，原来是看上我的相声了啊。”

方文岐道：“就说有没有胆子赌吧，实在不行，不管郭庆输赢我都传三段给他。”

范文泉倒是笑了，说道：“师哥你还别激我，我这人可没脸没皮，这招对我没用。”

方文岐认真地说道：“我这可不是激你，我说的是实话，只要郭庆想学，只要是我会的，我都教他。”

范文泉这回是真惊讶了，他瞪大眼珠子问道：“老话说，宁舍一锭金，不传一句春。我们说相声的，对自己独门的本事看得可是很紧的，师哥你什么时候这么大方了？”

方文岐苦笑道："现在可不比我们当年了，我们当年为了学一个好段子，什么苦都能吃，什么罪都能受，什么程门立雪的对我们来说根本不算事。可是现在呢，这些老段子、好段子都没人愿意学了，现在可不是学生赶着老师，是老师求着学生学啊。"

范文泉也叹了一口气，说道："也是啊，人心浮躁啊。"

方文岐继续说道："从当年相声改革的时候我就知道，传统相声怕是要失传了，所以这几十年我一直在接触会老段子的艺人，这些年倒是也学了不少。我会的就有五百多段，我是真希望把它传下去啊。"

"多少？"范文泉惊叫一声，声音高了八度，"五百多段？"

方文岐点头。

范文泉还是有些不可思议，道："你怎么会这么多啊，老前辈会的都没你多啊，师哥这些年你都是……都是怎么过的啊？"

方文岐没有回答，他这几十年受的苦又岂是一两句能说得清楚的，他也只是默默叹了一句："我只是……不想让相声失传罢了。"

范文泉沉默了，为拯救传统相声奔波了几十年，这老头实在是太倔了。都不用想，范文泉就知道这么些年师哥肯定吃了不少苦，又没稳定的收入，到处撂地卖艺，挣的也不多，还要腆着脸到处求人学艺，吃不好睡不好的，难怪老得这么快。

想到这里范文泉眼圈都红了，他哑着嗓子说道："师哥你放心，只要是我会的，我都教给东子，我都教他，都教他……"

方文岐拍拍范文泉的肩膀，沧桑的老脸上露出欣慰的笑意。

台上，何向东依然在唱。

"那窝窝头安置在了中央是戊己土，
肉火烧安在了南方是火丙丁。
那正西方庚辛金是扁食来作乱，
那正北方壬癸水是水晶包儿闹得更凶。
那正东方硬面饽饽甲乙木，
他把那金钢宝圈儿递在空。
那月饼当空照如白昼，
倒把那年糕老将打入阵中。
那丝糕一怒前去破阵，
他进阵来遇见了圆眼儿烧饼。
那糖耳朵败阵就逃了活命，
那蜜麻花儿站在阵中是喊连声。

那他倒说烫面饺儿困置在了笼屉的阵，

那煮饽饽跳锅一命撑。

那鸡蛋卷儿闻听吓了一跳，

那直吓得奶卷儿小姐泪盈盈。

那有人破开了饽饽阵，

也除非是那饿嗝来到是啃个土平。”

何向东最后一拱手，来了一个收尾唱道：“那好与不好您多担待，我要念众位，那合家欢乐是福寿康宁！”

深鞠一躬，退罢离场。

观众掌声热烈，叫好声连连。

林正军再上台报幕：“接下来请您诸位欣赏传统相声《白事会》，表演者方文岐、范文泉。”

主持人下场，方文岐说道：“师弟，到咱俩了。”

范文泉一闭眼，压下起伏激动的心绪，说道：“好嘞，师哥走吧。”

两人到台上，皆是满脸笑容，相声艺人，戏比天大。

何向东到了后台看见正在喝水休息的郭庆，走过去找一条凳子坐下，拿过一杯水，咕噜咕噜喝完，才问道：“你待会说什么啊？”

这两个不怕死的孩子真是一个包袱都没对过。

郭庆斜斜看了他师弟一眼，说道：“今天是说传统相声，我自然也是了，《满汉全席》会不会？”

何向东暗自松了一口气，《满汉全席》这段他还真会——这孩子太馋嘴了，没好东西吃的时候净拿相声来过干瘾了。

“我会啊。”何向东说道。

郭庆道：“那行，待会好好捧，接不住到时候可别怪师哥。”

又是那副傲娇的样子，何向东恨得牙痒痒。

郭庆又问：“你等会说什么啊？”

何向东道：“《卖五器》，会不会？”

郭庆一愣，心头一惊，《卖五器》可是个难度极大的活儿啊，这小屁孩真的能使得下来？这活儿自己都不是太能使啊，但是看着何向东用狐疑的眼神盯着他，他也只能梗着脖子道：“不就《卖五器》嘛，简单。”

相声大师

第五段 刨底儿

一

《白事会》表演完毕，观众反响很热烈，笑声、叫好声就没停下来过，足可见方文岐和范文泉这两位先生的相声功底。

两老头下场休息，两小孩上台。

“下面请您欣赏相声《满汉全席》，表演者郭庆、何向东。”

两人出场，观众一看又是这俩小孩，掌声顿时又热烈起来，叫好起哄声不绝。

两人踱着步子，走到台前，何向东站在桌子里头，侧着身子斜斜看着桌子外头的郭庆。

郭庆微微一笑道：“前面是我们的师父给您诸位说的《白事会》，接下来是由我们哥儿俩来给您诸位说段相声，在场的观众对我们都不太熟悉，先做个自我介绍。”

何向东捧道：“得介绍介绍。”

郭庆说道：“我叫郭庆，站在我旁边这位叫何向东，我们俩都是相声界的小字辈，水平一般，能力有限，说得不好的地方您多担待。”

何向东道：“您多担待。”

说完，两人一鞠躬。

观众倒是非常热情，给予了热烈的掌声，今夜观众也兴奋，又有在下面喊的：“小孩，你多大啊？”

郭庆眉头微皱，没有答话，继续说自己的：“大伙儿来其实不是来捧我们哥儿俩的，是来听相声的，爱的是相声。”

“这话对。”

郭庆一指何向东，说道：“刚才介绍过了，这位是何向东，是我的师弟，他的师父和我的师父是亲师兄弟。”

何向东一点头，道：“对，师出同门。”

郭庆一笑，道：“师弟啊，咱们也好不容易见上一面，我得请你吃顿饭啊。”

何向东倒是有些受宠若惊，问道：“哟，师哥您太客气了，吃什么啊？”

郭庆问道：“羊肉爱吃吗？氽羊丸子。”

何向东赶紧点头道：“爱吃啊，羊肉好吃啊。”

郭庆道：“那可不嘛，正经羊身上下来的肉啊。”

何向东惊讶问道：“这里头还有不正经的羊啊？”

观众笑，包袱响了。

郭庆看了何向东一眼，没想到这没对过的包袱还真被他接住了，然后他继续说道:“就是好羊肉啊，七分瘦三分肥，加点葱末，加点姜末，香油、味精、酱油调成汁，特别香。氽出来的丸子就都跟足球鞋那么大。”

何向东瞪大了眼：“啊？足球鞋？有这么形容的吗？”

郭庆还老神在在地说道：“很有食欲啊。”

何向东一挥手道：“我都没听说过。”

观众都被逗乐了，这包袱不错。

方文岐和范文泉两个人站在进场门那里看着这俩孩子的表演，毕竟是比赛，总得看看这俩孩子的表现吧。

范文泉笑着对方文岐说道：“师哥你还别说，东子捧得不错啊。”

“嗯。”方文岐应了一声，没有多话，他心里却犯起了嘀咕，自己徒弟自己最清楚，这孩子平时状态不这样，挺活泛的，今天怎么这么谨慎，这是怎么了？

台上的相声表演还在继续，郭庆继续道：“那行，咱们约一下明天凌晨三点在北京八宝山那里，我请你吃氽羊肉丸子。”

何向东吓一跳，急忙说道：“哎哟，那我可去不了。”

“怎么的？”郭庆还问了一句。

何向东瞪大眼珠子道：“凌晨三点，八宝山啊，你是请我吃饭，还是请里头那些住户吃饭啊？”

郭庆摇头一笑，道：“不吃算了。烤鸭吃不吃？正宗的北京烤鸭。”

何向东赶紧点头，道：“这好。”

郭庆介绍道：“北京最出名的两家烤鸭店，一个叫便宜坊，一个叫全聚德。全聚德是皮脆肉嫩，焦香扑鼻；便宜坊皮肉是软韧如纸，是细腻动人，您爱吃哪个？”

何向东道：“我都行啊。”

郭庆道："这样吧，全聚德好不好，酥脆的更香。"

何向东点头道："行啊。"

郭庆道："烤鸭有皮有油有肉，那小荷叶饼一卷，搁上点葱丝黄瓜条，再来点秘制的酱料，一卷那味道绝了。"

何向东应了一句："是啊。"

郭庆继续说道："各位，吃烤鸭没有说我吃一只半只，半斤八两的，都是说卷，拿荷叶饼一卷，吃几卷。师弟啊，你能吃几卷？"

"我呀。"何向东舔舔嘴唇，道，"我能把全聚德的养殖基地吃破产了。"

观众都笑。

郭庆说道："嗬，那可不够你吃的。"

何向东问道："那怎么办呢？"

郭庆回答："烤鸭不够饼来凑呗，这样，我让全聚德拿二百斤面给你烙一张大饼。"

何向东张大了嘴："啊？这么多面得要多少烤鸭啊？"

"不多。"郭庆伸出右手食指，左手一指指甲盖，道，"就这么点烤鸭。"

何向东道："这我干吃饼啊。"

郭庆的相声特点就是不快不慢，不慌不忙，包袱也是平铺垫稳来的，台风也很潇洒，落落大方，帅卖怪坏里面有点帅的意思，足可以见他多年演出的功底，这也是个好苗子。

但就这段相声而言，其实并没有让观众乐得不行不行了，当然相声是能逗乐，但并不是说每段相声都能让观众笑趴下，更不是说只有让观众乐得不行才是好相声。

像《满汉全席》这段是比较偏向于文哏类型的，主要还是介绍各种美食，尤其是正活部分里面是一大段贯口，报菜名，非常具有观赏性，也非常考验相声演员的功底。

垫话儿垫得差不多了，郭庆也准备入活了，他说道："这些您都不吃，那我只能请您吃顿好的了。"

何向东问道："什么好的啊？"

郭庆掷地有声道："满汉全席，南北大菜。"

何向东道："嚯，这里面都有什么啊？"

"有什么？您瞧好了吧。"郭庆面色一正，贯口张嘴就来，"有蒸羊羔儿、蒸熊掌、蒸鹿尾儿、烧花鸭、烧雏鸡、烧子鹅、卤猪、卤鸭、酱鸡、腊肉、松花小肚儿、晾肉、香肠儿、什锦苏盘儿、熏鸡白肚儿、清蒸八宝猪、江米酿鸭子……"

背贯口也叫背趟子，讲究一气呵成，越来越快，是相声演员的基本功，背得好不好就能看出来这个演员的基本功扎不扎实。

观众看到这小孩背大贯口，也提着一口气，不知道这孩子能不能背得下去，见郭庆一点问题没有，语速是越来越快，咬字也是非常清晰，观众顿时掌声大震。

何向东不禁也拿自己跟师哥比，这要不说人家是多学几年呢，这贯口背得果然没自己强啊，啧啧。

“红丸子、白丸子、熘丸子、炸丸子、三鲜丸子、四喜丸子、氽丸子、葵花丸子、饹炸丸子、豆腐丸子……”从红丸子往后是这段贯口里面最快的一部分，郭庆两眼珠子直瞪，额头上也冒出汗珠了。

当然观众的叫好声也非常热烈。

“氽三样儿、爆三样儿、烩银丝儿、烩散丹、油闷杂碎、三鲜鱼翅、栗子鸡、煎氽活鲤鱼，是板鸭筒子鸡……”郭庆一顿，“这就吃不了了。”

“怎么啦？”何向东还问了一句。

郭庆道：“我忘带钱了。”

何向东一推郭庆，道：“我去你的吧。”

两人鞠躬下场，观众大声叫好。

接下来的一场还是方文岐和范文泉，二人表演的《论捧逗》，效果依然非常棒，范文泉也是从街头混起来的，在这种小剧场表演明显要比在电视上、大剧场上要挥洒自如得多。

何向东和郭庆到了后台喝水休息，郭庆说道：“没想到你还挺厉害的嘛，包袱都接住了。”

何向东道：“这点事根本不算什么，我的包袱要不要跟你说说？你可不一定都能接得住。”

郭庆鼻头发出一声轻哼，道：“《卖五器》我熟得很，有什么接不住的。”

何向东淡淡来了一句：“但愿吧。”

这回轮到郭庆气得牙痒痒了。

很快，方文岐和范文泉演完下场，主持人报完幕之后，何向东和郭庆上场，这一次是何向东逗哏，郭庆捧哏。

这两人刚一出场，现场又是掌声暴起，还是小孩子吃香啊。

郭庆走到桌子里头斜斜看着何向东，何向东站在桌子外头，双手拢在袖子里，笑盈盈看着观众，很是淡定。

观众也有起哄搭茬的：“小孩，再给我们唱一个。”

何向东一笑，来了一句：“想听唱啊，那你们得加钱啊。”

观众也立刻起哄：“可以啊。”

“加呀。”

……

何向东立刻冲后头喊了一声：“林经理快出来收钱，观众要给钱了。”

观众都大笑，笑声、掌声不断。

郭庆看何向东跟观众打得火热，心里头泛起了一点说不清道不明的别扭情绪。

何向东继续说道：“你刚要多给钱这事在我们行内叫‘疙瘩杵’，在早年间在茶社说相声都不是像现在这样买票的，都是说一场收一场的钱，我们演员拿个笸箩到您跟前收钱，一场五毛，哎，你给个一块钱，这就是加钱，我们还得喊出来，这位爷赏钱五毛。”

“噢。”观众恍然大悟。

何向东笑道：“怎么样，听相声长知识吧？”

“嗯。”观众又应道，然后又笑，掌声又起。

何向东也是一笑，然后道：“那您诸位打算给多少疙瘩杵啊，不给钱不许走啊。来人，把门都给我关好了，把笼子里的林经理放出来。”

郭庆都被逗乐了，没好气道：“这叫什么话，我都没听说过。”

观众都乐得不行了，一个个捂着肚子在那里笑。

何向东见现场气氛很好，心中大定，继续说道：“玩笑归玩笑，前面是我们俩的师父给您诸位说的相声《论捧逗》，说得很好。两位老头年纪也大了，一场说下来到后台休息休息，喝喝水。”

郭庆应道：“对。”

何向东道：“观众也有累的，有的观众就去上上厕所，尿个尿。”

郭庆道：“这很正常。”

何向东总结了一句：“所以这个时间段是观众们尿尿，我们俩的师父喝水的时间。”

“噗。”观众笑喷。

郭庆眼珠子都瞪大了，赶紧说道：“你别胡说八道了，我都没听说过。”

何向东也乐，看了郭庆一眼，这便宜师兄捧哏的功力还是不错的嘛。他继续说道：“接下来是由我们哥儿俩给你们表演一个《卖五器》，哎，您诸位费心多捧了。”

郭庆应了一句：“多捧了。”

两人一鞠躬，观众掌声起。

何向东起身指着身边的郭庆说道：“我要向诸位着重介绍一下我身边这位演员。”

郭庆一指自己道：“我呀？”

何向东点头道：“这位年轻的演员叫郭庆，那相声说的是相当的好，您诸位前面也是听着了，快板、贯口、柳活儿这都非常好。”

郭庆谦虚道：“您太捧了。”

何向东继续道：“你今年……”

郭庆接道：“十三了。”

“十三年前您的降生可是相声界的一件大事啊。”何向东又来了这么一句。

郭庆有点受宠若惊，赶紧道：“那我可不敢当啊。”

何向东道：“十三年的夏天，那年特别的热啊，晚上都三十九度八。”

郭庆惊道：“啊？这么热啊？”

“那可不。”何向东继续道，“那大晚上身上都是汗，家里头根本待不住，你妈怀着你就在胡同口扇风乘凉。”

虽然不知道何向东到底想干吗，但是郭庆依然还是捧着，毕竟这是演出，可不能演砸了：“是啊，天儿多热啊。”

何向东拿起桌子上的扇子打开扇自己，另外一只手擦额头上的汗，身形扭动使出女人的身段，说道：“天真热啊，真热啊。你母亲扇着扇着，只听得扑通一声……”

“怎么着？”郭庆接了一句。

何向东道：“你出生了。”

“啊？”郭庆傻眼了。

观众倒是笑个不停。

“谁出生是‘扑通扑通’出生的啊。”郭庆道。

何向东说道：“要么怎么说您的出生是相声界的一件大事呢。”

郭庆怒道：“合着大事就是这么件事啊。”

何向东道：“还没完呢，你的父亲见你出生了很高兴，就跑过来，抱起一看，竟然是一个肉球，这是生了个怪物出来啊！你父亲拔出剑来就是一劈，你穿着肚兜、蹬着风火轮就出来了。”

郭庆一推何向东道：“去，这哪是我，这是哪吒。”

观众大笑，掌声不断，都被台上两个小孩逗笑了。

何向东笑得很坏，然后道：“你出生发出一声婴儿的啼哭，这哭声立刻就把你父亲的心都给融化了。”

郭庆道：“亲生的嘛。”

何向东张嘴学了婴儿的哭声：“哇啊……哇啊……”

“哗……”观众齐齐发生一声惊呼，掌声顿时雷动，这学得也太像了吧。

郭庆在一旁都看傻了。

方文岐和范文泉拿了两条凳子坐在进场门那里，这两位年纪大了，久站吃不消，可是听到何向东这番表演，范文泉彻底坐不住了，“噌”一下从凳子上站起来，惊愕地看着台上的何向东，又回头看方文岐，问道：“东子这口技谁教的？”

方文岐老神在在地笑了笑，并没有多说。

范文泉叹服道：“师哥你在东子身上下了不少功夫啊，口技都教得这么好。”

方文岐依旧笑而不语，他自己也会口技，范文泉还以为是方文岐传的。

台上，学完婴儿哭的何向东见现场反响很好，又对郭庆继续说道：“等到你长大了，五岁的时候，出门玩被路边的野刺扎了一下，那疼的啊，哭得都停不下来了。”

郭庆也压下了心头的惊讶，捧道：“孩子嘛，那是难免的啊。”

何向东道：“可你爸妈心疼孩子啊，这都哭得不像样了，赶紧送医院去了，医生一看，呀，这得截肢啊。”

“啊？这就要截肢啊？”郭庆惊道。

何向东道：“然后这医生去烧锅炉那儿借了一把锯子来，对着你的脚就是一顿狠锯啊。”

何向东抿着嘴，口腔肌肉运动开来，伐木的声音就从他的嘴里出来了。

“哗。”观众再一次燃了，这口技太绝了。

郭庆在一旁再次傻眼。

进场门那里范文泉再一次噌一下站起来，惊愕地对方文岐说道：“这你也教了？”

二

何向东表演伐木只有十几秒钟，他停下来看了郭庆一眼，发现这孩子还在发傻，眉头微微一皱，看来这包袱他接不上了，但表演总要继续啊，他继续道：“再然后，你长大了开始上学了。”

郭庆这才反应过来，道：“是要上学。”

进场门的方文岐和范文泉都皱起了眉头，刚才那包袱怎么砸了，怎么回事？

何向东继续说道：“你在学校可够淘气的。”

郭庆摆摆手道：“嗨，孩子嘛，哪有不淘气的。”

何向东道：“那学校里面种了很多树，你都爱爬，而且都是你带着那群孩子一块儿爬的。”

“孩子王。”

何向东继续说道：“爬那树都是为了掏鸟窝，小孩子都爱玩鸟啊，有一次运气不错，抓了一只百灵鸟。”

“这鸟不错。”郭庆捧了一句。

“那百灵鸟被一抓立刻受惊大叫。”何向东嘴一张，学出了百灵鸟的惊叫声，“啾啾唧唧唧唧……”

只有三秒钟，他也是刚学，练功还不到家，能撑下三秒已经尽力了。尽管如此，观众依然非常给力，叫好声震天响，比任何一次都响。传统口技为什么都要学鸟鸣呢，就是因为这个的观赏性最高。

郭庆在一旁这回看得是彻底傻眼了。

傻眼的还有在进场门的范文泉，这老头一回头道：“师哥，这口技绝对不是你教的，绝对不是。”

方文岐淡淡一笑，稳坐钓鱼台，老神在在道：“我也没说是我教的。”

范文泉稍加一思索，道：“是张玉树教的，对吧，是张玉树？”

方文岐含笑点头。

范文泉懊恼地一拍大腿，道：“也就是你了，别人可请不动他，你们可是有过命的交情啊。”

方文岐来了一句：“要认输趁早啊。”

范文泉回道：“还早呢，谁胜谁负言之尚早。”

方文岐只是笑笑，没有反驳。

台上，何向东继续说道：“那百灵鸟很害怕，可是幸好我这师哥心善，爱护小动物，基本上顿顿都离不了。”

何向东看郭庆，郭庆一愣才回答，已经慢了一拍了：“啊？吃了啊？”

现场气氛也热闹，观众倒是没看出事故来，依然给予了笑声。

后台两个老头脸顿时就阴沉下来了，第二次没接住包袱，范文泉皱着眉头说道：“这郭庆是怎么回事，平时捧哏捧得挺好的，今天怎么这么多包袱没接住，两人就像没对过活似的。”

言者无心，听者有意，方文岐脸当时就黑了下来，自己徒弟自己最清楚，怕又是何向东这个不知天高地厚的孩子搞的鬼。

台上，郭庆也在暗自责怪自己，他不是接不住刚才那个包袱，而是被何向东的口技惊到走神了，当下咬咬舌尖来集中精神，可不能演砸了。

何向东继续说道：“其实要说到有钱啊，还是您家里。”

郭庆挥挥手道：“嗨，别提钱。”

何向东道：“您家里吃的好，讲究。”

郭庆点头笑道："是还可以。"

何向东道："早上您家里吃的那卤煮，卤的那小肠。"

郭庆应承道："对，北京的名小吃。"

何向东道："那小肠陈的卤煮，他们家顿顿都吃这个，离不了。"

郭庆也道："那好吃啊。"

何向东继续介绍道："中午吃的那炖吊子。"

郭庆瞪大眼惊愕道："大肠啊？"

台下观众这时候就有绷不住的了。

何向东介绍道："什么叫吊子呢，这是北京话，杀猪师傅杀猪后会把那大肠子拉出来，弄干净，找根绳子吊起来沥沥水，这叫吊子。他们家中午就吃这个。"

郭庆一脸嫌弃："我们家就吃这个啊？"

何向东点头道："这好吃啊，到晚上要换花样了。"

"什么？"郭庆问了一句。

何向东大声道："大肠脍。"

"生吃啊？"

观众都乐了，包袱响了。

脍其实也就是生吃，鱼脍、肉脍啊，这种切片生吃的方法在我国几千年前就有了，食不厌精脍不厌细，说的就是这个。后来传到日本去，日本人再把店开到中国，就改名叫刺身，结果大家都知道日本的刺身却不知道中国的脍了。1984 年这会儿还是有人知道脍的，刺身在中国可不流行，这时候大部分饭店都还是国营的呢，外国人开的店普通人也吃不起。

何向东拿起桌子的折扇，说了一句："他们家晚餐都是到屠宰场去的，那里的杀猪师傅现杀现吃，新鲜。"

说完，何向东把折扇当作杀猪刀往嘴里一咬，身段也是极为利落的，扮作那杀猪师傅把一头猪弄到，一脚踩上去，取下嘴上的折扇，当作杀猪刀往猪脖子上一捅，然后往下一拉，用手捻出那大肠来。

何向东身子都没起，就赶紧说："来，师兄快来用嘴接着。"

"啊？我嘬那粪呐？"

何向东又喊了："你快点吃，你爸爸还在后头等着呢，还有你妈，别着急，别抢，别抢。"

见何向东越说越不像话，郭庆一推何向东，道："我都没听说过，这什么乱七八糟的。"

观众倒是很捧场，自从说这一段来，底下的笑就没停过。何向东说屎尿可是一绝，要不然方文岐干吗封他为“屎尿大王”呢。

郭庆也瞪起眼珠子瞪何向东，意思很明显，就是质问对方是不是故意的。

何向东也笑笑，用很轻的声音说了一句：“艺术，艺术，都是为了艺术。”

郭庆脸顿时黑成锅底。

表演还得继续啊，何向东道：“说到钱还是得说你们家啊，这真的是贵族般的生活啊，提前实现现代化了。”

郭庆反问道：“一天吃三顿猪肠就是现代化了啊？”

何向东摇头道：“还有那粪你没说呢。”

“去。”郭庆当时就急了。

何向东笑笑，观众也笑得很热烈，差不多了，该入活了，他说道：“师哥，你家里这么有钱，还是要提携我一把啊，我家里穷啊。”

郭庆道：“这当然没问题了。”

何向东道：“那咱们合伙做生意吧。”

郭庆一愣，然后笑道：“做生意，你有钱吗？”

何向东道：“师哥，你这就没劲了，你不是说要提携我一把嘛，我要是有钱还求你干吗啊。”

闻言，郭庆笑着摇摇头道：“提携你一把不假，但我们也不能白搭钱进去啊。”

何向东一拍手，微怒道：“瞧不起谁啊，我现钱是没有，但是我家里有宝贝。”

“哦，什么宝贝？”

何向东道：“我家里有祖传的五件宝贝，随便拿一件出来卖了都能买下半个天津城。”

郭庆倒是吓一跳：“嚯，这么值钱啊。”

何向东得意道：“那是。”

郭庆道：“什么宝贝，说来听听啊。“

何向东道：“要说我家这宝贝啊，首先一件它是一铜器。”

郭庆捧道：“哦？”

“这铜器的来历可小不了，要说到大清朝。”何向东双眼一凝神，张嘴便是一段贯口，“自大清国定鼎以来，万国来朝，都是年年进贡，岁岁称臣。在咸丰年间，高丽国王进到大清国，两桌铜器。这两桌铜器进到北京，先要送到礼王府。当时是礼王爷权朝，礼王爷一瞧这两桌铜器，是天珍贵宝，万国难选，上等的东西，自己府里就留了一桌，那一桌进到皇上驾前。那时侯我曾祖父在礼王府里当差，礼王爷爱惜我曾祖父老成练达，忠实可靠，就在这桌铜器里头，拣了两样不要紧的东西，赏给我曾祖父。你说怎么办？王爷赏了，有心要吧，这是皇上家的东西；有心不要吧，又怕王爷怪罪。赶紧谢过王家千岁，把这两样东西拿回家去，可没敢摆着。”

《卖五器》其实是一个贯口活的相声，五样宝贝五个大贯口，有讲历史的、讲地理的、讲人物的，可不是个简单的活，要不是何向东的基本功扎实，他还真不敢来这个。

活好不好，一试便知，这何向东一通趟子背下来，郭庆心里头顿时就是一惊，这师弟的贯口活可是了不得啊，也幸好这时候他没走神，赶紧接下：“怎么没敢摆啊？”

何向东也是应道：“这可是皇家的东西，谁敢用啊，我曾祖父就把这件瓷器埋在了后花园实指望后辈儿孙就吃这个就吃不了哇。到了光绪十二年，也不怎么走漏了风声，被御史言官知道了，御史言官在皇上驾前参奏了一本，说我家私藏贡宝，有欺君之罪，皇上龙颜大怒，派官兵到我们家查这东西。合算到了我们家，直接就奔后院，把这东西刨出来了。把东西刨出来，把我曾祖父五花大绑，绑到三法司审问。大礼寺正卿、刑部尚书、督察院总宪。九堂会审，打了二年半的官司，要没有礼王府的人情托到了，早就死在里头了。就为这铜器哟！”

“好……”观众掌声起，这两段大贯口背得太利索了。

何向东累得也够呛，脖子上的青筋都隐隐出来了。

郭庆赶紧问道：“这铜器到底是个什么？”

何向东一脸得意道：“就是两根茶壶梁。”

郭庆张大嘴：“啊？就俩破茶壶梁啊？”

何向东脸色一正，喝道：“我要是心疼俩茶壶梁，我是个韭菜。”

郭庆再问道：“那还有什么啊？”

何向东道：“上面还有两个螺丝钉呢。”

观众都笑。

郭庆一捂脸，鄙夷道：“这管什么啊？”

何向东这才回头道：“不管用啊？”

郭庆道：“那可不是，这不值钱啊。”

何向东又道：“不值钱啊，这没关系，我家还有一件宝贝。”

郭庆来了兴趣，问道：“嗬，什么宝贝啊？”

何向东道：“这是一件铁器啊，我一想起我家这宝贝啊，我就……我就……”

何向东掩面哭泣。

郭庆赶紧拦他，道：“行了，别哭了，赶紧给我们说说你家这铁器。”

何向东道："这就要说到我的二曾祖了。"

郭庆搭了一茬："还有一二曾祖？"

何向东来了一小贯口道："我们家这铁器那是大清国造办处造出来的官铁呀，造办处出来官铁送到北京上驷院。上驷院就是皇上的御马圈。那时候我二曾祖在上驷院里充当马夫，半夜三更越墙而出，盗出两样儿铁器，要教皇上知道了，就有掉头之罪，就为这铁器！"

郭庆眼睛都放光了，问道："这什么宝贝啊？"

何向东一拍胸脯道："就是那半拉铁马掌。"

"啊？就一马掌，还是破的啊？"

何向东却道："我要是心疼马掌，我是个茄子。"

郭庆问道："那宝贝的是什么啊？"

何向东道："那马掌上面还有个钉子呢。"

郭庆嫌弃道："嗬，一个破钉子顶什么啊？"

何向东问道："这不值钱啊？"

郭庆道："破玩意当然不值钱啊。"

何向东再道："没关系，我家还有一宝贝，这是一件瓷器。"

"哦？这是个什么宝贝？"

何向东道："这就要说到我三曾祖了。"

郭庆一笑："又来一位。"

何向东继续说道："三曾祖做过官，做过一任九江道。在九江官窑定烧出来的硬五彩，掉在地下是当当当当山响，摔不碎的好瓷器！"

郭庆吃一惊："摔不碎的瓷器啊，这是什么宝贝？"

何向东一本正经道："半拉调羹脑袋。"

"啊？调羹？还是摔坏的啊？"

何向东却道："我要是心疼这调羹，我是个黄瓜。"

郭庆都被逗乐了，说了一句："你就跟蔬菜较劲是吧，那你说调羹有什么宝贝的？"

何向东道："这上面还有一朵花呢。"

郭庆骂道："废话，调羹上可不有花。"

何向东还争辩道："这花用水都洗不掉啊。"

郭庆再骂："废话，这是烧上去的，可不洗不掉嘛。"

观众都笑，但是却没有前面垫话部分那么热烈。

何向东再道："瓷器不值钱不要紧，我家还有一件锡器，这个值钱。"

郭庆问道："这是个什么宝贝啊？"

"这就要说到这世界上有五大洲了。"何向东张嘴便是一段极为熟练的地理图贯口，速度飞快，"亚细亚洲、欧罗巴洲、南北美利加洲、澳大利亚洲、亚非利加洲，由打英国、美国、法国、德国、挪威、瑞典、瑞士欧西各国，选来上等的锡器，镜子面儿相仿，唰唰唰照得见人，搁在手上不压腕子，这种锡器！"

观众鼓掌叫好，贯口活的观赏性还是很强的。

郭庆面色就有些不自然了，这师弟的贯口活怎么这么强啊："那……那这锡器是个什么啊？"

何向东瞥了他一眼，捧得这句应该是立马接上的，怎么还顿了，他眉头微皱，但在台上也只能道："这宝贝就是一张烟卷纸。"

进场门那里两个老头又把眉头皱起来了。

"啊？就是一张锡纸啊？"

何向东争辩道："我要是心疼锡纸，我是个萝卜。"

郭庆道："又来一蔬菜。"

何向东很认真道："这锡纸上面还有半个烟头。"

郭庆嫌弃道："嗬，要多埋汰有多埋汰。我说你家里有没有值钱的，破水壶梁、破马掌、破瓢勺把，还有一张破锡纸。"

何向东道："有啊，我家还有一件木器，这个值钱。"

郭庆问道："这个木器又是什么宝贝啊？"

何向东把袖子翻了个龙抬头，接下来就是一段大活儿了："那就要说到清朝了，在清朝，清朝末年。光绪年，义和团反清灭洋。在北京东城，有个西总布胡同，打死了德国钦差叫克林德。"

"有这事。"郭庆应道。

何向东是字正腔圆，来了个大贯口："怒恼了八国联军就打破了北京城。北京一破，皇上就跑了。皇上跑了，西太后也跑了，文武大臣、保驾的、帮闲的、乱七八糟的全跑了。北京没人管了，这八国联军到了北京，你占东，我占西，他占南，他占北，整个给分了。"

"当时我们家住家在前门外，前门大街，属于德国占领的地界。德国首将叫瓦德西，瓦德西带着兵查街，检查行人，是搜捕义和团。我们家也不哪儿那么些仇人，报告德国兵，愣说我们家私藏义和团。"

何向东是越说越快，观众的掌声也是越来越多，都在为这个半拉大的孩子鼓劲："瓦德西一听啊，带着一百多名洋兵，到我们家来了。弓上弦，刀出鞘，枪口上着大刺刀，啝，那个凶呦。到了我们家的前后院儿，都围上了。瓦德西带着兵进了院子，这屋瞧，那屋看，这屋搜，那屋找，找义和团哪有哇？找来找去，找到我们家东跨院儿的北屋了，到这屋一拉门，瓦德西往里一迈步，可了不得了。”

“怎么了？”郭庆问道。

何向东状态是越来越佳，舌灿莲花，字字珠玑：“就看我们家这木器，就我们家这宝贝呀，在这屋搁着呐。这木器——唰！就这么一放光，光芒四射，当时吓死六个德国人。瓦德西一瞧，噌！屁滚尿流，抱头鼠窜，是狼狈而逃。打这儿起可倒好，他是也不查街了，也不搜义和团了。直盯后来各国和约签字的时候，唯有德国不签字。当时清朝的全权代表是李鸿章李中堂，一瞧德国不签字，这可慌了。”

“‘哎呀，瓦德西将军，为什么迟迟不签字呀？是不是还有什么条件没有提出来呀？’瓦德西说：‘唉？非是我们不愿和约，只因在你们北京前门外有一家住户，他家有一件东西无故放光，吓死我国士兵，若有此物，德意志决不和约！’内务大臣慌忙跪倒：‘启禀中堂，方才瓦德西将军所讲，确有其事。在我们北京前门外，前门大街有一家住户，他家有一件木器，只因年深日久，受了日精月华，已成宝物。并非无故放光。’瓦德西一听，怎么着？宝物？非要二次参观。”

“好。”观众掌声再次响起。

《卖五器》这段传统相声是在清末的时候写的，那时候正是八国联军侵华，到处烧杀抢掠，有相声前辈钟子良家里都被搜刮好几回，搞得他自己都怀疑家里有宝贝了。

后来这位前辈一生气，不是说我家里有宝贝嘛，那我就告诉你们我家里的东西有多宝贝，就拿五件破玩意写出来《卖五器》这个作品，拿来表演了，后来倒是成为传统相声里面的宝贝了。

何向东在表演这段相声的时候，正活带动观众的效果远远不如垫话儿部分，这也让何向东展开了思考，也为他以后用修改过的传统相声撬动整个相声界埋下了伏笔。

三

郭庆虽没说话，但心里头却是惊骇莫名，这么长的贯口，眼前这个才九岁的孩子一路背下来竟然没有半点磕磕绊绊的意思，而且也没有小孩子气力不济的感觉，竟然连偷气换气也了无痕迹，就像是真的用一口气背下来的，这简直是不可思议。

其实，这主要还是归功于何向东这段时间苦练的口技里面的循环运气法，这让他的肺活量大增，而且还可以边说话边存气，说起贯口便有绵绵不绝之感。

郭庆心里也很不是滋味，何向东的柳活儿本来就比自己的强，现在贯口也这么厉害，而且他还会口技，岂不是说自己这次要输？

自己一个专业曲艺团出来的，还在那么多大舞台上，那么多大人物面前都表演过，怎么会输给这样一个野路子出身的小孩？郭庆觉得无法接受，而且他还知道师父之间的赌注是学狗叫，这还是他给出的主意，这要是输了自己岂能讨好。

一下两下，这心思一乱，心神也就乱了，可以说现在的郭庆根本不在状态，何向东状态却正在巅峰。

何向东继续道："李鸿章没法子，带着各国公使、各界代表一起到我们家来了，到了我们家进了东跨院儿，可就瞧见那间北屋了。大伙问：'瓦德西将军，是这屋里不是呀？'等到参观这木器的时候，您再看瓦德西，毕恭毕敬，跪在地下，两手托着这木器，'哎呀！太好了！真是宝物哇！'他是赞不绝口，连声喝彩，拍案称奇，爱不释手，非要带回德国，给他们国王看看去。"

何向东看郭庆一眼，发现这货正魂不守舍，这里应该是要接一句的，现在也没了。

进场门那里范文泉已经骂开了："郭庆这是怎么回事，在台上还敢开小差！"

何向东只能继续说道："哪儿能让他带走哇？他不送回来怎么办？各界代表也纷纷哀告：'瓦德西将军，这件木器，乃是我大清国的国粹，有关华夏的历史。况且又是民间所藏，还是不宜带走。'瓦德西不干，非要带走。

"各国公使臣联合画押做保，才让他把这件东西带到了德国，又在东西欧展览，游遍了四十多个国家，咱这东西一到哪儿，那是列队鼓乐相迎。嗬！记者采访照相，各国家报纸登在了第一版，轰动了全世界。巴拿马赛会上得头等奖章，这才归还中国，送回我们家存了这么些年。就我们家这木器，真称得上是千金难买、万金不换的宝贝呦！"

这时候何向东半个身子已经在桌子里头了，他抬起左脚踹了郭庆一下。

郭庆这才反应过来，魂都还没归位，就直接来了一句："这不半拉锅盖……"

何向东豁然转头，眼神震惊地盯着郭庆。

进场门那里方文岐和范文泉顿时站起来了，两人脸色霎时凝重起来。

刨底了！

郭庆把底给刨了。

相声有行话叫"刨活"，意思就是把别人要说的包袱自己给说了，比如说逗哏演员接下来要说的包袱被捧哏的说了……

相声里面都有底，这是整段相声最后的包袱，就像《卖五器》最后一件木器的底就是半拉锅盖，这本来是该何向东说的，却被郭庆给刨了，让何向东不能继续表演了。

刨底如果是无心的那叫演出事故，故意的就是艺德问题了，演员是要遭到整个行业排斥的。

范文泉脸色极为难看，沉声吐出一句话：“要出事。”底被郭庆刨了，这眼瞧着相声就要结束了，哪里还来得及应对。

方文岐面色同样不好，但他心里却还抱着希望，他紧紧凝视着自己的徒弟，对这个孩子他还是有信心的。

台上，郭庆也反应过来自己刨底了，脸当时就红透了，手也不知往哪儿摆，整个人都蒙了。

何向东也知道郭庆不是故意的，可是事故毕竟出了，观众也都眼巴巴看着呢，可绝不能“死”在戏台上。

何向东压下心头的慌乱，一回头，微微一笑道：“破锅盖那可不是我家宝贝，那宝贝国家送还我家之后，一直放着，今天因为要说相声我是带到现场了。”

观众瞪大眼，认真倾听。

何向东一笑，手往观众群里一指：“就是第四排中间那大哥坐的硬木椅子。”

被点到名的那位还真的站起来转身看，观众瞧着他，都乐得不行了，笑声、掌声不断。

郭庆这才赶紧接上一句：“我……去你的吧。”

何向东没理他，冲观众一鞠躬，立刻退场。郭庆一愣，才低着头跟上。

到了后台，郭庆就像斗败了的公鸡，顿时就蔫了。

范文泉冲上去就是好几脚，骂道：“我让你在台上开小差，我让你开小差……”

郭庆被踹倒在地，哇的一声就哭了出来，再怎么傲气他也还是个孩子，刚在戏台上经历这么大挫折，进来又被师父责罚，怎么会不哭。

见范文泉还要打，方文岐赶紧上前拦道：“行了，孩子也不是故意的，回去再慢慢教吧。”

范文泉这才停了手，两只眼睛都是红的，纯粹是被气的。郭庆要是水平不够，他倒不会生气，水平不够可以慢慢学。可是这小子居然在表演的时候开小差，这就是态度问题了，就是欠揍。

何向东在一旁看得悻悻然，也没幸灾乐祸，挨收拾太正常了，他都不知道被自己师父收拾过多少回了。

方文岐说道：“接下来还有一个群的，《扒马褂》，郭庆这孩子还能上吗？”

范文泉直接爆了句粗口:“上个屁，让他在这里好好反省，《扒马褂》东子会说吗？”

方文岐说道：“倒是教过。”

范文泉看着何向东问道：“爷儿们，能不能补台？”

何向东耸耸肩道："没问题。"

范文泉点点头，又看着蹲在地上的郭庆，气不打一处来，骂道："你师弟帮你补台，你就干坐着啊。"

郭庆这才抬起头，眼睛里面都是泪水，脸也涨得很红，看了何向东一眼，满脸不好意思，又低下头用细弱蚊蝇的声音说道："师弟，拜托你了。"

憋了这么久终于看到郭庆这傲到天上的孩子服软了，何向东心中顿时大爽，终于可以报仇了，他脑袋往上一扬，嘴里发出一声高八度的不屑："哼！"

方文岐照着何向东屁股上就是一脚。

何向东立马怂了，屁颠颠地去拿了一件马褂，套在大褂外面，然后笑呵呵地道："师父，我准备好了。"

林正军也报完幕了，三人出场。

郭庆抱着腿蜷缩在墙角，孤独一人，听着戏台那里笑声欢呼声不绝于耳，他自觉身上越发的冰冷了，抱着自己的双手也更紧了几分，泪痕在白净的脸上十分明显。他不怪师父责罚他，他只是不明白自己为什么会在舞台上犯那么大错。

这到底是为什么？

为什么？

《扒马褂》演出完毕，观众掌声雷动，反响特别好。正活演出完毕，还因为热情的观众返了场。

返场也是相声表演的一种形式，通常是在最后的大轴表演上面，把要说的相声说完，起身走了，观众热烈鼓掌，要求再来一个。这时候主持人就会出来拦相声演员一下，要求再说一段，相声演员再转身说一小段儿，这时候说的不是正经的大活了，而是几分钟、十来分钟的小段儿。

而且主持人拦相声演员这一下一般来说也是不能省的，要不然你都准备走了，结果屁颠颠又回身了，这就有点怪了，主持人拦那一下也是做一个缓冲。

拦一回叫返场一次，拦第二回就是返场两次，一般来说返场三次也就结束了，所以艺界也有"返场不过三"的说法。

今夜观众非常热情，何向东、方文岐和范文泉三个人返了三次场，说了两个小段儿，第三次返场就是和观众搭茬互逗，还让何向东再唱了一段太平歌词。

几人表演结束，向观众连连鞠躬行礼，观众的掌声、叫好声不断，那热烈的气氛就差把房顶给掀翻了。待到几人退场了，观众还是非常给力，一直要求几人再说一段。

林正军看得也是既激动又心酸，连城曲艺俱乐部开了好几年，从没哪个晚上有今晚这么热烈，他这个做经理的怎么能不激动，要是每天都这样那该多好。

可惜他知道这不可能，范文泉和郭庆都是专业院团的，明天就要回北京去了，今晚能在他这里表演已经是给了天大的面子了，他还能再多要求什么呢。

退场的时候，还有很多观众问林正军明晚还有没有这几个人的相声了，以后还有没有了，弄得林正军好生尴尬，只能说以后再有相声专场肯定会通知大伙。

观众发了好一阵牢骚，才依依不舍地离场。

散场之后，林正军还请了今天所有的演员吃了夜宵，包括乐师们。今晚林老板很开心，连敬了范文泉和方文岐好几杯，几人喝得都有点微醺。

何向东倒是没管那么多，这个嗜吃如命的家伙只管抱着一只硕大的烤鸭啃，田佳妮就坐在何向东身边，这姑娘巾帼不让须眉，啃起蹄髈来那叫一个气贯长虹、气势磅礴——她前面也一直在观众席上看着呢。

郭庆倒是没来，先回了宾馆，怕是这个傲气的小子也没脸来了。

酒过三巡，菜过五味，众人吃好喝好，散场。

柏强带着田佳妮走了，他在天津城里有亲戚，这几天住在亲戚那里。范文泉、方文岐和何向东三个人回了宾馆。说是宾馆其实也就是一家小旅店，林经理经营着这家小俱乐部也不容易，也没多少余钱。

房间也只开了两个，这两对师徒各住一间。范文泉进门之后就看见郭庆一个人抱着腿蜷缩在房间的墙角，把头深深埋在怀里。

范文泉默默叹了一口气，知道今天这场演出对自己的徒弟打击很大，可这对他未来的成长至关重要，这孩子这些年太顺了，顺得让他都看不到别人了，必须让他受受挫。

范文泉拖过一条椅子来，摆在郭庆面前，端坐了下来，顿了顿，开口道："爷儿们，怎么？蔫了？"

郭庆依然蜷缩在那里，没有抬头，也没有开口。

范文泉淡淡笑了笑，说道："知道你今天为什么会演砸了吗？"

郭庆抬起头，点了点头，低声说道："是我没和师弟对过活，一点不熟就上台了，所以才……才……"

"哼。"范文泉鼻头发出一声轻笑，发问道，"那你师弟也没对过活，人家怎么就能表演得那么好，你把底都给刨了，他还能兜得回来？"

这话一出，郭庆立马面红耳赤，都不知道说什么好了。

范文泉道："这就是街头出身和你这种科班出身的区别。"

郭庆抬头，一脸茫然。他不明白，自己从小就在曲艺团的学员班学习，有那么多的好老师来给他们上课，给他们授艺。快板就专门的快板老师，贯口有专门的擅长贯口的老师，还有柳活儿，各种戏曲也会带他们到专业的戏曲团里面去学习，这么专业的科班学习怎么还比不上一个野路子出身的孩子呢。

郭庆不明白。

看着徒弟茫然的眼神，范文泉叹了一口气，说道："不明白？你是不是以为你每天被那些好老师教着，又有我这个师父盯着，还去了那么多大舞台演出，那么多人为你鼓掌叫好，你就觉得你很厉害了？"

"没有。"郭庆低声嘟囔了一声，脸上有些燥红，师父说的这几点正是他一直自傲的地方，曲艺团里像他这个岁数说相声的没有比他还强的，一天两天，一年两年，他能不傲气吗？

范文泉脸色也慢慢严肃下来，指着郭庆说道："你不要以为你是科班出身就很厉害了，郭庆你给我听好了，相声最难的就是在地上演出，那些曲艺名家不是你最好的老师，观众才是，社会才是，生活才是。

"你还看不起人家撂地演出，还以为人家是野路子出身？今天东子能把底给兜回来我一点不意外，为什么，就是因为在地上演出遇到的状况比这多太多了。你师父我当年和你师大爷演出的时候就遇到酒鬼拿着酒瓶子往上面砸的，我们照样能把观众逗乐，把事情圆过去，演出一点没耽误。

"所以为什么管撂地演出叫平地抠饼，对面拿贼啊，在整齐的地面上扣出要吃的饼来这要多难啊，现在你还觉得你科班出身很了不起吗？"

这番话说得郭庆面红耳赤的，差点没找个地缝钻进去。

范文泉叹了一口气继续说道："其实在你柏叔跟我说，我师哥收了一个徒弟在天津这边撂地演出的时候，我就知道你已经输了，尽管你年纪比他大，学的也比他多，演出经验更是比他丰富。"

"那您为什么还要……"郭庆迟疑道。

"为什么还要比试？因为我就想让你输。"范文泉抛出了一句惊人的话。

"为什么啊？"郭庆问道。

"因为你这些年太顺了，唉。"范文泉仰头长长叹了一口气，半晌后，才痛心疾首说道，"孩子啊，这些年你太顺了，也怪我一直惯着你。你方大爷有一句话说得好，三十岁前不狂，这个人是没有出息的；三十岁之后还狂的，这个人这辈子都没出息。孩子，你太狂了，狂的眼睛里都看不到人了。

"先不说你在曲艺团里怎么样吧，单是到天津来，你见着你方大爷就是一副爱答不理的样子，这可是你本门的亲师大爷，你就是这副态度啊？不说辈分，就说艺术水平，你师父我两个加在一块也比不了你师大爷，就更别说你了，你连人家九岁的孩子都比不过，你能看不起谁啊！

“还有，你知道你方大爷为了相声这门艺术的传承吃了多少苦，受了多少罪吗？啊？这几十年来人家就没一天好过过，这种人品艺德是你一个毛都没长齐的小孩子敢轻视的吗？

“还觉得人家林经理没见过世面，这是你一个小孩对长辈的态度吗？人家在江湖上混的时候你都还不知道在哪儿呢。孩子啊，再这么下去你这个人就要废了。”

郭庆被这番话说得羞愧地低下了头，眼泪也啪嗒啪嗒落下。

范文泉再叹一口气，语重心长道：“作艺先作德，无德不成艺。这些年你也学了不少东西，快板、贯口、柳活儿这些基本功你都学过，可你看看有哪一样比你师弟强的，他才九岁啊，学艺才两年啊。孩子，你太浮了，这样下去你永远成不了。”

“师……师父，我……我知道……错了，我该……该怎么办啊？”郭庆边哭边说，他是真的被吓到了。

范文泉从椅子上站起来，走上前去蹲下来，抱住郭庆脑袋，轻声说道：“孩子，我们过几天就回北京了，你今年十三岁，到十八岁还有五年，这五年你不要上台表演了，就在曲艺团里面干活，从扫地做起，从最底层做起，好吗？”

郭庆在范文泉怀里拼命点头，眼泪却怎么也止不住，这也还是个十三岁的孩子……

范文泉也心疼地抱紧了郭庆，这是自己的亲徒弟，在家吃、在家住，就跟儿子一样的，哪有不心疼的啊，可是没办法，为了这孩子未来的成长，他必须这么做。

郭庆这几年的表现他也看在眼里，他知道自己这徒弟已经狂得没边了，可是他也没什么好办法，正好知道师哥就在这儿，还有一个天资很不错的徒弟，所以就提出了这个比试，就是为了让郭庆受挫来的。

成长的道路需要挫折，不然这辈子都不会成才的，像郭庆这样傲气的孩子，你怎么跟他说他都是不会听的，只有把他的狂傲气打掉，眼睛里才能看得到别人，才有可能成才，但愿这孩子一切都好吧。

另外一个房间，何向东也正在挨收拾，这孩子正跪在地上，可怜兮兮地望着师父。

方文岐沉着个脸，喝问道：“是不是你捣的鬼，没对过活就上场？”

何向东也没敢瞒师父，就赶紧解释：“师父，不是，是郭庆他……”

“回答我，是，还是不是？”方文岐又怒喝了一句。

何向东很委屈地道：“是。可是对活的时候，郭庆老讽刺我的相声，我气不过才，我……”

方文岐脸色更是阴沉了几分，骂道：“好你个何向东，你现在翅膀是硬了啊，你是要疯啊。你就是这样糊弄观众的啊，人家都是买了票进来的，都是花了真金白银的，都是咱们的衣食父母，你就这样糊弄啊，你对得起谁啊？”

何向东低声争辩道：“我不都还挺好的嘛，谁知道郭庆这么没用啊，都捧不住，还把底刨了，还说专业的呢……”

一听这话，方文岐更是怒了：“上了台，两个人就是一体的，一荣俱荣一损俱损，我平时教你的东西你都喂狗了啊？你们要是对过活，还至于这样吗？你师父我说了大半辈子相声，都不敢一个包袱都没对过就上场，你还想翻天啊？给我跪在这里好好反省。”

方文岐背着手怒气冲冲往床边走去，又回头喝了一声：“给我跪好了。”

何向东立刻把腰板挺直了，一脸悲催。

四

翌日。天刚放亮，何向东师徒就开始收拾东西，他们今天要回小县城去。

何向东动作倒是麻利，收拾东西起来很是利索，脸上还带着讨好的笑容。方文岐坐在凳子上喝水，看着自己徒弟忙碌的样子，心里也是好笑，这小鬼头太机灵了。

昨晚，何向东其实也没跪多久，没多大一会儿，方文岐就让孩子睡觉去了，他也真是心疼孩子，舍不得啊。

孩子还小，做事难免意气用事，可以慢慢教，但是话说过来这孩子的本事真是了不得了，底被刨了，还能在那么短的时间里补上，这份砸挂的本事也是没谁了。

方文岐很欣慰，后继有人啊。

何向东整理好两个大包袱背在身上，对师父说道：“师父，我已经弄好了，咱们随时可以出发。”

方文岐看得好笑，那两个包袱都快比这孩子身子还大了，还背在身上搏同情呢，他也不多话，直接走过去拿起何向东身上的一个大包，拎在手上，说道：“走吧。”

“好嘞。”何向东笑嘻嘻应了一声，屁颠颠跟在后头。

刚开门就看见郭庆这孩子站在门口，眼睛通红，头发也不像当初那样根根油光发亮，看起来有点颓废。

何向东小眼睛当时就亮了，从没见过自己便宜师哥这副造型啊。

都不用想，方文岐就知道这孩子昨晚没少挨收拾，这孩子的毛病他也看在眼里，也不知道自己师弟有没有给他掰过来，他问道:“孩子，你站在我们门口有什么事啊？”

郭庆抬头看着方文岐，恭恭敬敬道：“大爷，我师父让我带师弟去吃早饭，他说他有事要和您谈。"

方文岐深深看了这孩子几眼，好像是有点不一样了，他温和地笑了笑说道："行啊，你们两个小孩先去吃饭吧。"

一听有东西吃，何向东眼睛都要冒绿光了，背着包就跑出门口，问道："师哥，咱去哪里吃啊？"

"就在楼下的店里。"郭庆回答，又看见何向东身上背着个大包，低声说了句："要不我帮你背吧？"

何向东脱口就是这么一句："你什么时候变得这么好心了啊？"

方文岐不满地瞪了何向东一眼，不过也没说话。

郭庆脸都红透了，满脸不好意思，他低声说道："我……我……就当是感谢你昨天帮我补台吧。"

何向东却说道："这可不够呢，我昨天帮你补了两场呢，一个补了底，还有一个帮你补了场相声。"

"那你要怎么样？"郭庆脸很红，不知道是气的，还是羞愧的。

何向东伸出两根指头，说道："多加两套煎饼果子。"

"好。"郭庆很快便答应了，还以为要什么呢。

何向东一拍大腿道："好，爽快，再加一碗嘎巴菜。"

郭庆："……"

两个小孩在不断扯皮中离去了，方文岐看得是哭笑不得，转身回了房间里面，不知道师弟找自己有什么事。

范文泉很快过来了，他也不客气，自己找了条凳子就坐了下来，就在方文岐对面。

方文岐抬眼看了眼前这个满脸笑意的家伙一眼，问道："昨晚教育徒弟教育得过瘾吧？"

"还凑合。"范文泉满脸堆笑，看样子郭庆的表现也很让他这个师父满意，"哎，师哥，您说说我这徒弟怎么样？"

方文岐道："天资不错，是个难得的好苗子，只是这性格得改改，太狂了。还有基本功也不扎实，这一点你这个做师父的也有责任，贪多嚼不烂，基本功得一项项过关。"

范文泉点头道："是，师哥你说得对。"

方文岐讶异地看着范文泉，这老货跟自己斗了这么多年，什么时候变得这么好说话了啊，他狐疑地问道："师弟啊，你不会是做了什么对不起我的事情吧？"

范文泉当时就急了："师哥你这是什么话，我怎么会是那样的人啊，我是真的佩服你教徒弟的水平，看东子这样子又是活脱脱的一个小蘑菇啊。”

“哼。”方文岐说道，“其他的你也比不过我，少废话，你特地把两个孩子支开总不会是故意跑来佩服我的教学水平的吧？”

范文泉当下收敛笑意，面色认真地道：“师哥，你觉得连城俱乐部怎么样？”

方文岐说道：“还不错啊，是个好穴，穴头林正军也是个不错的人。”

“那你有没有兴趣留下来？”范文泉又问了一句。

一听这话，方文岐都愣住了，留下来？他从来都没考虑过这个问题，一时陷入了深思。

范文泉也不打扰他，就静静地看着师哥在思索。

过了许久，方文岐才抬起头，默默叹了一口气，说道：“还是算了吧，我过惯了自由的生活了，也习惯了到处卖艺，还是不在这里给人家添麻烦了吧。”

范文泉劝道：“师哥，你年纪也大了，真的不适合再撂地了，有一餐没一餐的，太苦了。”

方文岐摇摇头，自嘲地笑了笑：“我都撂地半辈子了，也没什么苦不苦的，挺自由的，说我自己喜欢的相声，观众也爱听，挺好。”

范文泉道：“好什么呀，咱们说相声就是从撂地起步的，但是后来为什么要进茶社、进园子啊，说白了就是撂地活不下去了，风刮减半，下雨全完，谁受得了这个啊。

“师哥啊，撂地是最能锻炼人，但是时代变了啊，现在大街上谁还让你撂地啊，人家政府不来抓啊，你也只能去农村小镇上表演，你这表演的对象才几个人啊？而且都是单一的农民群体，师哥你不总是说咱们说相声的要看菜吃饭，看人下碟，你现在就面对一个群体，你这相声不得是一个模子啊，这东子的本事要怎么增长啊？”

这番话说得方文岐当时就心烦意乱起来，的确，现在撂地只能活跃在农村了，面对的群体太单一了，就像上次撂地表演的八扇屏原本的梁子使出来效果很不好，就是这个原因。

可是自从自己退出曲艺团就一直撂地，有人的地方就有江湖，也不想卷入那些是是非非里面，就想自由自在地说相声，他是真的太累了。

范文泉也知晓其中内情，就说：“林正军这个人怎么样你也知道，他是一个不错的穴头了，也不会干涉你说什么相声，你爱怎么说都行。还有这个俱乐部主要还是唱戏的，同行是冤家，他们跟咱们说相声的不挨着。”

方文岐胸口起伏不定，很是心烦。

范文泉也知道自己师兄意动了，就赶紧再加了一把火：“师哥，你不为自己考虑，也得为东子考虑吧，这孩子跟着你撂地过过一天好日子吗？你不能自己倔就不管东子吧？还有啊，你想让东子把传统相声发扬光大，单靠在农村撂地能行吗？面对的人群那么单一，他的本事能锤炼出来吗？”

“唉……”方文岐叹出长长一口气，苍老的脸庞更多了几分愁思。

正当何向东捧着一堆吃食，带着脸已经黑成炭的郭庆回来的时候，方文岐和范文泉也从房间走出来了。

方文岐见到何向东的第一句话就是：“孩子，我们以后就在连城曲艺俱乐部说相声了，咱们就在天津城里说。”

林正军也就在宾馆门口等着，自接到柏强的消息开始，范文泉就想着要把方文岐留在这里，也早就和林正军商量好了，这不一大早这位爷就在楼下眼巴巴等着呢。

等到确实的消息之后，林正军才真正松了口气，他作为俱乐部的穴头，自然巴不得有这样的大角儿加盟。

昨晚一场相声专场，收了门票钱三百多块，生意从来没这么好过。扣除各种费用之后，分给方文岐和范文泉这些人的还有二百块钱。

在小剧场分成也是开份儿的，一般演员拿的都是整份儿，包括穴头林正军他拿的也是整份儿，尽管他在名义上是个老板。

换个说法更容易理解，这个俱乐部就像后来的合伙企业，演员靠着自己的艺术水平入伙，林正军靠管理入伙，大家都是合伙人，分红也是按水平分的。普通演员拿整份儿，大角儿拿加份儿，刚出道的小演员和能顶场的学徒拿破份儿。

行规演一场收一场的钱，昨晚是相声专场，林正军拿一个整份，乐队那边再拿一笔，剧场成本支出再算一笔，剩下的就是说相声的人了。

范文泉和郭庆是坚决不肯拿这个钱的，他们是拿国家工资，来私人地方演出本来就坏了纪律，再拿钱就更不合适了。

按照范文泉的意思是要把钱都留给师兄他们的，可是方文岐这个倔老头死不肯要，后来废了好一通口舌，才算是向范文泉借的，收下了。

其实也没办法，他们要搬到天津城里来住，各方面开支一下子就大起来了，万事开头难，置办各种东西都是要钱的，日子难过啊。

最终钱还是在林正军手里，方文岐拜托了林正军帮忙找合适的房子租住，林正军也很爽快地答应了。

何向东、方文岐，还有范文泉师徒、柏强师徒一行人又都回了郊县，接下来的几天，范文泉和方文岐都在教对方徒弟相声段子。

范文泉有三段相声是方文岐不会的，方文岐对此垂涎许久，这三段都是濒临失传的老段子，方文岐这些年走南闯北的也就知道自己师弟会使，别的人他还真没见着。

这三段分别是《吃翅子》《直脖儿》，还有《一窝混》，最后这段相声是改编自明代明浮主人的《笑林》里面的一则笑话。

说的是有一户人家四口人，两夫妻加一儿子一老母，全家人都犯浑。一次小孩在水缸里面见到自己的倒影，见水缸里面的人影学自己的动作，就发火吵起来，是越吵越凶。

后来小孩爸爸出来了，见水缸里面多了一个大人的影子，也吵了起来，可是怎么吵也吵不过，后来孩子爸爸一怒之下拿起砖头就往水缸里面砸，溅起大片水花，孩子爸爸都吓傻了，完了，这是把人脑浆子都砸出来了呀，然后落荒而逃。

有一次小孩爸爸出差回来，送给老婆一面镜子，老婆一看立马怒了，质问镜子里面的女人是不是丈夫带回来的野女人，丈夫百口莫辩。老太太拿过来一看，也立马怒了，骂儿子怎么带了一个老女人回来……

这个相声的后半段被马三立先生改编之后在80年代的时候表演过，名字叫《马虎人》。

何向东学得很认真，范文泉教得也很认真，而且是越教越吃惊，这孩子实在太灵醒了，一教就会，都不用说第二回，基本功又特别扎实，说完活之后，孩子立马就能掌握了。

范文泉嫉妒心都要出来了，他是真嫉妒师哥有这么一个有天分的徒弟，若不是师哥就这么一个关门弟子，他都想直接抢走了。

方文岐这段时间也传了几段老的好段子给郭庆，郭庆也很谦虚谨慎地学习，这孩子经过上次的挫折终于是转了性了，这让两位老先生都很欣慰。

过了几天，范文泉和郭庆就要回北京曲艺团了，同样要离去的还有柏强和田佳妮。柏强要带田佳妮去曲艺团的学员班上学，现在都已经开学了，去了都算是迟了的了。

人生难得是欢聚，唯有离别多。离别总是伤感，这段时间的相处大家都有了感情，尤其是何向东和田佳妮，这可是我们东大少爷的“童养媳”啊。

不过这里伤心的却是另外一个。

“哇啊……呜呜呜……哇啊……”

瞧见小胖子都哭得不成样子了，田佳妮开口道：“大石头你别哭了呗，你怎么比女孩子还爱哭啊。”

小胖子哭得停不下来，胖脸上都是泪珠，抽泣着：“你……你要走……走了，东子……东子也要……去……去天津了，就……我一人了……哇啊……”

田佳妮也不知道该怎么劝了，只能求助地看着何向东，何向东挠挠头道:“大石头，你有空也是可以来看我们的啊。”

小胖子还在哭：“都……没人……没人陪我……玩，就……就你们……就你们肯陪我……现在……你……你们走了，又没人……陪我了。”

何向东实在是没辙了，就只能说：“大石头，你给我们准备了送别礼物没有啊，要是没礼物，你就别哭了。”

“哇”的一声，小胖子顿时哭得震天响，那叫一个山崩地裂，天塌地陷……

何向东脸色都变了，直说道：“瞧着架势，这礼物可小不了哇。”

田佳妮狠狠掐了何向东一下，一瞪眼，说道：“你这是什么话？”

“嘿嘿……”何向东笑笑。

过了许久，小胖子才消停下来，他擦干眼泪，红着眼睛说道：“其实我给你们准备了礼物的。”

田佳妮和何向东看过来，都很好奇这个小胖子准备了什么。

小胖子从带来的背包里拿出一个小袋子，递给了田佳妮，说道：“妮姐，这是我送给你的。”

“谢谢。”田佳妮笑眯眯接过来，打开一看，里面全都是钱，顿时就惊呆了。

小胖子很认真地说道：“这里面都是这些年我爸还有我奶奶给我的零花钱，我都没怎么用，大概有四十多块钱吧，我也不知道你喜欢什么，就都给你了，你自己买吧。”

果然是有钱人家的孩子，小小年纪就会用钱砸人了。

田佳妮自然是不肯要的，小胖子却难得这么坚持自己的意见，田佳妮见推不过，也只能收下了。

何向东笑眯眯地问小胖子：“大石头，你准备送我什么呀？”

小胖子又很认真在包里面翻找起来，最后拿出一个庞然大物，递给了何向东。

何向东当时就笑不出来了。

因为小胖子送给他的是一只鸡，还是拔过毛的，还很肥……

五

何向东差点没哭出来，送给人家女孩子好几十块钱，给自己就这么一只鸡，还是生的……

小胖子说道：“你不是有一门从东汉传下来的手艺么，盖世无双叫花鸡，曹操还派百万大军抢过呢，所以我就送你一只鸡啦。哦，对了，我这里还有盐，还有荷叶，我都带来了。”

这回何向东是真的哭了："你一定是玉帝派来逗我的。"

小胖子看着他，一副傻傻的样子。

"哈哈……"田佳妮都快笑岔气了，说道，"这……这就叫嘴贱……哈哈……叫你骗人……哎哟喂。"

还能怎么着，有吃的就不能浪费，这是何向东为人处世的第一原则，他立刻换了心情，喜滋滋地处理起了这只生鸡。

浸荷叶、抹盐，再把葱打结塞到鸡肚子里面，和泥，荷叶包好鸡，再抹上黄泥，生火，闷烤。

三个小孩眼巴巴等着，熟了之后，分食，不过却是吃得没滋没味，连嗜吃如命的何向东也是如此。

吃完之后，小胖子也要走了，他说他不想看见何向东和田佳妮离开。田佳妮也回赠小胖子一本京韵大鼓《剑阁闻铃》的曲谱，小胖子反正也看不懂，纯粹是留个纪念。何向东回赠了一个非常宝贵的东西——他的盖世无双叫花鸡的做法。

在小胖子走之前，何向东还再三嘱咐，这份秘方绝对不能泄露了，自东汉三国一千多年来可就传了这么一支，是打死都不能泄露的。

小胖子很郑重地把菜谱折好放在内衣口袋里，赌咒发誓这秘方绝对不会告诉任何人，连老爸、奶奶都不会让他们知道。

何向东很欣慰。

田佳妮很崩溃。

待到小胖子走后，这小溪边只剩田佳妮和何向东两个人，流水潺潺，斜阳见分晓，斑驳树影撒落在身上。

坐在石头上的田佳妮问道："哎，人家大石头送了我那么多钱，你打算送我什么啊？"

何向东笑笑，从口袋里面拿出一对用棉布袋子包好的黑色水煮玉子，说道："这对玉子是我在学太平歌词的时候师父做来送给我的，这些年我唱太平歌词一直是用它，现在送给你了。"

田佳妮接了过来，在手里翻看，又对何向东说："再给我唱段太平歌词吧。"

何向东笑着问道："好啊，唱什么？"

"就唱你第一次给我唱的《文王卦》吧。"

"好啊。"何向东拿回玉子，也没起身就坐在田佳妮身边，打了一串花点，然后回到正常板眼，唱道……

"乾坤大来日月长，开天辟地有阴阳。

三皇五帝传流下，千古渔樵话兴亡。

昔日里有了一个姜吕望，渭水河边钓文王。

龙驹辗拉起了姜丞相，周文王为国就访忠良。

连拉了八百单八诸，全凭着，文王八卦算个阴阳……“

田佳妮歪着脑袋看着听着何向东的演唱，还是那么有味儿，这曲子应该是能听一辈子不厌烦的。

何向东再唱：“算了算，星星月亮就在天上。

“算了算，田里的庄稼就属高粱长。”

“算了算，女孩就属佳妮最爱哭。”

田佳妮顿时笑出声来，又想到那日的窘境。

“算了又算，男孩就属何向东最聪明。”

“呸，不要脸。”田佳妮大声喊了出来，又大笑，突然又哭了。

“算了又算，佳妮非要嫁给何向东。”

田佳妮却没有回话，再看她已经是满脸泪水，这些日子积蓄的感情在这分别的一刻终于迸发出来了。

何向东也哽咽了，就完全顾不得合不合辙了，唱的全是心中情感：“算了又算，佳妮一路得要平安。”

“算了又算，佳妮日子要过得舒心。”

“算了又算，佳妮以后能成大角儿。”

“算了又算，佳妮每天能吃叫花鸡。”

“算了又算……算了又算，大家都要过得好好的……”

田佳妮最终还是走了，和师父柏强一起走的，同行的还有范文泉和郭庆，方文岐和何向东一起到县城里的车站送他们。

何向东一直没说话，一直到田佳妮走了都没说话，待到汽车远行之后，他才颓然坐在地上，拿出田佳妮送他的一根鼓签，默默无语。

方文岐上前搂住了何向东的脑袋，让其靠在自己的腿边，深深叹了一口气，这些年东奔西跑是苦了这孩子了，伤痛离别也不知道有多少次了。

此去经年，相逢不知在何载了，但愿大家一切都好吧。

下午，黄华来了，方文岐跟他搭档有两年了，这次去天津也是想问他要不要一起前去。

有些日子没见，黄华显得有些憔悴，胡子也没有刮，嘴里叼着根烟，止不住地吞云吐雾。

方文岐也没催他，这需要他自己做决定的，别人也只能静静地看着。

过了许久，黄华才叹了一口气，说道："方老哥，我决定不说相声了。"

方文岐眼眸微微一凝，问道："为什么？"

黄华苦笑："钱，因为没钱，我女儿大了，也要上学了，父母年纪也大了，家里方方面面都要钱，可是我说相声连吃饭钱都挣不来。"

方文岐也沉默了。

黄华狠嘬一口烟，最后把烟头扔在地上，狠狠碾上了一脚，叹道："我很爱相声，从小就爱听，可以在广播里面一宿一宿地听，我真的爱相声，长大了我也报考过曲艺团的学员班，可是考不上。

"但是我没有死心，我去那些曲艺名家相声大师家里拜师学艺，可是他们都不肯收我，说我天分不够。我知道我笨，也没有天分，但是我相信勤能补拙，我开始一整天一整天地练贯口，练身段，练快板，没人教我就偷学，趴在人家院墙上偷看，打我，我也不走，一天一年十年，我就一直这么过下来。

"我的要求真的不高，只要让我一直能说相声就好，可是我却连饭都吃不饱，到了三十岁连老婆都讨不到，后来还是父母花了半辈子积蓄才算是给我娶了个老婆，也算是有了个家。

"我老婆在纺织厂工作，家里的开支都是她赚来的，我就是街坊邻居的笑话。呵，这两年要不是方老哥你带着我，我连自己饭钱都挣不出来。我喜欢相声，可是相声却不能当饭吃，现在我老婆带着孩子回娘家了，其实我知道她一直是看不起我的。

"我已经自私了半辈子了，我不能再这么自私下去了，我不能让我的家人再为我的爱好受苦了……我真的不是这块料，我决定再也不说相声了，再也不说了……"

两行浑浊的泪水从黄华的脸庞滑落，那个幽默、风趣、充满激情的男人却被现实逼成了这样……相声这一行实在是太难了，也太不好干了。80 年代相声还算是火的，可是民间艺人还是连饭都吃不饱，到了 90 年代相声市场就消失了，除了拿工资的，其他人都活不下去。

方文岐默默叹了一口气，起身从里屋拿出叠好的一件黑色大褂，递给黄华："你不是一直求我给你做一件大褂吗，我做好了，不管你以后说不说相声，我都希望你一切都好。"

黄华接过，把脑袋深埋进大褂里面，号啕大哭起来。相声是他半辈子的梦想，而今天……这个梦终于碎了。

他也终究倒在了追逐梦想的路上。

第二日，何向东和师父收拾了一下东西，带上锅碗瓢盆、棉被铺盖就离开了这个住了两年的农家小屋。

当门锁上的那一刻，何向东和方文岐都注视着大门许久，默默不语，两年内点点滴滴，嬉笑怒骂都在这扇小门里面，虽然破旧，但很美好。

拥有的时候倒不觉着有什么，反倒嫌这嫌那的，等到分开的时候还是非常不舍的，就仿佛从身上硬生生撕扯掉一块东西似的。

心头压抑得很。

何向东问："师父，我们以后还会回来吗？"

方文岐答道："会的吧。"

何向东再问道："那是什么时候啊？"

方文岐答道："不知道，也许是明天，也许是后天，也许……也许吧……"

两师徒扛着大量行李，慢慢远行，身影越来越小，最后成一点微光消散不见……

相声大师

第六段 杨三郎君

一

相声界有一句话，叫作“相声的出处是北京，聚处是天津”，这是因为天津的地理位置、民众生活，还有风土人情很适合相声的发展。

首先一点，天津是京畿门户，东靠渤海，从海上能到达大连、烟台、青岛、上海这些临海重镇；走陆路可以从我国最早的京山铁路出关，到达东北各地，还可以沿着津浦铁路南下，到达济南、徐州、南京这些大城市。交通发达，南来北往的就多了，各种手艺人也就来了，人员也复杂，各种艺术也都有人听，慢慢的天津就成为了曲艺之乡。

相声行里面，早在光绪年间相声前辈沈春和就带弟子来天津说相声了。这位前辈的辈分极高，是和相声老祖穷不怕先生同一辈的人物，原本是跟随张三禄先生学艺，后来转行说相声。因为本身辈分很高，就由穷不怕先生代拉为师弟，两人也是同门，他也是相声最初的三大门派，沈派的创始人。

在辛亥革命之后，又有大批相声界第三代传人到天津来卖艺，收徒传艺，传承香火。当时领头的便是那一批德字辈的老前辈，是相声“八德”之一的万人迷李德钖先生带的头。那个时候还是以撂地为主，后来才进入到杂耍园子说相声。那时候天津最出名的园子一个叫“四海升平”，还有一个叫“宝和轩”。

杂耍园子也就是曲艺园子，曲艺是后来的叫法，旧社会是叫十样杂耍，说学逗唱吹拉弹打变练，是按照表演方式分的。新中国之后，前八种归为了曲艺，后两种就归入了杂技里面了。

到20世纪30年代，天津出现了剧场式的园子叫“燕乐升平”“小梨园”，李德钖先生在他的搭档离开后，和相声第四代门主张寿臣先生一起说过一段时间的相声，也有提携后辈的意思。所以相声界的前辈提携后辈的传统古已有之，只是到后来慢慢地被人为消灭了。

在李德钖离开天津去往东北之后，张寿臣先生就代表了当时京津相声界的最高水平，包括其徒“小蘑菇”常宝堃先生也是一时之选，声名赫赫。

当时相声界还因为常宝堃先生改过辈分字号……最初相声界的大辈商议的辈分字号排序是“德寿立仁义”，到常宝堃先生这一代应该是“立”字辈。

张寿臣先生也的确给常宝堃起了艺名叫常立桐，包括其他的徒弟田立禾、冯立樟、康立本，可惜这些名字没有叫响。反倒是因为小蘑菇的年幼出名，常宝堃三个字在相声界响了腕儿了。

后来再有相声名家收徒，就不按照“立”字排辈分了，反倒是按照“宝”字来排，侯宝林、赵宝琛、孙宝才这一批宝字辈前辈都是从这儿来的。

再到后来的“仁”字排辈，也是因为常宝堃先生的徒弟苏文茂先生的人品艺德让同行很敬佩，后来再收徒就都改成“文”字辈的了，就像范文泉、方文岐这一批文字辈的先生。

既然改了这么多，后面的也就改了。原本的辈分叫“德寿立仁义”，后来改成了“德寿宝文明”。到明字辈就到新中国了，那时候连拜师都不提倡，更别说师父赐艺名了，大家伙都用原名了。就像何向东，也没跟“明”字有什么关系。

师徒两人废了好一番周折才到了天津城，林正军蹬着一辆三轮来接他们，三个人跑了好远才到了住处。是一个老式的筒子楼，房东是个退休老头，单位分的房，老头一个人住不了那么大的地儿，就隔了一个单间出租。

也都是认识的人，商量了一番，约定每个月三十块钱租金，两个老头都好说话，互相客套了一番，也就搬进去住了。

到傍晚，何向东和方文岐跟着林正军再一次去了连城曲艺俱乐部，这一次是去见其他演员的。

后台里面演员都很忙碌，正对着镜子化妆。

这个剧场主要还是唱戏的，以唱京剧为主。这个京剧班子也有一个班头，叫白凤山，是唱老生的，也是这个俱乐部里面的大角儿，台柱子，是拿加份儿钱的。

林正军走到白凤山身边说道：“白老板，我跟你说的方文岐先生来了。”

白凤山头都没转过来，依旧是对着镜子在试他的髯口。这个砌末，京剧老生都要戴的，就是那个大假胡子。

方文岐倒是不以为意，拱手笑道：“白老板，有礼了。”

白凤山是一个模样俊朗的中年男人，此时脸上妆容也画好了，看不出来面部表情，他淡淡说道："方先生您客气了，恕我正在试装，不能见礼了。"

方文岐呵呵笑道："倒是无妨。"

白凤山继续说道："我们连城俱乐部就我们一个京戏班子，偶尔也有唱大鼓、唱坠子的来串场，来搭班说相声的贵师徒倒还是头一个。"

方文岐也不说话，就静静看着白凤山，看他到底想说什么。

白凤山道："行有行规，门有门规，我们连城虽然庙小，但也是有规矩的。"

方文岐目光微沉，没有说话，当初江湖艺人跑江湖卖艺是有"拜相"的规矩的，就是说外地的艺人要到某处卖艺，得先去拜访当地同行艺人，这叫"行客拜坐客"。

一般情况下当地的艺人也会给新来的艺人提供卖艺的场地，跟他介绍当地的风土人情，好让他多挣一些钱。就算不让你在这里卖艺，他们也会主动给你盘缠，让你离开的，这是老规矩。

方文岐是林正军邀请来的，而且也过来"拜相"了，按理说他是照了规矩了。至于拜访当地同行，现在已经没法拜了，说相声的都进入国家院团了，都吃上皇粮了，他上哪儿跟人讲江湖规矩去啊。

白凤山一顿，继续说道："我们连城的规矩就是所有来搭班的艺人都要从开场开始做起，不知道这一点方先生是否有异议？"

林正军当时就不乐意了："老白，你这是干什么，人家方先生怎么说也是一个角儿，你怎么可以让人家演开场？"

白凤山笑笑："角不角的不是我说了算的，要观众认可，人家肯给钱肯捧才行。"

林正军微怒道："反正方先生就不能说开场，人家再怎么说也是从北京专业的曲艺团退出来的啊。"

一听这话，白凤山更是自嘲地笑了："老林，你这话可就错了，我们这里谁不是从专业团体退出来的啊？"

"你……"林正军一时语塞，但仍竭力争辩，"可是人家方先生当年……"

"好了。"方文岐出声打断了林正军，他看着白凤山，微笑说道，"白凤山，白老板是吧，江湖的规矩我懂，我们师徒就从开场演起。"

"方先生……"林正军立刻担忧地看过来。

方文岐却只是笑笑，以示无妨。

白凤山这才第一次转过头来，认真地看着方文岐。

方文岐也回看他，苍老的脸庞带着淡淡的笑意，问道："那我们爷儿俩什么时候可以上场表演？"

白凤山深深看了眼前这位老者几眼，道："今晚就可以，六点开场。"

方文岐一拱手："既然如此，我们爷儿俩就先去准备了，告辞。"

白凤山伸手送客道："请便。"

方文岐便和何向东走了，何向东走之前还深深看了这个画着花脸的男人好几眼，又看了看林正军好几眼，见师父都没意见，他也就跟着走了。这些年走南闯北，街头卖艺的经历也让这个孩子有着远超同龄人的成熟。

待到两人走后，林正军又不无责怪道："老白，你这是干什么啊？"

白凤山反问道："你还问我干什么，咱们俱乐部什么情况你不知道啊，咱们兄弟都快活不下去了，你让我怎么办？"

林正军争辩道："人家方老先生是个有本事的人，是个好角儿，是个大角儿，他能把我们俱乐部盘活，能让兄弟们日子都好过起来。"

白凤山却道："是不是好角儿不是你说了算的，也不是我说了算的，要看观众肯不肯捧他，肯捧才是角儿，不捧他就什么都不是。"

"你……"林正军气到无话可说，方文岐的本事他是再清楚不过的，他和范文泉是多年好友，也无数次听范文泉提起过他这位师哥，一桩桩一件件事情都足以证明这是一个有大本事的人。

后来在得知方文岐在天津撂地的消息之后，范文泉就想让师哥安定下来，所以来找林正军。林正军也正缺一个大角儿来盘活他们的场子，两人于是一拍即合，也费了好一番心思，又是比赛打赌，又是联系场地，又是找观众的……就是为了给方文岐留下一个这是个好穴的好印象。

这好不容易把人给留下来了，结果还没上台就让白凤山给支到开场去了，他怎么能不气。他是真怕方文岐一怒之下就走了，他可没少听范文泉说他师哥这个倔脾气啊。

白凤山叹了一口气道："老林啊，真的不是我不给你面子啊。你瞧瞧，咱们剧场今晚来了几个人，十五个啊，咱们后台的演员都比观众要多了，扣除场地、茶水各种费用，咱们兄弟每人就只能分个几毛钱啊。

"你让我怎么办，把方文岐他们师徒放到中场？放到压轴？这越往后排分的钱越多，在没看到他们的确值那些银子的时候我敢这样做吗？他们要是不值那些钱，咱们后台这么多兄弟就得饿肚子啊。"

后台在化妆的那十几个京剧演员也都扭过脸来在看林正军，四处都是大花脸，看得林正军一阵心烦，他道："我就是知道咱们剧场的情况，才费尽心思让人家留下来的，我相信人家是能把咱们剧场带火起来的，你没见上次相声专场多么热闹啊？"

"呵。"白凤山轻笑一声，说道，"老林，你别以为我不知道这些观众都是你觍着脸挨门挨户去求来的，而且上次演出的还有两位是专业曲艺团出来的人，到底是谁本事好还说不定呢，至少我听过范文泉的大名，却从来不知道还有个方文岐。”

“还有，一次观众多并不能说明什么。你当初也拉了不少观众来，整个剧场都满座的情况都有，可是咱们水平差留不住观众，现在也就那么几个人来听戏。他们师徒留不留得住观众现在还不好说，谁敢保证还有那天晚上的盛况？”

林正军也沉默了，深深叹出一口气，再没有确切证明的情况下，他的保证都是空虚无力的。

白凤山也终于把髯口戴好了，他一撩髯叹道：“老林啊，我也没什么私心，只要他们师徒能把场子带旺了，让咱们这些兄弟的日子都能好过起来，我这个班头让给他方文岐做又何妨？”

林正军最终点点头，然后用手狠狠搓了脸庞几下，眼中都是疲惫。

后台另一处，方文岐和何向东正在做演出准备，何向东边换衣服边问道：“师父，人家把你支到开场来，你不生气啊？”

方文岐在给桌子铺红布，头都没抬就说道：“有什么好生气的啊，作为班头他这样做是合格的，不明白人家底细本事的情况下，来搭班的还是从开场演起最好，不然就是对场子里的其他演员不负责了。”

何向东憋着坏笑，故意拉长了音说道：“哦，原来他们不知道您的本事啊，师父您不是说您当年在京津这一带很出名的嘛。”

方文岐鼻头发出一声轻笑，用手拍拍自己徒弟的小脑袋，说道：“我在京津成名的时候那都是解放前了，那时候人家白凤山还没出生呢，天津我也来说过相声，就在鸟市的声远茶社。后来进入曲艺团，广播里播的相声我也录了不少，可惜呀，人家白老板出生的时候，我已经离团。再到后来，我四处奔波到处撂地，人家不知道我的本事很正常。”

何向东一撸袖子，恶狠狠道：“既然他们不认识我，今天我就让他们认识认识。”

“嗬。”方文岐来了兴趣，问道，“你这小鸡崽子还想跟人家硬干啊？”

何向东学了京剧的念白道：“硬拼岂是明智之选哇。”

方文岐转身一拱手，也学京剧的念白：“将军待如何？”

何向东学唱马派京剧老生，唱腔极为老道：“打得他们儿子落花流水哇……啊……啊……”

方文岐一拍何向东脑袋，笑道：“瞧你这出息。”

何向东也笑，问道：“师父，我们等会开场表演什么啊？”

方文岐说道："对唱《文王卦》吧。"

"好啊。"何向东应道，这段太平歌词是他唱给田佳妮听的第一段，也是送她走唱的最后一段，也不知道现在妮儿在北京过得好不好。

"对活吧。"

师徒俩开始对活。

过了一会儿，林正军也从后台化妆间出来了，他一见方文岐师徒在这里，就快步跑过来，嘴里连连说道："哎哟，方先生，抱歉抱歉，实在是……哎呀，我这……"

方文岐倒是很大度，说道："你甭客气，这都能理解，如果是我在白老板那个位置上，我也会那样做的。"

林正军感激道："哎呀，您太大度了，我……我都不知道说什么好了。"

方文岐笑道："嗨，有什么好说的，请吃宵夜吧。"

林正军忙不迭答应："好好好，请请请，一定请。"

一听有吃的，何向东口水一下子就下来了，急忙道："我要吃肉。"

"有肉有肉，肯定有。"林正军答应得很爽快，他道，"那您二位赶紧准备，我先去准备开场。"

"好嘞，你先去。"方文岐应了一声。

林正军冲二人笑了笑，就赶紧走到台上去了。

在这时，剧场门口踱步走来一人，这人约莫五十来岁，穿着一身中山装，身材偏瘦，但是看起来很精神。

俱乐部门口支着一张小桌子，用来卖票的。那小老头走到桌子边上，问道："听说你们这里有说相声的是吗？"

卖票的那女孩答道："是的，今天也有，开场就是。"

小老头一拱手道："辛苦。"

然后迈步就要往剧场里面走。

那小姑娘赶紧喊："哎，大爷，你还没买票呢。"

小老头回头看来。

小姑娘旁边还有一位年纪比较大的妇女，她一拉小姑娘示意对方不要多话，然后笑着对那老头说："这小孩不懂事，您先进去吧，今天剧场座儿没卖满，您随便坐。"

小老头再一拱手，道了声辛苦，然后进场。

那小姑娘还一脸纳闷问道："周姐，你干吗不让人家买票啊？"

那妇女一戳小姑娘脑袋，笑着道："那人是谁你没认出来啊，人家是同行来了，你还管人家要票啊。"

小姑娘低下头，还是没明白。

其实艺人行内是有这个规矩的，就是同行来看你表演是不用给钱的，只要抱拳道一声辛苦就好。见面道辛苦必定是江湖。但是同行也要守规矩，就是不能坐在正对戏台的最前面的座位上，这叫龙须凳。在边角随便找一个地儿坐就好了，在剧场满座的时候，还要自己弄一个小凳子坐在一旁，是不能坏了人家生意的。

二

表演开场，林正军下台去。

方文岐师徒俩抬着桌子就出来了。

现场观众先就惊讶了一下，居然来了说相声的，这很少见啊，因为这个剧场是唱戏为主的，这些观众也都是戏迷，他们并不知道今晚有相声，何向东师徒俩也是临时要表演的。

而且这些观众都挤在第一排的沙发椅子上，当然不是因为这些人买了高价票，而是只有十几个人，前面沙发票一张也没卖掉，瞧见没人坐就都挤到前面去了……

来的那老头倒是坐在后面边角不起眼的地方，只是他一见这说相声的出场，两眼珠子一下子就瞪大了，这狐疑的眼神一直盯在方文岐身上没动过。

这两位出来说相声了，台底下倒是很安静，何向东笑了笑，砸了个现挂："今天是我们爷儿俩给诸位开场说段相声，感谢大家对我们无声的鼓励。"

观众被逗乐了，也非常给这个机灵的小孩面子，掌声立马就响起来了。

何向东抬眼环顾剧场一眼，笑着说道："可了不得了，今儿来不少人啊，刨去这些空座就都坐满了，可了不得啊！"

方文岐笑骂道："废话。"

观众也乐，爱听戏的都是上了年纪的人，退休在家没事干，偶尔来听听戏，他们年纪大了，没有年轻人那份激情，笑笑就很给面子了。

何向东倒是也没因为观众少和不热烈的态度而不满，他从小跟着师父卖艺，一两个观众的情况也经常有，师父总是说人家观众给了钱，就要对得起人家，就算是只有一个观众也得给人家卖力气好好说。

何向东道："到台上来了，得先做个自我介绍。"

方文岐捧道："得介绍介绍。"

何向东道："我叫何向东，是相声界的一个小字辈，在我身边的这位老先生，叫方文岐，是文字辈的先生。今天是由我们两人来给您诸位说唱一段《文王卦》，您诸位多捧了。”

“多捧了。”方文岐也应道。

一听那人叫方文岐，台下那个老头眼睛瞪得更圆了——居然是他！

何向东说："咱们连城俱乐部主要是唱京剧的。”

“对。”

“刚才也看到后台很多人在化妆，都拿着各种颜料往演员身上画，往眼睛上，往鼻子上，你戳我眼睛，我打你鼻子……”何向东声情并茂地比画了起来。

方文岐一拉何向东，说道："这是画脸吗？这是打起来了。”

何向东笑笑："这咱也不懂啊，来到唱京剧的剧场了，咱也得给大伙唱两句。”

方文岐问道："唱京剧啊？”

何向东点头。

方文岐又问："那你都会唱什么啊？”

何向东道："会的那就多了，生旦净丑都能来，首先一个这老生就没问题。”

方文岐惊讶道："你还能来这个啊，你擅长哪一派的啊？”

何向东道："京剧里面老生四大流派，马谭杨奚，我马派唱得好。”

“哦。”方文岐表示明白，说道，“马派这在京剧老生里面是一个大派，是马三立先生创立的。”

何向东当时就说不下去了，一脸无语地看着师父。

台下也笑，天津人就没有不知道马三立的。

瞧见观众的反应，方文岐才恍然大悟道："噢，我说得不对啊？”

何向东道："这不是废话吗，马三立先生是说相声的，马派老生是马连良先生创立的。”

方文岐道："哦，这样啊，那你给我们学学这马派的老生呗。”

何向东道："那好，我唱《十老安刘》《淮河营》里面的一小句给大伙尝尝。”

“好。”方文岐带头叫起好来，台下几位老头老太看人孩子不容易也鼓起掌来。

何向东拿起桌上的折扇，往后退了几步，学着老生晃步走出来，待到台前，这一开嗓，顿时就给现场震住了。

“此时间不可闹笑话，胡言乱语怎瞒咱？在长安是你夸大话，为什么事到如今要奸滑？左手拉住了李左车，右手再把栾布拉。三人同把那鬼门关上爬啊……啊……啊……”

“好。”方文岐大喊一声，带头给何向东叫好。

现场先是静了一下，然后才爆发热烈的叫好声，谁都没想到这个跟桌子一样高的孩子竟然能唱得这么有味。

连角落里的那小老头眼睛里也迸发出光彩来，吃惊地张大了嘴。

相声里面所有唱的部分都叫柳活儿，这是何向东这些年专攻的部分，他会的可不仅仅是太平歌词，戏曲、大鼓、坠子、十不闲、小曲小调都能来。祖师爷赏了这孩子一副金嗓子，再加上学得也刻苦，所以唱功相当了得。

江湖春点里面把“唱”称作是“柳”，柳活儿就是唱的活儿。包括唱大鼓的，用江湖春点叫“柳海轰的”,“柳”是“唱”,“海轰”就是“大鼓”。相声艺人也是江湖人，他们行内的很多行话都是江湖话

当然，吃惊的还有后台的白凤山，他也是唱老生的，可是何向东这一嗓子也把他震住了，这九岁的小孩子唱得是真好啊。

想看这对师徒是不是有真本事的，白凤山自然是不能缺了席的。林正军也站在白凤山身边，此时问道：“怎么样？”

白凤山点头道：“在这个岁数能唱成这样，相当厉害了。”

林正军却道：“方先生唱得才是好，那柳活儿可是一绝，人家父亲也是唱京剧的，母亲是唱评剧的，他是出生在戏曲世家的，只是后来说了相声，但是人家唱戏那是相当厉害。”

白凤山点点头，对台上这对师徒多了一点信心和兴趣。

方文岐又问：“你京戏唱得不错，评剧能不能来？”

何向东得意道：“京戏我都算是外行，评剧我可是内行，人家评剧界都送我一个外号呢。”

方文岐好奇道：“叫什么？”

何向东一拍胸脯，掷地有声道：“马三立第二。”

“去。”方文岐没好气地喝了一声。

台下就没有不乐的，那个坐在角落的老头也连连点头，不由得多看了何向东几眼。

何向东笑笑道：“其实那都是玩笑话，我的真实外号叫小侯宝林。”

方文岐赶紧拦他：“别胡说八道啊。”

何向东还在说：“还有小小蘑菇、小二蘑菇、小三蘑菇……”

瞧何向东越说越不像话，方文岐赶紧捂这孩子的嘴，见何向东消停下来才说：“好嘛，这一下子侯家、马家还有常家那一堆蘑菇都让你给得罪了。”

台下那老头也轻笑，自语了一声：“小三蘑菇，呵呵……”

何向东正经道：“好了，不开玩笑了，我们给大伙正经唱一句评剧，就来一句啊。”

方文岐问道："来一句什么啊？"

何向东道："《秦香莲》里面的，陈世美休狂傲……咱爷儿俩一人唱一半怎么样？"

方文岐问道："我也得来啊？"

何向东点头笑道："对啊，你可不得来嘛。"

方文岐却道："可我也不是马三立第二啊。"

"第三，第三，您第三。"何向东连道。

方文岐却是瞪大了眼，道："感情我还排你后头啊？"

何向东继续出主意道："要不你叫小侯宝林第二，小小蘑菇第二……"

"哎哟，行了行了，我唱我唱，别第二第三了。"方文岐也是被这孩子弄怕了。

台下观众看得很有味道，一点不厌烦。

"来了啊。"何向东身形款动，使出旦角的身段，唱道，"陈世美休狂傲，睁开二目瞧一瞧，我身上穿的本是公婆孝，你身上穿的是蟒龙袍，贪图富贵忘人道，你比禽兽不差分毫。"

行腔流畅、韵味醇厚，走的是白派的唱腔。白派唱腔不以花腔俏皮调取悦观众，而是婉转低回，含玉吐珠，非常有韵味，也是评剧各派唱腔之首。

见台上这小孩唱评剧也如此了得，台下观众掌声立马就响起来了，叫好声连连。

待到方文岐接着唱了，他也没二话，何向东话音刚落他便接了上去，这一开口就知道是不是行家了，他学唱的是包公："陈世美特狂傲，咆哮公堂犯律条，你命韩琪去行刺，开封大堂还不招。"

掌声雷动，观众都听傻了，这老头唱得也太棒了。

最后一句是两人合唱："将状纸压至在了某的大堂上，咬紧了牙关你为哪桩？啊……啊……啊……"

这一老一少，一嗓音老道悠然，一清亮童子音，配在一起简直绝了。而且这二人唱戏的时候都是配合着表情身段来的，而不是站在舞台上干巴巴唱戏。

方文岐是从小唱戏，各路戏曲身段都烂熟于心，炉火纯青，他对徒弟的教导也不仅仅停留在唱功上，连身段表情这些都要教。换句话说，这爷儿俩只要把这大褂一脱，换上戏服是能直接登台唱戏的，身兼多行，很了不得。

"好。"观众都站起来鼓掌了。

何向东和方文岐连连鞠躬表示感谢。

后台白凤山缓缓吐出一口气，行家一出手就知有没有，这爷儿俩就唱这一句就知道评剧的造诣低不了。他们班子偶尔也唱点评剧，但一听就知道完全不是人家对手，而且前面何向东一句马派老生也把他惊住了，徒弟都唱得这么好，师父岂能差了。

“如果他们相声不行，留下来搭班唱戏可能也是个不错的选择。”白凤山眼珠微动，打起了这个主意。

林正军得意地看了白凤山一眼，说道：“老白，怎么样，我说了人家是个好角儿了吧。”

白凤山笑笑，没有回话。

相声表演是要看菜吃饭，看人下碟的，你表演的对象是什么人，爱听什么，你就得给人表演什么。

南甜北咸，东辣西酸，不同的人有不同的口味，人家爱吃甜的，你给人家上一盘咸的，人家能爱吃么，你这相声不得瘟了啊。

就像这个剧场里面的这些观众都是爱听戏曲的，都是戏迷，你用戏曲来拉近与他们之间的关系指定没错，要是来一大段一大段的贯口，像八扇屏这种活，能不能在这几位观众面前响起来，那就难说了。

垫话儿垫得不错，可以准备入活了，方文岐继续道：“刚才你唱的都是人家梨园行的东西，咱们相声的本门唱你会不会啊？”

何向东反问道：“太平歌词啊？”

方文岐应道：“对啊。”

何向东道：“这有什么不会的，简单，您说来个什么吧。”

方文岐道：“这太平歌词有老调和新调之分，也有单人唱的和对唱的，咱爷儿俩就来个对唱的《文王卦》吧。”

“没问题呀。”

方文岐从棉布包里面拿出黑色的水煮玉子，何向东的玉子已经送人了，他也没来得及做新的，就他自己来打了，微微试了一串花点，然后打板唱道:“乾坤大来日月长。”

“开天辟地有阴阳。”老调的太平歌词每句话最后一个字都是一个甩音，何向东唱得很好，这韵味一下子就出来了。

方文岐再唱：“三皇五帝传流下。”

何向东再接：“千古渔樵话兴亡。”又是一个漂亮甩音。

“昔日里有了一个姜吕望。”

“渭水河边钓文王。”

“龙驹辗拉起了姜丞相。”

“周文王为国就访忠良。”

“连拉了八百单八诸。”

“全凭着，文王八卦算个阴阳。”何向东没停着，继续唱，“哎，算了又算，这娶媳妇的倒比出殡的强。”

观众当时就绷不住了，笑了出来，文王卦这名字听起来挺玄乎的，但是里面的唱词全都是大实话，所以其本身就是笑料。

方文岐也唱不下去了，问道：“你这算尽阴阳五行八卦的文王卦就算出来这个玩意啊？”

何向东倒还理直气壮地反问：“有什么不对的吗？我算错了吗？”

方文岐当时就竖起大拇指了，道：“嗬，唱得真讲理。”

何向东得意道：“那是啊，文王卦算尽阴阳，几千年来就没有不灵过。”

方文岐道：“那行，继续唱呗。”

何向东又起了个头：“娶媳妇的倒比出殡的强。”

方文岐立马接住：“哎，算了又算，前清宫里有皇上。”

何向东再接：“哎，算了又算，这皇上不是个太监……”

没唱完就被方文岐给拦住了，惊愕道：“皇上不是个太监？”

何向东还一脸纳闷，反问：“他是吗？”

方文岐倒是被噎住了：“那倒还真不是，关键是你这不押韵啊，咱们唱曲都讲究合辙押韵，你这不押。”

“您瞧我这个。”何向东再唱，“皇上不是个太监郎。”

观众都笑，方文岐都惊住了，哭笑不得道：“还太监郎，亏你想得出来。”

何向东道：“关键是看咱这唱腔，看咱这甩音。”

方文岐赶紧拦他：“行了行了，别甩音了，那管什么啊？”

何向东道：“那咱继续唱？”

方文岐唱道：“算了又算，五谷杂粮就属蚕豆大。”

何向东接：“算了又算，田里庄稼就属高粱长。”

这话对，方文岐再唱：“算了又算，那毛巾当不了毛巾被。”

何向东接：“那棺材当不了新房床。”

方文岐一笑，也不反驳，再唱：“算了又算，好说话的不是你的丈母娘。”

何向东一指方文岐，接着唱道：“小矬子当不了人家的姑爷郎。”

“去。”方文岐一推何向东。

观众大笑，最后的底儿也响了，两人冲观众一鞠躬，这开场的相声也就表演结束了，爷儿俩抬着桌子就往后台走。

角落的那个老头也站了起来，往后台走去。

出了出场门就瞧见了白凤山和林正军在那里等着，林正军赶紧跑过来接过这小桌子放在一旁。

白凤山看着方文岐，微微一笑，郑重一拱手道："方老板。"

方文岐也抱拳拱手，郑重道："白老板。"

两人相视一笑，在旁的林正军也松了一口气。

何向东却不乐意了，跳着脚说道："还有我呢，还有我呢。"

白凤山也笑着看着何向东，拱手道："小何老板。"

何向东却争辩道："别小啊，在相声界我可是马连良第二。"

这话把大伙儿都逗乐了。

方文岐笑着拍何向东的小脑袋瓜子，说道："你是京剧界的马三立，相声界的马连良是吧，你这行可跨得够远的啊。"

"那是。"何向东得意道。

白凤山问道："刚才我看这孩子唱腔十分老道，而且这身段明显也是练过的，这是……"

方文岐回道："我都是按照京剧科班那样打小培养这孩子的，所以你别看他现在说相声，换上戏服也是能登台的。"

白凤山点头赞道："是相当了得的。"

林正军这时报完幕又从戏台跑下来了，急忙道："几位爷，你们就别聊了，这马上就要开场了，老白该你上了。"

白凤山点点头，再一抱拳，对方文岐很郑重说道："拜托了，方老板。"他们使尽浑身解数剧场也起不来，现在在方文岐师徒身上总算是看到点希望了。

方文岐也明白他是什么意思，瞧今晚来的那么几个人就清楚了，他也不含糊，也抱拳道："我尽力。"

白凤山道："多谢。"然后便走到出场门候场了。

方文岐沉沉呼出一口气，看着身边的小徒弟，道："东子，咱爷儿俩是去后台休息啊，还是怎么着啊？"

何向东流着口水，说道："师父，那林经理不是说请咱吃夜宵嘛，那我们先去吃着呗，边吃边等。"

方文岐嫌弃地看着自己徒弟，语重心长道："孩子啊，你无耻的样子怎么这么像我啊。"

何向东都被逗乐了。

方文岐拍拍徒弟的脑袋，道："走吧，咱吃他个地动山摇。"

“哈哈……”两师徒笑着就往外走。

这时候那个穿中山装的小老头也来到了后台，他赶紧叫住要离去的方文岐：“请留步，先生是方文岐吗？”

方文岐回头看去，瞳孔慢慢放大……

三

“常……常三爷……”方文岐似乎是有点不敢相信，眼睛睁得很大。

常三爷立马跑过来，一把抓住了方文岐的手，激动道：“文岐，真的是你啊，你怎么老成这个样子了，我前面一直都没敢认啊。”

方文岐也激动，连道:“是我，是我啊，三爷，是我啊，没想到咱们在这里见面了。”

“是啊。”常三爷激动道，“我邻居那小伙子今天把他老爷子接过来，我也是听那老爷子说有人在这里说传统相声，开场还唱《发四喜》，我还以为是谁呢，真的没想到竟然是文岐你啊。”

“是我，上次文泉也来了。哦，对了，这是我收的徒弟。”方文岐赶紧对何向东说道，“来，孩子叫人。”

何向东很乖，大声喊道：“常三爷好。”

常三爷爽朗地笑了起来。

方文岐没好气道：“常三爷这是人家在江湖上的名号，你一个小孩子乱叫什么，就叫常爷爷吧。”

何向东很乖巧，说叫就叫，又喊了一声：“常爷爷好。”

“好好好。”常三爷连连应道。

相声行的旧时江湖气还是比较重的，所以很多大腕儿行内都以“爷”相称，比如马三立先生叫做马三爷，他儿子少马爷马志明先生，还有老侯爷侯宝林先生，尹笑声尹爷……

方文岐又道：“三爷，这不是个说话的地儿，咱们换个地方慢慢聊？”

“好。”常三爷应道。

方文岐和何向东迅速换完衣服，就和常三爷去了剧场附近的一家小饭店，要了几个小菜，还有一壶老酒就吃了起来。

这位常三爷就是相声界常家常连安先生的三公子，也是小蘑菇的三弟，艺名三蘑菇。方文岐曾经在常家人的启明茶社说过相声，和常家人交情很深，跟常三爷也认识很多年了。

其实按照岁数来说，方文岐是比常三爷还要大的，但是论起辈分来，方文岐要叫人家一声师叔的，人家是宝字辈的前辈。

这是因为方文岐最初跟师父学艺的时候，他的师父也是没有拜过师父的，这在相声界是不被承认的，这种人叫做“海青”，相声家谱也不会录入你的名字，说得难听点这叫没爹。艺人拜师是叫师父，而不是师傅，这里面有个“父”，这就是你爸爸，没有师父的艺人是不会被同行承认的，甚至于在旧社会同行都不许你卖艺，你要卖艺就会有同行过来盘道，你要是没有师承，人家就会把你表演用的东西拿走，有的甚至会把你今天卖艺的钱都携带走，所以盘道也叫携家伙。

方文岐最早的师父便是如此，教过他们的老师有不少，但是从没有一个拜师的，也是到了快解放的时候，方文岐的师父才拜了一位寿字辈的前辈为师，算是有了门户。

其实那位寿字辈的前辈艺术水平不怎么样，就是拜师早，辈分高，他后来也改行做生意了，相声说的很少，名声也不大，也没多少东西可以教方文岐师徒的。

这对师徒主要也是靠自己努力，就像方文岐是向数不清的老前辈问过艺才有了几分安身立命的本事，他学得很杂，也学得很广，老常爷当初就教过方文岐不少东西，他到现在都还承着人家的请。

酒桌上，两位上了年纪的老人好好叙了一番旧，何向东倒是没管那么多，只顾埋头吃饭，这孩子是见着吃的就走不动路的人。

常三爷说道：“文岐啊，咱们也差不多有二十多年没见了吧？”

方文岐点头道：“是有这么些时间了，几十年没见，大家都老了啊，唉……”

常三爷笑笑：“老了就老了呗，谁能不老啊，不过文岐你是人老心不老啊，到了这个岁数还收了这么一个小弟子啊。”

方文岐看了一眼吃得正欢的何向东，露出一丝欣慰的笑意：“当初看到这孩子的时候，他还在街上要饭呢，是一帮老渣拐来然后控制他们，后来我一时心善就把这孩子救下来了，真没想到祖师爷是真赏这孩子饭吃啊。”

常三爷点头道：“刚才我也在台下听了你们的相声，说得是真好啊，这孩子真有我大哥年幼时候的风采啊，长大了肯定是个好角儿。”

方文岐赶紧道：“哎哟，您太客气了，这孩子哪能跟常大爷比呢。”

常三爷笑笑，也没有在这个问题上多争辩什么。

何向东抬头看看师父，又看看常三爷，也没插嘴，又埋头吃了起来。

常三爷说道：“宝丰、宝华他们也在天津，有时间我一定把他们都叫来，咱们老哥几个好好聚聚，你们也有几十年没见了吧？”

方文岐只是笑笑，苍老的脸庞上多了一份无奈，道：“是有几十年没见了，可是我现在混成这个样子确实不好意思再见那些老熟人啊。”

常三爷沉默了一下，叹了一口气，说道：“文岐啊，你也别怨什么……”

方文岐打断道：“三爷，我从没怨过。我只是……只是有些……不甘心啊……”

常三爷很认真地看着方文岐，说道：“文岐啊，这都是当年那个特殊的环境造成的，现在国家对这些老玩意又慢慢重视起来了，也有很多人在呼吁拯救传统艺术。就拿我们相声界来说，我们曲艺团内部有一份资料，就是传统相声大全，里面收集了不少老段子、好段子。”

“真的啊？”方文岐顿时两眼放光。

常三爷点头。

“那现在有多少年轻人在学？”方文岐又问了一句。

常三爷却沉默了，因为根本没人学，这也只是作为一个资料在内部流传罢了，真正放到科班里面去教的段子很少很少。

年轻人也不爱学，甚至还有相当一部分相声演员非常排斥这些传统段子，认为是把老先生丢掉的糟粕又给捡起来了，内部反对的声音很大。

事实上也是如此，这份资料的确没有顶上多大用场。那个时候业界主流的声音，是传统艺术必须要随着时代的发展而不断变化，要顺应时代潮流，跟不上潮流就会被淘汰；现在的观众不喜欢听那些老掉牙的东西，艺术必须做时代的弄潮儿。

甚至有不少行内人说他们宁愿要不完整的新，也不要完整的旧，要把一切旧东西都抛弃。何其愚蠢，何其悲哉啊，相声发展一百多年了，无数位老先生把中国语言所有能逗笑观众的法子都提炼出来了，全都凝聚在传统相声段子里面。

如此瑰宝，怎能说弃就弃？不要嫌艺术过时，艺术是永远不会过时的，过时的只有艺人；艺术也永远不会错的，错的只有艺人自己。

见常三爷沉默了，方文岐苦笑着又灌了一口酒。

常三爷也抿了一口，问道：“你接下来什么打算？”

方文岐道：“在这个剧场继续说相声吧。”

常三爷道：“可是这个场子貌似很不旺啊，观众很少。”

“我会让它多起来的，我要证明传统相声没死。”方文岐眸子里面焕发出夺目的光彩。

酒足饭饱之后，方文岐就和常三爷分别了，常三爷说会常来剧场听相声的，还让方文岐有难处的时候尽管找他。方文岐嘴上答应了，只是这个倔强的老头会不会这样做就不好说了。

第二日清晨，师徒俩起床煮了碗白水面条当早饭，随便吃了一点就去俱乐部了。

剧场一天演两厢，下午和晚上，上午是不营业的。倒不是不想一天开三厢，关键是没观众啊，以前上午倒是开过，观众太少都不够成本钱，后来就改成开两厢了。

林正军和白凤山两人吃过早饭也来了剧场，其他人因为下午开工，上午就都在自己家里忙活事。

方文岐带着何向东转身就到后台去，这也是他和林正军还有白凤山约好的，今天要谈剧场的事情，也只能和这二位谈，一个是穴头，一个是班头。

三人落座，何向东是小辈，在后面站着，端茶倒水伺候几位长辈。其实最初艺人学艺都是到师父家里面学的，帮着打扫卫生、帮师娘看孩子做饭，师父最开始也不会教什么，都是伺候师父和同行艺人交流的时候学的，后来才慢慢传艺。

白凤山抱拳道："方老板，昨日多有冲撞，还请见谅。"

方文岐倒是很洒脱地摆摆手道："无妨，如果是我处在白老板的位置上，我也会那样做的。"

林正军打圆场："哈哈，不打不相识嘛，以后大家都是兄弟，都在一个场子里面，大家好好合作把场子搞旺了。"

白凤山点头道："还是要拜托方老板了，我们这些人努力了很多年，也没有改善。说句不怕丢人的话，我们的本事确实不行，招不来观众，始终没办法把场子搞旺，我们是没什么办法了。"

方文岐闻言，沉沉呼出一口气，搞旺一个场子不是那么容易的事情，他问道："艺界素来有角儿和腕儿之分，角儿是一个场子的台柱子，整个后台都得指着人家吃饭，你们在天津城里面有交好的角儿吗，可以请来助助场子。"

白凤山和林正军相视苦笑，林正军回答道："天津是曲艺之乡，角儿和腕儿都有，但是以咱们的实力是请不来人家助场的。唉，方先生，我也不怕你笑话，我们确实没钱了，情况你也看到了，一天顶多就十几二十个观众，演员都比观众要多了，哪有收入啊，我们没辙的时候后台演员一人分两斤萝卜当酬劳的事情都干过。"

"干吗不分煎饼果子呢？"何向东突然笑着搭了一句茬。

"一边去。"方文岐没好气地喝了一声自己徒弟。

林正军苦笑道："因为我们连煎饼果子都买不起啊。"

方文岐眉头拧成个"川"字，他说道："我们这一行有'人保活'和'活保人'的说法，既然请不来角儿，那我们就自己培养角儿，只要有好活就不怕没观众来看。"

白凤山和林正军都屏住了呼吸，认真听方文岐说话。

方文岐继续道："我们爷儿俩也没有别的手艺，就会说相声，我们会尽量多招来一些观众，当然这也需要二位的帮忙。"

林正军赶紧道："方先生，有什么需要您尽管说，只要我们能做到的，我们绝没二话。"

白凤山也点头。

方文岐问道："我听说上次相声专场那些观众是林经理挨门挨户去说来的？"

林正军老脸一红道："这不也是为了给方先生留下个好印象嘛，做的事是有点丢人啊。"

方文岐摇头，正色道："能为场子做到这个地步，你林经理绝对是个好穴头。"

林正军苦笑摇头。

方文岐再道："不过还是要麻烦林经理再跑一趟，就说上次说相声的人又来了，问他们还愿不愿意再来听，也别求人家，就通知一声就好。"

林正军点头应道："好，没问题。"

方文岐微微眯上了眼，缓缓说出了一句话："只要他们再来，我就有把握把他们都留下。"

白凤山、林正军、何向东三人齐齐抬头看着方文岐，几人都被方文岐这霸气的一句话给震住了。

震惊过后，便是惊喜，白凤山和林正军不胜欣喜，单是方文岐这份自信就把他们这些长期处在"黑暗"里面的人给感染了。

何向东却问道："师父，说相声的就咱们两人，这能行吗？"

方文岐也皱眉道："两个人是少了点。"

何向东提议道："要不咱们把常三爷找来吧，他不是说有难处找他吗？"

白凤山和林正军心中顿时一震，这可是个大角儿啊。

方文岐没好气道："你出的什么馊主意，人家是专业团里面的，还没退休呢，怎么可能来这里啊！再说我们这小庙哪容得下这尊大佛啊！"

白凤山和林正军齐齐黯然。

何向东不满地嘟囔道："那还能找谁啊，天津城这里人生地不熟的，我们上哪儿找能说相声的啊？"

方文岐稍一思索，突然眼前一亮，脱口而出道："我想到一人，这人倒是极为合适。"

林正军尴尬地泼冷水道："方先生，咱们剧场的经费……"

方文岐笑道："林经理，你放心，这人给他一斤白菜，他还得找我两瓣蒜呢。"

白凤山、林正军和何向东齐齐看着方文岐，不明所以。

说完这个，方文岐就立刻带着何向东出门了，他得趁早把这件事情落实下来。老头身体也还行，蹬着自行车带着何向东就往城南边走了。

他也多年没来天津城了，这些年变化也挺大的，一路上连比画带打听，在过了中午饭点的时候总算是被他找到了。

这是一间很破的房间，跟个窝棚似的，小小的院子里面堆的是各种杂物，到处都是煤灰，门口还停着一辆破三轮，整个房子看起来还不如何向东他们乡下的那个小院。

方文岐看着这破烂的房子，心头微微一沉，又看了那扇底部已经烂掉的大门一眼，然后才冲着里面喊道："杨三儿在家吗？"

里屋传出来一个粗犷的声音："今天不拉货。"

方文岐笑笑，又喊："两百块钱也不拉？"

只听得里屋一阵乒哩哐啷的声音响起，一糟老头子冲到门口，瞪大眼珠喊道："多少？"

四

这老头身上裹着一件看不出颜色的黑漆漆的破旧衣服，上面的几个大补丁十分明显，脚上穿着一双鞋底已经被磨平了的解放鞋，很是寒酸。

那杨三看着方文岐问道："嘿，刚才是你说要拉货吗？"

方文岐回头往后看，然后转过来一脸纳闷。

杨三眉头顿时就皱起来了，又问何向东："小孩，刚才是谁在这里说话？"

何向东也学着师父那样回头看。

"别看了，叫的就是你。"杨三喊道。

何向东一指自己问道："我呀？"

杨三道："废话，不是你是谁啊，这里还有谁是小孩。"

何向东却是笑了，说道："问我得给钱啊，二十块钱一个问题。"

"什么？"杨三瞪大了眼。

何向东笑道："问问题收钱，你已经问了一个了，给二十。"

杨三当时就怒了，一撸袖子，骂道："好你们这一老一少啊，堵上门来戏弄我来了啊，今天不把你俩打出绿屎来，你们都不知道韭菜是什么色的。"

何向东当时就笑出来了："这老头儿真会打比方啊。"

见人家真发怒了，方文岐也不开玩笑了，大喝一声："杨三儿，好好看看我是谁。"

杨三儿眼睛当时就瞪大了，死死盯住了方文岐那张苍老的脸庞，迟疑道："你是……是……方岐……"

方文岐连连点头，激动道："是我，三儿，是我。"

"哎呀。"杨三儿赶紧小跑上前，一把抓住了方文岐的手，叫道，"方岐，真的是你啊，真的是你，我……我的天，真是你，你怎么会来找我了？”

方文岐一点不怕杨三儿身上脏，一把抱着了这位老兄弟：“哈哈，杨三儿，哥哥想你啊，哈哈……”

杨三儿挣脱了方文岐，拉着他进房里，说道：“来来来，快进来，进来坐。”

方文岐和何向东进到房子，见房间里面更是脏乱差，杨三儿也是有些不好意思，用脏兮兮的袖子抹了抹桌子，说道：“我给你们倒水去啊。”

方文岐赶紧拉住了他，说道：“行了，别忙活了，快坐下吧。”

“哎。”杨三应了一声，就地拿过一条破凳子坐了下来。

方文岐问道：“三儿，你这么些年都在做什么啊？”

杨三摆摆手苦笑道：“不说了，我都怕你笑话我。”

何向东突然插了一句嘴：“真的啊？”

杨三看他一眼，然后无奈点点头。

何向东突然兴奋了，催促道：“那还等什么，快说说吧。”

“去。”方文岐呵斥了自己徒弟一声。

杨三瞪这小孩，问方文岐：“方老头，这是你孙子啊？”

方文岐笑道：“这是我收的小徒弟，来，东子叫人。”

何向东也很恭敬喊道：“三儿好。”

杨三眉毛当时就立起来了：“嗬，这倒霉孩子。”

方文岐没好气道：“别淘气，好好叫人。”

“哦。”何向东闷闷应了一声，叫道，“杨三叔好。”

杨三应了一声，又问道：“方岐啊，你怎么突然想着来找我了。”

方文岐说道：“找你说相声啊。”

“啊？”杨三惊讶不已。

方文岐又道：“你杨三郎君当年在天津相声界也算得上是一位人物的啊，怎么？这么些年不说，相声功力不会都荒废了吧。”

杨三苦笑道：“建国后这么些年一直都是在蹬三轮，摇煤球，相声是没怎么再说了。”

方文岐也叹了一口气：“是苦了你这个大少爷了。”

杨三苦笑摇头。其实他家在旧社会在天津有一家杂耍园子，家里头挺富裕的，杨三也爱这些曲艺，经常向园子里面的艺人学艺，一来二去倒是真学了不少本事。

尤其是相声，杨三的相声虽然是没有正式拜过师的，但说得也是非常棒的。方文岐曾经到天津说过一段时间的相声，那时候就是和杨三搭档的，两人交情非常不错。那个时候方文岐的师父都还没正式拜师，方文岐也没艺名，还是叫方岐。

后来新中国成立了，这种旧社会的糟粕园子都被封了，像杨三父亲那样的园主戏霸也被打倒了。

要说杨三父亲有没有欺压过艺人，答案是有的。那个年代，屁股底下很干净的园主基本没有。当然杨三的父亲倒也没有罪大恶极，后来也被判刑了，关了几年。而杨三因为家庭原因，艺术水平很好的他也没进专业团体，家财被没收了，也没什么别的谋生手艺，就一直是蹬三轮、摇煤球为生了。

再到了动乱的时期，这对昔日的戏霸父子还被日日批斗，遭了不少罪，杨三的父亲也死在其中，他自己也落下一身伤痛。那时候的方文岐也遭了大罪，后来就四处逃亡，也没了这个老友的消息，这次又回到天津没想到这位昔日的老友竟然还在。

杨三道："别什么少爷不少爷的，我现在就是一个混饭吃的糟老头子。"

方文岐叹了一声，说道："大家都一样，都是糟老头子，我也好不到哪儿去，这些年也一直撂地卖艺，唉……"

杨三露出了同病相怜的苦笑。

方文岐说道："三儿啊，要不还是去说相声吧，你现在年纪也大了，再做这种体力活吃得消吗？现在有家小剧场需要有实力的相声艺人来盘活场子，以你的实力绝对可以啊。"

杨三眯起了眼，似是又回忆起当年那段意气风发的岁月，半晌后，他才默默叹了一口气："相声……我还能说相声吗？"

方文岐紧张地问道："三儿，这几十年你不会都没练功吧？不会把相声这门手艺给废了吧？"

杨三道："那倒没有，这些年我尽管没有说相声了，但还是日日练功，从来不曾废过。你也知道我爱相声。"

方文岐也放了心，说道："没废了就好，这么多年没和观众接触问题也不大，说几场就掰回来了。行吧，你赶紧收拾收拾，咱去剧场看看，然后赶紧对对活儿，咱这回搞个大的。"

杨三突然说道："等会儿，去了剧场你说了算，我说了算啊？"

方文岐理直气壮道："当然我说了算啊。"

"凭什么呀？"杨三瞪起了眼。

方文岐一把拉过了何向东，说道："我都不跟你比，你能赢过我这九岁的徒弟，就你说了算。"

"嗬，够横啊。"杨三道。

"嘿嘿。"何向东露出了憨厚的笑容。

杨三道："方岐啊，这么多年没见，你就拿一孩子来糊弄我啊？"

方文岐道："你还别不服气，你要是连我徒弟都赢不了就别再提你做主的话了，都不够丢人的。"

何向东也在那里搭茬："师父，你让我跟他比，这不埋汰我嘛。"

杨三都被气乐了，叫道："好你个小孩，年纪不大，口气倒是不小嘛。"

方文岐说道："杨三儿，你也甭废话，相声说大了是四门功课，说细了足足有十二门，你但凡是有一门能赢过我徒弟的，就你说了算。"

"嘿。"杨三当年在天津曲艺界好歹也算一人物，哪能受这气啊，"方岐你欺人太甚，相声十二门功课只要这孩子有一门比我强，我就服气了。"

方文岐也很果断道："好，那咱就比柳活儿。"

杨三霎时反应过来，叫骂道："好你个老货。"

方文岐笑得很鸡贼，何向东倒是像发现新大陆似的看着师父，他从来不知道师父还有这么一面，也不知道是见到老熟人激动所致，还是用相声振兴一家剧场让他热血沸腾的。

方文岐提出比试其实也没太多心思，他想得很简单，接来下的日子他们三个说相声的就要鼎力合作了，提前让杨三和自己徒弟熟悉熟悉也好，这就跟武术界一样，都叫以武会友。

至于杨三的想法就更简单了，他其实并没有想做主的意思，纯粹是面子使然。毕竟他在认识方文岐的时候还是一个风光少爷，与其说是方文岐和他搭档说相声，倒不如说是他提携着方文岐。

然而这么多年过去了，自己却混成了这个样子，还要靠昔日远不如自己的老友赏口饭吃，他面子挂不住。所以才特意问谁做主，然后趁机表现一下自己的能力，证明自己值这个银子的，不是靠别人赏饭吃；二来也是给自己一个台阶下，要是真让他做主，他还真不敢，多年不卖艺了，他哪镇得住场子啊。

他早些年遭了不少罪，身体也给弄垮了，现在年纪大了蹬三轮这种体力活实在是干不动了，也没有个后人照看着，杨三也正在为接下去的日子发愁呢。

正好，方文岐来找他说相声，这几年民间小剧场也慢慢起来了，卖艺吃饭总比卖力气强吧，所以他才答应得那么痛快，有老搭档在，他心里不慌。

方文岐拍拍何向东的脑袋，微笑说道："东子，亮两嗓子给你杨叔瞧瞧。"

杨三眉头微皱，心头微微不快，他本来是想方文岐表演的，自己再找个台阶下去，顺理成章以后让方文岐做主算了，谁知道他还真把自己徒弟给推出来了，这算什么事啊。

何向东张嘴就来："文王八卦算阴阳。算了算，星星月亮长在天上。算了算，五谷杂粮就属蚕豆大。算了算，地里的庄稼就属高粱长……"

张嘴就是一段老调的太平歌词，最后的甩音都把杨三听得惊住了，眼珠子瞪得很大，这孩子这么厉害啊？

稍微试了两句，何向东一顿，又换着唱京韵大鼓的《剑阁闻铃》，如泣如诉，凄回婉转，这种转调他也能来。

最后何向东还唱了京剧老生，评剧的白派青衣唱腔，还有河南坠子也来了两句……极有韵味的唱腔都让杨三傻眼了。

唱罢之后，何向东笑盈盈地看着这位杨三叔。

方文岐也憋着坏笑，问道："三儿啊，我这徒弟唱得怎么样啊？"

杨三惊愕问道："现在的孩子都是这个水平啊？"

"哈哈……"方文岐大笑，然后说道，"少废话，赶紧唱。"

杨三都快哭了，苦着个脸说道："这我还唱什么唱啊，你这徒弟是要上天啊，这是祖师爷转世啊。"

见着杨三也认可自己徒弟，方文岐很高兴，说道："这你就甭管了，以后还是我说了算。"

杨三无奈点头。

何向东倒是有些不明所以，但见以后还是师父做主，他还是挺开心的。

其实要论唱功连方文岐都不一定能赢得过何向东，这种情况在曲艺界是很常见的。在唱曲方面，有两种嗓子是最珍贵的，一种是方文岐这种靠着几十年水磨功夫，日日练嗓，练出的宝嗓，一开口就是老道悠然，韵味十足，充满了时间和阅历的味道。

还有就是何向东这种天生就是一副宝嗓，唱戏唱曲张嘴就是韵味十足，这叫童子音。这就绝对是祖师爷赏饭吃了，天生就是干这一行的，再加上勤学苦练几年，立马能超越一大票人，像梨园行有些人年幼的时候唱功就堪比大师。

但是这种嗓子还有一关要过，那就是倒仓，也就是所谓的青春期变声，一到变声期这嗓子就会变得低沉沙哑，不能唱曲了，这就是一大难关。过了之后一片坦途，过不了嗓子废了，那这碗饭就吃不了了，所以为什么叫倒仓，这个仓就是粮仓，粮仓都倒了还有饭吃吗……

有很多过不了倒仓这一关的唱曲艺人，后来都改行了，来说相声的倒是也有不少，相声里面也有唱的部分，但相对要求没有那么高，叫像不像三分样。当然如果能唱得好，自然更容易成角儿了。

何向东今年九岁了，再过两年也要到仓门上了，方文岐也一直在准备，他是一定要让何向东顺利过这一关的。

也没什么好说的了，杨三回房子收拾了一下东西，烧水洗了个澡，换上了一身尚算干净整洁的衣服，然后三个人就到了连城俱乐部。林正军又挨门挨户去通知了。剧场里面京剧班子在，白凤山也在，大家相互认识一下，也不客套了，留给他们的时间不多，明晚就要开演了。

三个相声艺人，两老一少，就在剧场里面找了个僻静的角落开始说活、对活，都是一些熟悉的老段子、好段子，现在主要对一些包袱的修改。

杨三这些年基本功是没放下，但是多年未登台了，方文岐也怕他不适应，就先让他做捧哏，用“一头沉”，这样压力会相对小一点。

对口相声的表现形式分为一头沉和子母哏两种，子母哏是逗哏捧哏之间互为捧逗，以逗乐为主；一头沉就是逗哏为主，他主要叙述这段相声，捧哏的话不多，都是在关键节点上配合对方抖包袱。

白凤山看着两老一少在那里对活，他眯起了眼，沉沉吐出一口气，就看明晚了，要是失败，那就真的失败了……

相声大师

第七段 成角儿

一

两老一少一直对活对到很晚，才各自回家。第二天大清早，这爷仨又开始对活，杨三也在这一天一夜里真正认识了何向东，这小子真的是太得祖师爷厚爱了……

几次对活，也让离开戏台多年的杨三迅速熟悉起来，已经完全能驾轻就熟地捧着逗哏的了，想来再上台几次就能恢复当年杨三郎君的水平了。

私底下何向东也听师父说过，这位杨三叔当年的确算是个人物，相声说得非常棒，尤擅贯口和单口，有几个段子在当年很有名气。等杨三适应了戏台表演，那些拿手的段子肯定会再使上一番，这让何向东也开始期待起了杨三叔再现当年的风采。

午饭和晚饭都是在剧场附近的一家小餐馆里面随便吃的，到了晚上五点多，天已经暗下来，表演也马上要开始了。

何向东和方文岐都换上了大褂，杨三换上了一身中山装，他也是在戏园子里面泡了半辈子的人物，身上自有一番气度，穿着这身衣服也不显得突兀。

林正军倒是显得有些焦虑，一直在前台后台忙活。成不成就看今晚的了，方文岐是他花了大心思请来的，这要是再不成，对他也是一个打击。

方文岐摸摸何向东的脑袋，温和地问："东子，马上就要上场了，你紧不紧张？"

何向东笑道："师父瞧您说的，我又不是第一次上台，哪会紧张啊。"

方文岐也笑，自己这徒弟可能真是天生就是吃这碗饭的，观众越多，场面越大，他反而表演得越好，这都没道理可讲的。

杨三也在一旁说道："东子你真不紧张啊，我这么多年不上台，心里都有点没底。"

何向东笑道："杨三叔，我表演经历丰富着呢，想我第一次上台，那时候我是一点正活都不会，照样能给人家说堂会，嗬，人家还给了我二十块钱呢。"

杨三惊讶道："真的啊？你一点正经活都不会，你师父都敢让你去啊？"

"我师父那时候都不知道，我本来也没想着去，只是那天他们有一个艺人临时不来了，我这不是为同行补台嘛，您瞧咱这艺德。"何向东是没好意思说自己是为了吃肉去的。

杨三反问道："你一个正经活不会就去演出，你师父还不知道，你这是没出师就卖艺啊，你师父没收拾你啊？"

何向东当时就愣住了，他这点破事哪里骗得了懂行的人啊。

方文岐也是无奈，他实在是受不了自己这小徒弟胡吹海侃了，他没好气道："行了，你那点破事就别吹了，你杨三叔什么事没见过啊，还在人家面前吹。"

何向东尴尬一笑。

这时林正军从前台跑了过来，对这几人说道："我说几位这马上就要开场了，你们也可以准备起来了。"

方文岐问道："来了多少人？"

林正军似是有些不好意思道："四十个左右吧。"

方文岐点点头，这是他意料之中的。上次那八十人都是林正军挨门挨户求来的，这次只是上门说了一声，能有多大效果也不好说，再说方文岐也没有自信到一场相声就能让人家来捧他这个角儿的地步。

当然也可能有其他的原因，比如某些观众今晚有事啊，或者手头目前不太宽裕啊，嫌这次演员没上次齐……但还是有四十个观众能来捧他们，这已经很好了。

方文岐微微笑道："那我们……就从四十人开始。"

何向东和杨三认真点头。

白凤山和他的京剧班也在后台，都化好妆了，今晚不是相声专场，他们也有一出戏，要在中场演出。

白凤山站起身来，双手抱拳，很认真地看着眼前三人，郑重地沉声道："拜托了。"

京剧班其余十几个人齐齐站起，也抱拳拱手，齐声喊道："拜托了。"

方文岐三人被眼前这场景齐齐一震，何向东这个小孩更是心头大震，他从来没看到过这样的场面。

这三人也不敢含糊，立刻拱手回礼。方文岐也很郑重对待，依照旧年间的古礼抱着拳，迈着四方步出来，面色严肃认真地从眼前每一个面孔扫过，最后抱拳朗声道："文岐不才，愿以心中微末手艺为连城效力，众兄弟多捧。"

白凤山往前跨了两步，一手负在背后，一手朝外一摊，说道："请。"

京剧班其余十几人也做出同样的动作，齐声喊道："请。"

方文岐再一拱手，带头走出了后台，杨三和何向东在后面跟着。

这其实是旧年间园子里面艺人捧角儿的规矩，因为你们所有人都是指着人家吃饭的。虽然方文岐三人还没有成为连城俱乐部的角儿，但是剧场的艺人居然这么捧他们，他还能说些什么呢。

出了门，杨三倒是有些兴奋，说道："没想到啊，真是没想到啊，没想到过了这么些年还能看到这样的场景啊。"

方文岐点点头没有回话，同行给他的是面子，他接过来的却是责任，他现在就感觉沉甸甸的。

何向东一路上都很沉默，这是他第一次见到当角儿的样子，这是后台所有兄弟的指望，众人对他们的期望还有尊重，也给他幼小的心灵带来了巨大的影响。

三人在进场门候着，林正军上台报幕，很快就跑下来了，对三人说可以上场了。

方文岐和杨三都看何向东，第一个开场表演是他。

何向东也不多话，点点头，拿着玉子就上场了。

林正军望着何向东这孩子的背影，沉沉呼出一口气，这就要开始了，剧场的生死一搏也要开始了。

何向东在掀开进场门帘子的那一瞬间，心思就立马回归到了正常状态，满脸笑容地出场。

观众一瞧又是那天那个唱功很好的孩子，这掌声、叫好声立马就响起来了，连后台都听得特别清楚。

何向东也不含糊，对着观众连连鞠躬表示感谢。

有观众在底下搭茬的："小孩，上次和你一起演出那孩子呢，他怎么没来啊？"

何向东也乐意跟台下逗，他道："他家母猪要配种了，他这不回家了嘛。"

"噗。"搭茬那观众都笑喷了，底下观众也笑，出场的氛围非常棒。

还有观众在底下喊："小孩，再给我们唱一个吧。"

何向东拿出手上玉子摇了摇，说道："我这不带着家伙事上来的嘛，一段《太公卖面》献给大家，大伙多捧了。"

"好。"观众很给面子，连连鼓掌叫好。

何向东也不含糊，打板就唱，清亮悠然又极富韵味的童子音一开嗓就获得了个满堂彩。

"石崇豪富范丹穷，

甘罗运早晚太公。

彭祖寿高颜回命短，

六个人俱在五行中。

西岐山住着一个姜吕望……”

《太公卖面》是太平歌词里面一个大唱段，足有上百句，讲的是姜太公在穷困潦倒的时候卖面的场景，各种不幸，各种不易，人倒霉得喝凉水都塞牙……在遇到了无数倒霉事后，太公决定不再卖面了。转行算卦，又遇到了琵琶精来算命，他设计打死了妖精，一路霉运连连，一直到八十五岁遇到周文王才转的运。这里面还唱到文王礼贤下士，为太公拉车八百步，太公保周朝八百年。

“太公说要得我把你的江山保，

除非是我坐车辇君拉绳。

文王一听好好好，

你坐车辇我拉绳。

姜太公上了龙车辇，

龙车辇前边一蟠龙。

拉一步为国家求贤若渴；

拉二步拯救天下众苍生；

拉三步盼着百姓脱水火；

拉四步围任四海庆升平；

拉五步天下禾苗生双穗……”

“太公说，

拉了我了八了百了单八步，

保了你的八了百了单了八冬。

文王一听好好好。

……

这一回周文王奉帅，

到下回斩将封神疆场之上是大显神通。”

唱罢，何向东停了板，冲观众一拱手鞠躬，观众叫好声连连，直呼要何向东再来一个。开场也就到这里，他也没应观众的要求，稍微说了一下接下来的节目，就下场了。

紧接下来是方文岐和杨三合说的一大段，大保镖，这可不是个简单的活，相声里面有老话说的好，文怕文章会，武怕大保镖，一般人可来不了这个。

文章会和大保镖里面说的都是不懂装懂人的事情，其本身的包袱不是特别响，而且叙事有些絮絮叨叨，这就考验相声演员的功力了。功力不到家的人，使出来的包袱不会响，而且说不了多久，观众就会厌烦了，因为太絮叨了。

所以在过去茶社园子里面，相声艺人一定要能说文章会和大保镖的才能拿整份儿钱，说不了的只能拿破份儿，这是个门槛啊。

不过显然这两位先生还是能驾驭这个作品的，从后台都能清晰听到观众的笑声和掌声就看得出来，这二位确实了得。

何向东在后台也没闲着，在想接下来他要表演的两个节目，这都是大活儿，需要好好准备。

两位老先生的大保镖，说了近一个小时才在观众热烈的掌声中下了场，下一场是京剧班唱一出戏，《霸王别姬》。

方文岐和杨三下了场，拿过一张椅子就半躺了下来，要抓紧时间好好休息，过不了多久又要上场，对他们的体力是个考验。

何向东伺候着两位长辈，端茶送水，揉肩捶背的。这二位年纪大了，身体确实不如年轻时候了，人老不以筋骨为能啊。

杨三靠在椅子上还在那里说："嗬，方岐啊，我这一上场，你还别说啊，我是真有些紧张了，太多年没有面对观众了，我是真怕自己说不好啊。"

方文岐笑笑："嗨，你担心这个干吗，你杨三多大场面没见过啊，还怕说一段相声啊。"

杨三也笑："说得也是啊，刚上场还是有点紧张，这一开口就好了，当年那些感觉都回来了，一点不露怯啊。"

方文岐说道："行了，别说这个了，我是累够呛，我先歇会儿，等会儿还有两场要说呢。"

说完，方文岐就眯起了眼，假寐起来。

杨三看了他一眼，然后也闭上眼休息了。

何向东看看两位长辈都在休息，他也没什么事，也学着两人闭眼假寐。

整个后台三个说相声的全部躺倒。

二

半个多小时过后，林正军过来叫人准备上场。

方文岐和何向东站了起来，方文岐说道："东子，该咱爷俩上场了。"

何向东一把撩起大褂下场，一脚踹出，使了个京剧的蹁月亮门往外走去，嘴里念白："走也。"

方文岐笑笑，也就跟在这小孩身后往外走。

京剧班唱罢下场，林正军报幕，何向东师徒出场。

这一老一少出场，特别有范儿，都是一只手伸出两指微微提起点大褂，正是戏曲界人物出场的提袍做法，这样看起来确实有味得多。观众是叫一个掌声雷动，还有几个年轻一点的观众站起来大声鼓掌叫好。

何向东逗哏，师父给他量活儿，两人对热情的观众连连拱手鞠躬表示感谢，待到观众稍微声音小了一点，何向东才说道："好好好，快坐下，旁边有人往你座上放图钉，来，快坐。"

大伙儿都笑，这小孩太坏了。

方文岐在旁也说："你这都像话嘛，有图钉还让人坐啊。"

何向东笑笑："这不跟大伙儿开一玩笑嘛，真有图钉人家还坐啊？"

方文岐捧道："都不傻。"

何向东开始接话："上一场是我们俱乐部的京剧班给大伙儿唱的一出《霸王别姬》，唱得很好，尤其是唱花脸霸王的那位叫白凤山，是我们后台一角儿，人家老生、花脸都能来。"

方文岐应道："好角儿嘛。"

何向东又说："知道人家为什么京剧唱得好吗？"

方文岐道："这我还真不知道，你给说说。"

何向东说道："长得难看。"

"啊？"

观众都笑，包袱响了。

"这都挨着吗？"方文岐问道。

何向东理直气壮道："当然挨着啊，人家天生下来就是干这个的，你看那大花脸，你以为是化妆的啊，他就长这样。"

方文岐惊讶道："人哪有长这样的啊？"

何向东却反问："我有说他是人吗？"

方文岐拦他："去，少胡说八道啊，人家可就在后台呢。"

何向东这才反应过来，圆场道："我的意思是，他是个不同寻常的人。"

"这话对。"

何向东继续道："人家那大花脸是因为人家生下来就是白癜风，天生就是干这个的。"

方文岐伸手拦他："你等会儿吧，白癜风？人家脸上可不只有白色啊，还有那黑色的啊。"

"没洗脸。"

"嚯。"方文岐吓一跳。

观众大笑，白凤山也是哭笑不得，这对师徒净拿他开涮了，他也就在进场门那里站着看，连妆都没卸，确实是今晚这一场太重要了，他得时时盯着观众的反应，不然这心安定不下来。

相声表演还在继续，何向东继续说道："这都是人家个人卫生习惯，不爱洗脸您也管不着啊。"

方文岐应道："这倒是。"

何向东道："不爱干净这都能理解，关键是人家买东西那爱占便宜的劲儿，我就受不了。"

方文岐问道："这怎么啦？"

何向东道："这不上次人家白先生去买煎饼果子嘛，就非让人家给他多加一片薄脆果篦儿，还不给钱。"

方文岐张大了嘴："有这事啊？"

"有啊，人家老板当然不乐意了，这白先生可就说了……"何向东换上了一副极度猥琐的表情，觍着脸笑道"大哥，再给一片果篦儿呗，您看我是唱戏的。"

"这管什么啊？"

何向东附和道："可不是嘛，人家老板是做小本生意的，哪里肯加啊，这白先生又说了。"

"说什么？"方文岐又问了一句。

何向东又换上一副觍着笑脸的表情："大哥，您就给我呗，您看我这脸天生就是唱花脸的，看这白色，还有黑色。"

"这有什么用啊。"

"没用？"何向东又换上一副恶狠狠的表情，"您今天要是不给我多加一片果篦儿，瞧见我脸上这黑色没，我可七个月没洗脸了啊，我要是一甩头，黑灰能把你摊子给埋了。"

"嚯。"方文岐吓一跳。

观众都在笑。

后台的白凤山更是哭笑不得，他再怎么说长得也算是端端正正了，颇为秀气的，结果被这孩子说成又丑又抠，你跟谁说理去啊。

方文岐惊讶道："这白先生就这么不要脸啊？"

何向东摆摆手道："这都能理解，都能理解，都正常。"

“还正常啊？”

何向东理所当然道：“当然正常啊，这跟我们俱乐部林经理的父亲比起来，正常太多了。”

后台的林正军一愣，怎么还扯到我身上来了，白凤山憋着坏笑看他，好嘛，大家一起倒霉。

方文岐问道：“林经理他爸爸怎么了？”

何向东捂着脑袋，做出一副头疼的样子，开口道：“林经理的父亲，这……我……我都不好意思说。”

方文岐道：“不是，这你得给我们说说啊。”

何向东这才放下手，说道：“要说这事吧……林经理跟我们都不一样。”

方文岐问道：“怎么不一样？”

“他有父亲。”

方文岐骂道：“废话，谁没爸爸啊。”

何向东道：“我就没爸爸。”

台下观众也在笑，还有几个在骂何向东这孩子净胡说八道的，他们不会想到何向东是真的没爸爸……

自己嘴上说一句没爸爸，观众哈哈一乐，其实何向东内心是非常悲凉的。但是相声演员就是这样，用自己的惨事、尴尬事来逗观众一乐，早在最初就有相声前辈披麻戴孝在大年初一摔碟子哭他死爸爸，就为逗观众一乐，弄两个钱好吃饭。

其实不只是相声演员，其他喜剧演员也大多如此，长得胖的、矮的、丑的……天天也是被人拿身体来寻乐子，好逗大伙儿一乐，真正是恶心自己，成全别人。

何向东继续说了：“我们林经理的父亲，人家老爷子平时也没别的爱好，就爱听个相声、看个京剧的，也经常来我们俱乐部看演出。”

“对。”

何向东道：“上一次，老爷子又来剧场看演出，这林经理就找到我们这些人了，说他家老爷子脾气不好，让我们多担待。这我们能说什么啊，当然是没问题了啊，尤其我这种小辈，更是没脾气啊。”

方文岐点头道：“这是，尊重长辈嘛，应该的。”

何向东道：“这我们刚答应完，没一会儿就出事了。”

“怎么了？”

何向东道：“还没出场呢，前台服务的小姑娘就跑来告状了，说人家观众都好好坐着，就林经理他爸爸非要躺在桌子上，还就躺在第一排。”

“啊？这么不规矩啊！”方文岐惊道。

何向东道：“是啊，我们也过去劝。我年纪小，大家都让我这孩子去劝劝人家，我也过去了，我说，大爷您能不能坐着看啊，要不我们这些观众都看不了演出了。人家老爷子就说一个字。”

“什么字？”

何向东头往上一扬，做出一副高八度的不屑：“嗬！”

观众都笑，林经理大伙儿都熟，听这个太有意思了，这就是为什么逗哏演员会经常说捧哏演员了，一个是同行不计较，第二个是观众都熟，说一陌生人谁知道啊。

方文岐也惊道：“这老爷子这么横啊？”

何向东又说：“这我一个晚辈也不能硬说人家不是，我也没辙了，就去后台找两个刚来的大哥帮忙了，人家也不认识老爷子，我就说有人捣乱。”

“那你也够坏的。”

何向东一笑，继续道：“那两大哥就去轰人了，看见老爷子就说，你干吗呢，快起来，再影响我们演出给你扔出去啊。老爷子也不看人，又是只有一个字。”

“嗬！”何向东又发出高八度的不屑。

观众爆笑，鼓掌连连。

“这老爷子太横了吧。”

何向东说道：“这我们也没辙了，只能找派出所了，民警一过来，我们就和民警说赶紧吓唬吓唬他，不然我们都没法演出了。民警人也好，就答应了，过来就呵斥老爷子，你干吗呢？”

“嗬！”

“你叫什么名字？”

“嗬！”

“你起来。”

“嗬！”

“你……”

“嗬！”

“我……“

“嗬！”

何向东那不屑的神情和模样简直是绝了，这一段表演观众的笑都没停下来过。这年头都是听主流界的歌颂型、批评性相声，哪听过这么刺激的啊。

后台白凤山和林正军见着观众的反应，也暗自松了一口气。

三

何向东继续道:“后来这警察也没辙了啊，面对这一老大爷又不能打又不能骂的。”

方文岐也道：“是啊。”

何向东道：“没办法了，才又把林经理找来，林经理好说歹说才把老爷子给弄走，您瞧这多不让人省心啊。”

方文岐点头道：“太难弄了。”

何向东一笑，对方文岐说道:“人家林经理的父亲难伺候，您父亲也好不到哪里去，接下来我说说您父亲……”

“去。”方文岐一把推开何向东，没好气道，“我爸爸都死好几十年了，再说你干吗净说别人爸爸，怎么不说你爸爸？”

何向东却道：“我爸爸？我爸爸可从来不这样。”

“你爸爸为什么不这样啊？”

这就入活儿了，何向东解释道：“我爸爸呀，他是个厨子。”

方文岐道：“厨子怎么了，这有关系吗？”

何向东点头道：“那当然了，我爸爸是个大厨师，人家是有身份的人，干不出来这事儿，怕丢人。”

方文岐问道：“你爸爸是厨子？我怎么没听说啊？”

何向东笑道：“天津城有个解放饭店，您知道吧？”

“知道啊，这是个大饭店啊。”

这就入活了，何向东又道：“里面有个掌勺的何师傅您知道吧，这就是我爸爸。”

“哦，何师傅啊，我听说过。”

何向东笑眯眯道：“听说过吧，那就是我爸爸。”

方文岐却又道：“可里面有七个姓何的师傅啊。”

“就是矮一点的那个。”

“有四个矮的。”

“还有点胖的。”

“有三个胖的啊。”

“不是，白白净净的那个。”

“也有两个白净的啊。”

何向东顿时急了：“您就非得给我多找一爸爸是吧。”

方文岐解释："我倒无所谓，关键你妈乐不乐意。"

"去，有你这样的吗！"

观众都笑，这包袱响了。

包袱也有大小之分，一段相声里面不可能全都是大包袱，不然观众也会笑累的，效果就出不来了。

当然相声是能逗乐，但是相声好不好不是以逗乐为标准的，相声里面最高深的一种境界就是全程并没有太好笑的包袱，但就是让人听得舍不得走，生怕错过一个字。

相声泰斗马三立先生就是当中的代表人物。马派相声的风格就是不温不火、不轻不重、不荤不素，里面也没有太多太好笑的包袱，但是就是能让你竖起耳朵不舍得漏听一个字，这种境界太高深了。

何向东继续道："我爸爸可就那一个啊，没别人。"

方文岐也捧道："哦，就那个矮矮胖胖白白净净的那个姓何的师父是吧？"

何向东点头道："这对嘛，这才是我爸爸。要说我爸爸这厨艺是真好，煎炒烹炸烩，熬煮咕嘟炖，满汉全席，南北大菜，应时小卖，各地方小吃……就没他不会的。"

方文岐吃惊道："这么厉害啊？"

何向东道："那可不是嘛，我爸爸除了在解放饭店当厨子之外，平时谁家有个婚丧嫁娶需要请厨子帮忙的，都是请我爸爸去的，我也经常在后厨帮忙。"

方文岐又问道："你一孩子能帮什么忙啊？"

何向东道："能帮，我摘摘菜啊，剥剥蒜啊，还有洗菜切菜这些下手活儿，嗨，你家都不干这个，你都不知道这下手活儿。"

方文岐问道："这下手活儿是个什么活儿啊，我怎么就不知道啊。"

"这下手活儿，就是下手……"何向东伸出右手往底下一掏，然后往兜里一塞，说道，"就是这么个活儿，下手活儿。"

"偷啊？"方文岐瞪大了眼。

何向东赶紧拦师父："去去去，小声点，瞎嚷嚷什么啊，什么叫偷，什么叫偷，我们这个叫拂（fóu）。"

"什么是拂啊？"

何向东小声道："这是我们的行话，就是偷的意思。"

方文岐却是急了："这不还是偷嘛！哎，不是，我说你们这对父子偷人家东西啊，你还说你爸爸不跟林经理爸爸一样，你们这性质可恶劣多了啊。"

何向东解释道："我们这不能叫偷，不是有这么句老话嘛，叫厨子不偷，五谷不丰。"

方文岐都被气乐了："嗬，真讲理啊，你们都偷什么了啊？"

观众也在笑。

何向东继续道："这不上个月嘛，城东边有个张老板，人家家里嫁女儿，大办宴席，足足开了四十桌，就把我爸爸叫去帮厨了嘛。"

"然后呢？"

何向东道："这不做饭做菜嘛，我也去帮忙了，在做满三十五桌之后，我爸爸觉着可以开始拂了。"

方文岐也道："要偷了。"

何向东一指这桌子说道："后厨桌子上有二十多斤猪肉，我爸爸说了，来拂起来。"

方文岐道："这么多猪肉怎么拂啊？"

何向东拿手比画着道："拿一根粗铁丝啊，两端打上钩，把猪肉切成两大块，一个钩子上挂一个，然后把这钩子挂在我脖子上，这两大块猪肉就挂在胸前。"

"嚯，这够专业的啊。"

何向东道："那是啊，我们去帮厨都是穿大褂去的，这宽敞啊，能拂的东西多。"

"还有装备。"

何向东道："那是啊，我们不只是能拂猪肉，牛肉也行，那天帮厨还多二十来斤牛肉呢，我爸也说，来拂起来。"

方文岐瞪大了眼："还有二十来斤牛肉啊？这怎么拂啊？"

何向东道："一样呗，也是弄一根粗铁丝，打上钩挂上两大块肉，挂在我背后，铁丝套在脖子前头。"

方文岐惊道："啊？你这前一根铁丝后一根铁丝，都挂着几十斤的东西，不得把你脖子勒断啊？"

何向东叹道："所以生活不易啊。"

观众都笑，小偷还感叹生活不易了。

方文岐竖起一根大拇指："干你们这一行是不易。"

何向东笑道："这都还好，我们都是有窍门的，勒不死，就像拂羊肉，这得贴在后心；拂板儿油，这得贴左肋；拂值钱的盘子，得贴在右肋；拂面团都是捏成饼，塞到帽子里面盖着，这都是有窍门的。"

"呵，好大的学问啊。"

何向东道："那是啊，只是拂这香油，就有难度了，又不能装瓶带走。"

"香油怎么拂？"

何向东道："是啊，实在不行我喝了吧，然后拉出来。"

"啊？拉出来，这还是香油嘛。"

观众都憋不住笑了。

何向东摆摆手道："我是无所谓啊。"

方文岐赶紧拦他："别无所谓了，拉出来可不行，就不是香油。"

何向东问道："这不行啊？"

"当然不行啊。"

何向东继续道："那我们也有办法，弄一根猪肠，往里面灌香油。"

"猪肠得弄干净了。"

何向东却笑道："我是无所谓啊。"

"去。"方文岐大喝。

观众大笑，这孩子说屎尿一绝。

"还是要弄干净，不然这吃不了，再说你这肠子放哪儿啊？"捧哏的作用在这里就体现出来了，你逗哏的说快了，他会帮你稳一稳；慢了，会帮你提一提；你说偏了，也会帮你掰回来，所以为什么在最初捧哏的都是逗哏的师门长辈，这都是有原因的。

何向东说道："这肠子啊，放在腰上呗，当腰带缠着啊。"

方文岐笑道："要说你们这一行这学问可浅不了。"

"那是啊，这都算简单的，上次也不知道我爸抽什么风，看上人家那大紫铜火锅了，非要我拂走。"

"啊？这火锅怎么拂啊？"

何向东比画道："还是弄铁丝呗，那火锅不是有两耳朵嘛，用铁丝缠好了，绑在腰上，然后把那火锅挂在我这胯下。"

方文岐叹道："你有这水平偷东西多埋没人才啊，去玩杂技多好啊。"

"干一行爱一行，我可不想改行。"何向东觍着脸笑道，突然一拍脑袋想起事来了，"哎哟，坏了。"

方文岐也问："怎么了啊？"

何向东急道："这火锅里面的热油忘记倒了。"

"那怎么办啊？"方文岐也着急问道。

何向东一咬牙："实在不行就倒我裤裆里吧。"

"啊，那不得烫熟了啊。"

何向东道："我是无所谓啊，实在不行给我爸当下酒菜也行。"

观众都笑得不行了，这孩子真没溜儿。

"去，别胡说八道啊，这可是传宗接代的事情，哪能烫熟了啊，得另外想办法。"

方文岐道。

何向东道："不行是吧，那行吧，就让我爸用勺子把这热油都给舀出来吧。"

方文岐点头道："这行。"

何向东继续道："这舀半天总算是舀完了，正要走呢，我们行话叫脚行，就是用脚行走……"

方文岐嫌弃道："行了，就别说你们那行话了。"

何向东笑笑道："这正要脚行，坏了，走不了了。"

"怎么了？"

何向东急道："还能怎么啊，我这身上挂着百来斤东西呢，胯下还有一个大火锅，这怎么走啊？"

"是啊，走不了了。"

何向东一拍手，道："哎，我爸给我出了一好主意，让我掏耳朵，掏着耳朵走路，这样走不快就正常了嘛，总不可能有人掏着耳朵还跑着走的吧。"

说着，何向东就学着身上挂着一堆东西，还边掏耳朵边张开腿蹒跚地走路，这种憨态让观众看到都忍不住笑起来。

方文岐也笑，说道："这是个好招。"

何向东转头一笑："是还行，可我还没出这门呢，又出事了，这东家张老板来了。"

方文岐也惊讶道："啊？人家这时候来干吗啊？"

何向东道："还能干吗，这四十桌的菜才上了三十五桌，人家能不来吗？"

方文岐又问："那剩下那五桌呢？"

何向东在身上一扒拉："这不全在我身上了嘛。"

"嗬，是厉害的。"

何向东继续道："那张老板一见我爸就问了'我说何师傅，那剩下五桌菜呢，怎么没……没……'完了，瞧见我了。"

"坏了。"方文岐也道。

何向东分别做出张老板和他爸爸的形态对话："那张老板就问我爸'这孩子是谁啊'，我爸也就说'这是我们那儿一学徒'，张老板又问'这怎么那么胖啊'，我爸解释了'这不在后厨帮忙嘛，一热就胀起来了嘛'。"

"热胀冷缩啊！"方文岐惊呆了。

何向东道："人家张老板是什么人，一看就瞧出来了，我爸都骗不了人家，这没辙了，人家非要拉我们去里面对账，我爸拗不过他，就去了。这一进房，里面盘了一个大火炕，人家家里老太太是老寒腿，要盘火炕，她是暖和了，我可热坏了。"

方文岐也应道："那可不是，你身上还有五桌菜呢。"

何向东也道："是啊，我爸和张老板在对账，我都热得不行了，只能提起这大褂的下袍扇扇，能通通风，降降温，这一扇二扇，坏了。"

方文岐又问："怎么了？"

何向东急道："我这裤裆下面有个火锅啊，前面把热油舀出来了，底下炭没弄出来啊，一扇二扇，这炭又燃了。"

"啊？"方文岐目瞪口呆。

何向东道："我也没辙啊，那烫得我屁股都快熟了，那黑烟从我脖子后面衣领里面呼啦啦冒出来，弄得我是满头都是汗啊，就跟自来水往下灌一样的。诸位都知道，我还有一个面团子捏成饼放在头顶，用帽子挡着呢，这一出汗，面团就化了，白浆水就顺着我脸往下流。"

"嚯，这壮观。"

何向东继续道："这张老板就看见了，当时就吓一跳，急忙问'这孩子是怎么了，脑袋流的这是什么东西'。这也就是我爸了，别的人遇到这种情况铁定是答不上来的。"

方文岐捧着道："那你爸爸是怎么说的啊？"

何向东道："我爸爸就说了'我们这孩子就是一个奶油脑袋。"

"啊？"方文岐傻眼了。

观众也哈哈大笑。

待到两人退下场，观众还在议论不休。

"这相声好玩啊。"

"是啊，跟电视里面真不一样啊，各种都能来。"

"他们好像说的都是传统相声，里面这些东西我都没听过。"

"我喜欢那小孩，真有意思，真机灵啊。"

"是啊，我也喜欢，太好玩。"

"我明儿还来。"

"我也来。"

……

四

方文岐和何向东下场休息，杨三上场，唱了一段快板，《十八愁》。说虎也愁，狼也愁，象也愁，这个鹿也愁，骡子也愁马也愁。牛也愁，羊也愁，猪也愁，这个狗也愁，鸭子也愁鹅也愁。蛤蟆愁，螃蟹愁，蛤蜊愁，这个乌龟愁，鱼愁虾愁，各有分由。

一段经典的绕口令快板书，非常考验功夫，杨三的快板打得好，说得也好，半点没有磕磕绊绊，一气呵成，气度俨然。观众大声喝彩，叫好声不断。这都是有真才实学的人。

最后一个节目是群口相声，依旧是《扒马褂》，杨三逗哏，方文岐捧哏，何向东腻缝。从观众的角度看，何向东站在最左边，是通常的逗哏位置；方文岐在桌子里面，是捧哏的位置；而杨三站在最右边。

《扒马褂》这个群口相声是比较特殊的，他的逗哏是站在桌子的最右边，那位把马褂借出去，嘴上没个把门的，到处胡说八道的人；捧哏的不信，就去问借了人家马褂的那位；那位为了保住身上的马褂，就帮逗哏的圆谎，这叫腻缝。也就是把人家的谎给圆回来，把那缝儿给合上。

从真正的意义上来说，相声里面腻缝儿的也就《扒马褂》有，其他群口相声也有叫腻缝儿的，但也是从这里过去的。

《扒马褂》这段相声也叫《圆谎》，是从《笑林广记》及《续金陵琐记》中的笑话衍生来的。版本有很多，其中最经典的是1951年文艺界春节晚会上张寿臣、马三立和赵佩茹这三位老先生合说的。三位都是艺术水平极高的老前辈，配合在一起也是绝了，相当厉害。

何向东爷仨说得也不错，何向东虽然年幼，但是机灵聪明，把小孩子为了保住马褂又圆不了谎的那种焦急神态表现得淋漓尽致。杨三功力也很深厚，三两句就把一个嘴上没把门、没溜儿的人给展现了出来，方文岐说是杨三的本色出演。

至于方文岐就更不用说了，说了大半辈子相声的人，相声功夫早就炉火纯青了，他来量活大家都放心，话不多不少，但是每一句话都是在节骨眼上，把控着整个相声的节奏和进度，这爷仨的配合非常好。

在观众爆发的热烈掌声和叫好声之中，这爷仨开始返场。

第一次返场，杨三先下去休息了，何向东和方文岐表演，何向东逗哏，方文岐捧哏，方文岐是不遗余力地捧他这宝贝徒弟。

何向东拢拢袖子，正正经经站好了，方文岐双手撑在桌子上，看着自己的徒弟，这几段大活儿使下来，他已经很累了。

台下观众也起哄。

"小孩再给我们唱一个。"

"小孩快下来，下来。"

"小孩结婚没有啊？"

……

现场很嘈杂。

何向东笑笑道："一会儿再唱，现在大家伙儿先听我们说一个小段儿怎么样啊？"

今夜的观众很激动，很兴奋，也很热情，各种喧闹的声音就是停不下来。

后台白凤山和林正军心都纠起来了，观众声音都比演员要大了，这要怎么说啊，这要是他们唱戏遇到这种情况，就是观众砸场子了，这戏就唱不了了。

不过这在相声演员这里根本不算事，咱们小何老板什么没见过啊，何向东大声道："好了，不要再说了，再说我要放狗了。"

方文岐也笑道："哪有狗啊？"

观众依然停不下来。

何向东脑袋往后一扬，大喊："把笼子里面的林经理放出来。"

观众笑，注意力吸引过来了，声音顿时轻了不少。

方文岐却惊讶道："林经理是狗啊？"

何向东对观众嘚瑟道："再吵吵，我把林经理他爸爸放出来了，这可比狗厉害多了。"

方文岐一推何向东，呵斥道："去，这叫什么话！"

"吁……"观众也起哄，鼓掌，然后大笑，不过注意力却被台上完全吸引了，不再乱吵了。

何向东缩缩头，笑笑，然后解释道："其实我们前面说的都是玩笑话，相声里面说的假的，大家一听一乐就过去了，谁也别当真。就像林经理的父亲，人家林老爷子就是个温顺长者，对我们这些晚辈很照顾，那人品没话说。"

方文岐也应道："是个好人。"

何向东接着说道："不过人家爱躺在桌子上是真的啊。"

方文岐也急了，高声道："哪又是真的了？"

观众都笑，返场效果也很好，今夜观众的笑就没停下来过。

方文岐继续道："你刚刚不是说老爷子是个温顺长者，怎么现在又这样了啊？"

"哦哦。"何向东也反应过来，"是不能说，不能说，不能说。"

"那是的。"

何向东调整了一下，说道："那我说一说我师父的事儿，我跟你们说，我师父有一次流产了……"

"去！"方文岐赶紧拦何向东，把这孩子的嘴给捂上。

台下观众倒是笑不停，简直不能再逗。

好一会儿，方文岐才松开手，道："好嘛，你这孩子净拿你这些长辈开涮了是吧，你还有溜没溜啊？”

何向东讨好地笑了笑，认怂道：“不说了，不说了，我说说我自己的事儿。”

“这行。”方文岐转怒为喜。

何向东转着眼珠子说道：“说谁呢，说谁呢，说谁呢，欸，对了，就说我一发小。”

“敢情不是说你自个儿啊？”方文岐问道。

何向东回道：“我又不傻。”

“嗬……”

观众也看得津津有味的。

何向东继续道：“我这一发小，他叫石磊，四个石头，是我们郊县的一个大老板的公子，长得胖，那都太胖了。”

方文岐也问：“有多胖啊？”

何向东道：“那太胖了，他一走过来地面都震，轰隆隆的，跟地震似的，唐山那边人都不让他进城。”

方文岐质疑道：“有那么胖吗？”

何向东道：“还不止呢，他往哪儿一杵，风都吹不过来，南方海边不是有台风嘛，这是没找我兄弟啊，要是我这大石头兄弟一去啊，嗬，还台风，连他半扇身子都刮不起来。”

“这么沉啊？”方文岐吃惊。

“那是啊！虽说人胖点，但是也是有好处的。”

“什么好处？”方文岐问道。

何向东解释道：“首先一个，他淹不死，往河里一跳，哐，挤出来半河的水，再站起来河水都断流了。”

“嚯，这么厉害啊。”方文岐吓一跳。

何向东点头道：“那是啊，他还为我们家乡做贡献呢。”

“什么贡献？”

何向东道：“就是那修路，修柏油马路，上次缺一台压路机，就让我兄弟过去，我兄弟往地上一躺，这一滚，那比压路机可平整多了。您别瞧他胖啊，我们那么多路全是他修的。”

方文岐不信道：“你少胡说八道了，人哪有干那活儿的。”

“是啊，我兄弟也不乐意啊，就来找我了。”何向东扮出石磊哭丧着个脸的样子，“东子东子，我不想再滚马路，我不要这么胖了。”

方文岐问道：“这找你有什么用啊？”

何向东道：“找我是没用啊，但是我师父有减肥的招数啊。”

方文岐也捧道：“对，我是有招儿。”

何向东又看着师父道：“您原来也胖，有个特别大的肚子，现在都瘦成这样了，肚子也没了。”

方文岐道：“这我是有招儿。”

何向东道：“然后我就带着我兄弟石大胖子来找我师父，刚进门一看，我师父就瘦了，大肚子没了，他正蹲在门口揉肚子呢，可能是难受的。”

“一下子下去都难受。”

何向东继续道：“我就问了，‘师父，师父，你给我兄弟说说您这肚子是怎么下去的’，我师父也就说了。”

方文岐也好奇道：“怎么说的？”

何向东哭着个脸：“我被流产了。”

“去。”方文岐一把推开何向东。

观众爆笑鼓掌，这个底很响，尤其是在当时的那个环境，爷儿俩鞠躬退场，第一次返场结束。

五

何向东和方文岐在观众热情的掌声中开始了第二次返场，依旧是何向东逗哏，方文岐捧哏。

何向东笑着说道：“今晚的观众真热情啊，对我们爷俩这么捧。”

“太捧了。”

何向东一个深鞠躬：“感谢衣食父母。”

方文岐也鞠躬：“您诸位多捧。”

“好。”观众鼓掌叫好。

何向东起身，笑着说道：“师父，要不咱把杨三叔叫出来吧？”

“好啊。”方文岐也应道。

何向东冲后面喊：“三叔，杨三叔。”

方文岐也在喊：“三儿。”

杨三就在进场门那里，何向东和方文岐之前准备退场、被林正军拦了一下的时候，他俩就看见杨三了。

听到叫声，杨三也就出来了，见着观众就是满面笑容，不断拱手示意，观众也很给面子，掌声、叫好声不断。

方文岐往旁边一站，把桌子里面的位置空出来，杨三站了进去，对着观众一鞠躬。

何向东笑着介绍杨三。几次的演出经历让这孩子成长得很快，台风很稳很潇洒，只听他道：“给大伙儿介绍介绍我身边这位先生。”

方文岐捧道：“是得介绍介绍。”

杨三倒是没说话，只是侧着身子笑眯眯地看着何向东。

何向东继续道：“这位先生叫杨三，是个老天津人了。”

杨三也应道：“土生土长的。”

何向东对杨三说道：“在旧社会，您家里开了一个曲艺园子，在里面唱戏说相声，唱大鼓的都有，是吧。”

杨三点头道：“是有这事。”

何向东又道：“您跟我师父认识有年头了吧，您二位当年还一起说过相声。”

杨三道：“说过一段时间。”

何向东道：“听说你们当初关系也不怎么样，后来才成为朋友的。”

杨三道：“都得有一个熟悉的过程。”

这时候，方文岐也搭茬了：“最初我是不喜欢杨三这人的，后来我看他媳妇挺漂亮的，我才决定和他交朋友的。”

杨三转过去，张嘴就喷：“去。”

何向东这蔫坏的家伙也道：“哇，师父你真是舍己为人啊。”

杨三也转过来喷：“一边玩去。”

观众都笑不停了。

何向东也在笑，然后等观众声音低下去，他才又道:“我这杨三叔当年是说相声的，只是后来解放后，您就不干相声这行了。”

杨三道：“是，不干了。”

何向东道：“后来您就蹬三轮，还给人摇煤球，是吧？”

杨三道：“也没别的手艺，就干点苦力活呗。”

何向东对观众说：“要说我这三叔敬业呢，人家蹬三轮就蹬了几十年了，我们是昨天刚找到我三叔的，请他来说相声。你们都不知道我三叔摇煤球把自己弄得有多黑，那身上都是煤灰，我们一进家门，只见一口牙在那里动。”

杨三不乐意道：“有那么黑吗？”

何向东道：“有，不信你问我师父。”

杨三转头看方文岐。

方文岐点头道："有这事，三儿啊，你都不知道你当时有多黑，就跟从茅坑里面爬出来似的。"

杨三急着争辩道："茅坑出来臭，不是黑。"

方文岐也解释道："这不有那黑屎嘛。"

何向东也搭茬："这是发酵的，发黑了，所以我杨三叔身上不臭。"

方文岐却道："那倒不一定，人屎和猪屎还是臭的。"

何向东争道："那还是猪屎臭一点，我三叔粘的肯定不是猪屎。"

"不是，人屎发酵后还是臭的，所以三儿也不是人屎。"

"猪屎也一样。"

这两个"屎学专家"聊起来就没完了，观众都快乐疯了，这一老一少太有意思了。

杨三却是急了，跳起脚来怒喝道："什么乱七八糟的，什么屎，这就没有的事儿，我身上就是煤灰，摇煤球的那煤灰。"

何向东这才明白过来，连道："哦哦哦，煤灰，哦，煤灰啊。"

杨三确认道："是啊。"

何向东又道："像煤灰一样的屎，师父，这是哪一种？"

方文岐认真琢磨道："肯定不是人的，也不是猪的，有可能……"

这一句话没说完，杨三暴动了，一人一下推开了嘴上没个把门的师徒，何向东和方文岐也露出了缺德的笑容。

"吁……"观众倒是起哄声不断。

何向东回来站好，笑道："这都是玩笑话，我杨三叔身上真的是煤灰，我保证，我保证，保证啊。"

杨三没好气道："要你保证啊？"

何向东继续道："不保证了。这我们去请三叔重新出山说相声了，废了好一番口舌，我三叔才答应的，这不准备出门的时候我三叔还说要洗个澡。"

杨三道："身上脏，都是煤灰。"

何向东道："是啊，这一洗就洗了一个多小时，那大木桶里面的水都是漆黑的，跟墨汁似的。"

杨三道："哪有那么黑啊。"

何向东道："那不能再黑了，等到我们要出门的时候，我三叔却不肯走了。"

杨三自己还好奇："我怎么就不肯走了？"

"您盯着那漆黑一片的大木桶，说了一句话。"

杨三问道："说什么了？"

何向东舔舔嘴唇，露出馋嘴的样子："我这粪汤还没喝呢。"

"我去你的吧。"杨三一推何向东，小段儿的底结束。

观众叫好，演员退场，杨三是直接就下台了，何向东和方文岐开始了第三次返场。一般艺界的规矩是返场不过三，基本上三次就差不多了。

何向东和方文岐站好。

何向东对观众说道："第三次返场了，我们也没有准备说什么小段儿，大家伙儿有什么问题要问我们的可以说啊。"

台底下立马就有人问："小孩，你多大啊？"

何向东答道："我九岁。"

听到这一句，现场当时就是一片哗然，才九岁的孩子啊，就这么吃得开了，想想自家孩子还是到处调皮捣蛋，字也不认识几个，人家九岁孩子都能登台表演撑起一个场子了，真是不能比啊。

台下又有人憋着坏问："孩子，你处对象了没？"

何向东也笑盈盈地看着那人，道："大哥，您家有闺女没，借我一下，明年我还您一大一小。"

那人坏笑当时就凝在脸上了，旁边人都在起哄。

方文岐也笑着拦何向东："你都还没发育呢，别胡说八道啊。"

何向东也笑。

台下有人问："你们以后还在这儿说相声吗？"

说到正题了，何向东立马道："说啊，我们以后都在这说了，明晚，还是老时间，我们还在这儿说相声，你们还来捧场吗？"

后台白凤山和林正军心都提到嗓子眼了。

幸好，观众很给面子，齐声喊道："还来！"

何向东又大声问道："带家属朋友来吗？"

观众又齐声喊："带！"

何向东笑道："那就说好了，可不能反悔的啊，不然那后果可严重了。"

方文岐还问："这有什么后果啊？"

何向东一指他师父，对观众道："瞧见这位老先生没有，你们明晚要是不来的话，我就弄一项圈套在我师父脖子上，后面再弄一绳子，就去你们家里遛……"

还没说完，方文岐一把推开何向东，高声骂道："去，这是遛狗呢！"

……

这一夜观众很疯狂，这一夜演员很疯狂，这一夜剧场很疯狂。

一直到很晚，观众才依依不舍地离开。

剧场后台的演员也各自回家休息了，太累。

第二天清晨，何向东依旧起了个大早，像他这个岁数的孩子不管头一天有多累，睡一晚，第二天起床依然是精神百倍。他找了没人的空地练起了早功，功夫是越练越深的，绝对不能荒废一天。

方文岐起得稍微晚了一点，毕竟上了岁数，身体恢复得比较慢，他也练了一会儿早功，才和何向东吃起了早饭。

早饭也特别简单，就是两个馒头和两碗白粥，他们手头也不是特别宽裕，就一切从简凑合着来了。

上午这爷俩也没闲着，一直在练功对活。方文岐还有一把单弦，他拉弦子，何向东唱戏，京评越黄梆，爷俩一人一句对唱起来，一个嗓音老道悠然，一个童子音清亮而沉稳，配合起来既对立又和谐，很好听。

连他们的房东，那退休老大爷都搬个椅子过来，听着爷俩唱戏，一听二听还有些上瘾了。听说这两人在连城俱乐部说相声，他还非要晚上去看，方文岐和何向东自然也乐意，又多一观众。

唱完戏，何向东和方文岐开始对活，有几个好活要提前对一对，一些包袱也要改，以后上台表演也要用到。

这一对，就到下午了。下午剧场是有表演的，不过没他们说相声的事儿，是京剧班子场。

这一点也是方文岐提出来的，在他们的名气还没建立起来的时候，只在晚上表演，一是晚上观众比白天多，二是准时准点更易聚集观众，等成角立腕了，再在下午表演，把观众分流过去。

林正军和白凤山同意了这一观点，所以他们之前的宣传都是让观众第二天晚上再来听相声。

待到快到傍晚的时候，方文岐和何向东这爷俩就去了连城曲艺俱乐部，这刚一进门，林正军就赶来了。

一见这爷俩，立马就数落开来:“哎哟喂，我说两位大爷啊，你们可是真沉得住气啊，怎么这么晚才来啊？”

何向东还一脸纳闷：“我们不是晚上才有演出吗，来挺早的啊。”

方文岐也有点不解地看着林正军。

林正军都快疯了，不可思议道：“你们两人就不紧张嘛，这都快到晚上了，要是没人来看怎么办？你们……你们就一点不担心吗？”

何向东反问道：“为什么要担心啊？”

方文岐也道：“有什么好担心的。”

林正军顿时对这二位高山仰止起来，是真沉得住气啊：“不是，我说你们二位就真的这么有把握啊，今天下午可也就来了十几个观众啊，跟平时一样，这晚上，这……”

何向东突然笑了一下，这孩子挤着坏脸道：“我就一学徒，我反正又不拿份子，我是无所谓啊。”

方文岐没好气道：“别胡说八道啊，你师父我可拿钱的。”

“又不多。”

方文岐点头道：“也是。”

见这对师徒还有兴致开玩笑，林正军也是服了，他是没这心情再跟他们扯皮了，就赶紧去前台忙活了，他得赶紧看看到底来了多少人。

进了后台，何向东就看见白凤山依靠在门框上抽烟，这位爷是唱戏的，为了保护嗓子平时极少抽烟喝酒的，这回也罕见地破了例，看来他的心里还是很不平静的。

不过白凤山倒是比林正军沉得住气，只是和方文岐师徒打了个招呼，就继续靠在门上抽烟了。

林正军倒是忙活不停，前台后台来回跑。

“天都黑了，还是来八个人。”

“我的天，今晚不会要砸吧。”

“欸，来了一家子，四个人。”

“哈哈，又来俩。”

“怎么又没人了，都过去十几分钟了。”

……

剧场里尽是林正军碎碎念的声音，他这位经理真的是要疯了。

最后白凤山和方文岐强行把林正军摁在了后台，然后让卖票的小姑娘等快开场的时候，跟他们说一下卖了多少票，他们两人也实在被林正军的实时报票给闹得不行了。

一直到天黑了，最后一位相声演员杨三才姗姗而来，这位大爷更沉得住气，林正军也没了心思说他。

整个后台最重量级的演员坐在小板凳上围成了一圈，正抽烟，缭绕的烟雾把众人的表情都给淹没了，只有林正军时不时看一下手表，焦急地等待。

后台其他人也在换装化妆忙活着，但是没人敢发出声音。

一直到了五点五十分，再有十分钟就开场了，林正军抬头道：“还有十分钟就开场了。”

几人心头一凛，皆点点头，能不能成就看今晚来多少观众了，只要不比昨晚少，那就还有希望，要是……那就……

白凤山和林正军相视一眼，又从方文岐、何向东、杨三身上一一扫过，他们剧场其实已经快维持不下去了，要是这三人都没法子振兴剧场的话，那么他们连城俱乐部也要到关门的时候了。

这沉重的气氛让何向东和杨三心头都有些微微发沉，连呼吸都稍稍粗重了一些，只有方文岐依旧是双目微阖，看起来很是平心静气，也正是方文岐这种沉稳的劲儿给了众人极大的力量。

不一会儿，门口卖票的姑娘来了。

“林经理，白老板……林经理……”人未到声先来。

林正军豁然起身，快步走到门口。白凤山、杨三还有何向东也坐不住了，赶紧站起来焦急地看着门口，只有方文岐依旧稳如泰山。

小姑娘也已经冲到门口，喘着粗气道：“林……林经理，我……我……”

林正军急忙道：“不着急，把气喘匀了说，来了多少人？”

在场所有演员心都提到嗓子眼了

“我……”小姑娘狠狠来了几次深呼吸，气匀了才说，“来了很多。”

林正军急了：“很多是多少啊？”

小姑娘道：“还差十张就卖满了。”

“哗……”现场一片哗然，他们剧场坐满差不多能坐一百人，昨天才来四十多个，今天居然翻了一倍不止，他们以前最好的时候也没卖出过这么多的票。

林正军心中一块大石头顿时落地。

“呀！”何向东这孩子高兴地蹦起来。

方文岐倒是沉稳起身，苍老的脸上带着淡淡笑意，掸掸袖子，把双手负在身后，淡淡说了一句：“开始表演吧。”

随即起身走去，何向东和杨三赶紧跟上。

白凤山和林正军望着方文岐离去的背影，那人那日的话在他们耳旁回响：“只要他们肯来，我就有把握把他们都留下。”

他做到了，而且做得更好。

第八段 相声大师 张阔如

一

方文岐说了大半辈子相声了，对观众的状态和心理非常了解，昨晚一瞧观众疯狂的劲儿，他就知道今晚来的人肯定不比昨晚少，所以他才一直这么淡定。

只是连他都没想到来的观众居然会翻上一番，按照他的猜测来的人应该比昨晚略多，然后才会慢慢多起来，没想到来了个大爆炸的增长。

他们也是后来才知道的，其实在最开始的那一场相声专场的效果就非常好，基本让那八十个观众都上瘾了，只是昨天来的人有点少罢了。

今晚来的这些人既有上次累积来的，也有昨晚上努力争取来的，可别忘了他们在台上问要不要带家属来看，那些观众可都答应得很敞亮，这不，今晚上全家人来听的可不少。

这三位说相声的艺德也好，每一场演出都是必尽全力的，今晚的相声段子也是早就对过活的，都是大活好活，很卖力气。

第一场依旧是何向东的开场小唱，他刚走出开场门，观众的掌声和叫好声就把他给淹没了，还有大声喊他名字的。才演了几场，就有不少观众知道他的名字了。

今晚的演出依旧是说相声的出主力，唱戏的只有一场，观众都是冲着听相声来的，这一点后台所有人心里都有数，也没人有异议。

这一夜的演出很成功，观众笑得是酣畅淋漓，非常尽兴。所以第二日晚上，剧场第一次门票宣告售罄。

林正军都快乐疯了，拉着白凤山一直在说他当初的眼光是多好多好，白凤山也很无奈，还不能说他什么，关键人家眼光是好啊。

就这样过了一个星期，七个晚上只有一晚因为大雨没有卖完票，其余六个晚上都全部卖完，一周后还卖加票了，就是得用小板凳坐在过道的那种。

天津的小剧场有不少，但从来没有这么火的。方文岐、何向东、杨三这三人彻底成为连城俱乐部的大角儿。

这个年代娱乐业还不发达，人们的选择也不多，曲艺类的还是相当吃得开的，尤其是这三位说相声的说得也相当好。何向东虽然是一孩子，但是天赋了得，堪称相声神童。

方文岐和杨三都是在解放前就在京津成名的角儿了，实力怎么差得了，这段时间杨三也很快适应了表演，昔日杨三郎君的风采彻底回归，现在每天他都会说一场单口相声，观众很爱听。

因为相声的大火，林正军决定下午的演出也把相声放进去，方文岐也答应了，不过下午场还是唱戏的主场。这主要是他们两老头一孩子，体力都跟不上，晚上能主场说相声就很不错了。

剧场其他人也都没意见，就这样下午场通常是何向东和杨三负责，何向东唱一个，杨三说一个单口，然后爷俩合说一个对口相声，就结束了。其余时间都是戏班唱几出戏。

尽管如此，每天下午来看演出的人也都经常能过半了，可见角儿的号召力。随便挂两个人名字出去，就能卖掉大半的票，尤其何向东这孩子还特别讨观众喜欢，单挂他的名字也能卖掉一半的票。因此，林正军甚至动起了一天开三厢的心思。

正如林正军当初所设想的，现在天津城的剧场就没比他们连城更火的，弟兄们的日子也好过很多，就是戏班里面跑龙套的一天也有七八块钱了。这可不少了，那个年代端铁饭碗的好一点一个月也才百来块钱，他们已经比铁饭碗挣得多了，更别说不久前他们一天才几毛钱，这回家去腰板可直多了。

因为说相声的三人对剧场的特殊贡献，他们也真正获得了角儿的待遇，连何向东这九岁的小孩，剧场其他人见了他都喊一声小何老板，可把这小破孩儿给乐坏了。

方文岐也很开心，一来是再一次证明了传统相声的强大魅力，二来在剧场说相声真的比撂地挣得多多了。

一切都在往好的方向发展，一个月后的一天下午，天气很好，初入冬的太阳还是有些暖融融的。

何向东和杨三在台上说对口相声，何向东逗哏，杨三给他量活。

何向东道：“要说我那铁哥儿们石大胖子啊，嗬，那简直不要太胖了。”

杨三也搭茬：“有多胖啊？”

何向东一指门口，说道：“瞧见那门没有？”

杨三也乐：“进不来是吧，我都知道你要说什么。”

何向东却道："是进不来，不过不是身子，而是脚趾头。"

"那么胖啊！"杨三惊呆。

何向东比画道："那是啊，主要是肥，太肥了，哐哧哐哧摇两下都能甩出二斤油来。"

"嗬，那可了不得。"

何向东继续道："有科学家见了石大胖子，做出了一个论断。"

杨三好奇道："什么论断？"

何向东道："咱们国家不是石油有点缺嘛，现在电视上都说石油问题是未来的国际大问题。"

杨三点头道："是有这事儿。"

何向东郑重道："那科学家说了，把石大胖子丢进锅里一熬……"

"怎么样？"杨三赶紧随了一句。

何向东一拍胸脯："可使我国百年无忧。"

"嚯……那赶紧熬啊。"

何向东摇头叹道："煤不够啊。"

"啊……"

观众听到这儿都乐不停了，笑声、掌声不断，这小剧场可不止火了这三位说相声的，还有一个很火的人物就是石大胖子，何向东尽拿他开涮了。

今天这个小段儿效果也很好，可是有一个人不乐意了。

那人直接从观众角落席上站起来，憋着红脸大喊："你胡说，我才没有这样呢！"

闻言，所有人都扭头看去。

何向东也看那人，眼睛越睁越大，惊喜喊道："大石头……"

也顾不得那么多了，何向东直接冲下台，一把抱住了好久不见的好兄弟，小胖子石磊还是沉着个脸，很不开心的样子。

松开小胖子，何向东向观众介绍道："这就是我的好兄弟，石大胖子。"

观众哄然而笑，这小胖子胖得多可爱啊，哪有胖到惊动专家的地步啊。

小胖子石磊嘟着嘴说道："我哪有那样啊。"

何向东赶紧解释："大石头，相声都是假的，我都是胡说啊，你别生气啊。"

小胖子却很认真地说道："用煤是可以把我熬完的。"

……何向东都蒙了。

其实何向东和小胖子是有联系的，他们之间经常写信。至于和北京的田佳妮通的信就更多了，何向东知道田佳妮在学员班里面学习的情况，而且还知道她很讨厌一个叫小峰的男人，何向东还怂恿她往那个男生的饭盒里面丢蚯蚓……

至于小胖子石磊，何向东也跟他说了他和师父在天津城里面的连城俱乐部说相声，还跟小胖子说了在相声里面会说他的事情，小胖子很开心地说要来听他说相声，只是没想到居然是这样说的。

散了场之后，何向东拉着小胖子问道："大石头，你怎么突然来了天津啦？"

小胖子很开心，说道："我爸爸要来天津谈生意，他是不肯带我的，我求了他好久最后还是我奶奶说话，他才肯的。然后我跟他说你在天津这边说相声，让我爸爸把我带到这里就好了，也不会妨碍他谈生意了，然后我就来了啊。"

"哦。"何向东点头表示明白。

小胖子继续道："我来的时候你们都已经开始表演，还是那边那个大叔带我进来的，我跟他说我认识你。"

小胖子朝后一指，何向东回头看去是林正军，林正军冲两个小孩挥了挥手，就自己忙活去了。

小胖子靠近何向东，压低声音道："我跟那个大叔说我叫石磊，我是你朋友，他就带我进来了，还给我吃的，连门票都不要，也不管我是真的假的，你说他是不是笨，被骗了怎么办？"

何向东吃惊地看着小胖子，惊叹道："大石头，你可以啊，你这脑袋瓜子居然会拐那么多道弯了啊？"

小胖子抬起头，傲娇道："那怎么了，我奶奶就经常说我聪明。"他是没好意思讲，在出门前他老爹跟他说了好几天的防骗指南。

何向东赞叹完了，才解释道："你也别说林经理脑子笨，你是不知道你石磊两个字在我们剧场里面的地位。"

小胖子疑惑道："我当劳动委员的事情已经传到天津了吗？"

何向东倒吸一口凉气，然后用力点头。

小胖子可给乐坏了。

何向东心累。

把大褂脱了，换上平时穿的衣服，何向东对小胖子说道："大石头，我带你下馆子吃顿好的。"

小胖子迟疑道："啊，不好吧，我爸爸说他等会儿就来接我了，让我不要乱跑。"

"嘿，你爸爸来不也带你去吃饭嘛，没事，我跟剧场里面的人说一下，等你爸来了跟他讲一下就没事了。哎呀，走吧。"说完，何向东拖着小胖子庞大的身躯就走。

出门的时候还跟林经理打了个招呼，说小胖子的父亲找来的时候，跟他说一下，林正军也很爽快地答应了，先前石老三带着小胖子来的时候，就是他接待的，他见过石老三。

剧场晚上还有演出，所以傍晚这段时间他们都在剧场里面，也不怕石老三找不到人。

这俩小孩就在剧场附近的街上逛起来了，小胖子显得很兴奋，这是他第一次来天津城，而且还没有他老爸带着他，也没人管他，他看街上店铺都看花眼了。

何向东小眼睛滴溜乱转，他是打算找一家还不错的饭馆的，毕竟是招待自己的好朋友嘛，可不能小气咯，而且他兜里还是有几个钱的。

作为挂他名字出去就能卖掉一大半票的大角儿，他的收入怎么会低。本来林正军是打算按照大角儿的待遇给何向东加大份儿的，不过被方文岐以孩子还小为由给拒绝了，只同意拿一个整份儿。

别的行当一个小孩子可能很难成角儿，但是相声行却不一样，小孩子还更加吃香一点，他只要上台能说一点东西出来，观众就很满足了，如果要是有何向东这样的水平，那就妥妥的又是一个小蘑菇了。

要知道人家常家大爷小蘑菇可不是什么等闲之辈啊，人家九岁出来卖艺的时候就已经都红不行了，是那个时代最顶尖的相声艺人，无论多么厉害的名家高手在这个孩子面前都要黯然失色，只可惜啊天妒英才，英年早逝啊。

现在何向东的收入都放在师父那里，方文岐经常会给何向东一些零花钱，所以别看这还是个九岁的孩子，他身上可是揣着几十块钱的，比很多成年人身上带的都多。

以前跟着师父的日子太苦了，顶多是混个温饱，方文岐也有补偿何向东的心思，反正孩子就贪吃也不乱花钱，多给点也没事。

逛了好久才找到一家稍微像点样子的饭店，叫鼎丰饭庄。1984 年这会儿还是国营饭店的天下，私人开的才刚起来，大饭店很少，大多都是一家人开的小店儿，也没有什么装修，弄个门脸房稍微改改就差不多了。

这个饭店还算不错的，里面稍微修饰了一下，尤其是门口招牌那几个大字写得是恢弘大气，很有风采。

进店以后，何向东和小胖子找了个靠门的地方坐了下来，招呼客人的小伙子很快走过来，问道 :“小孩，你们吃什么？”

何向东问小胖子 :“大石头，你想吃什么？”

小胖子腼腆道 :“我随便，你做主吧。”

“也好。”何向东张嘴就来，“给我上蒸羊羔、蒸熊掌、蒸鹿尾儿、烧花鸭、烧雏鸡、烧子鹅……”

“行了行了。”还没说几道菜呢，就被那小伙子给打断了，他都被气乐了，“你这小孩说相声呢，说相声别在我们饭店说啊，过几条街那边有个俱乐部，那有说相声的。”

何向东憋着笑，问道：“我听说那边有个小孩相声说得挺好的，你没去听过啊？”

“来吃饭的人好像有说过吧，我是没去看过，相声有什么好听的。”小伙子摇了摇头。

何向东自信心大为受挫。

那小伙子继续咕哝道：“我又不是我家老头子。”

闻言，何向东抬头往柜台看去，守柜台的那老头精神抖擞，气色很好，鼻梁上还架着一副老花眼镜，他正从眼镜上方打量着何向东。

何向东与其对视，那老头眼珠微动，露出了思索的样子，然后便低下头继续算账了，没有说话，何向东倒是也没管那么多。

那小伙子却是有点不耐烦了，说道：“要不你们俩一人吃一碗面好了，七毛钱一碗，就这样呗。”

何向东却不干了，道：“那可不行，我这请朋友吃饭呢，上好菜，来个红烧肉，糖醋鲤鱼，再炒两个蔬菜，哦，对了，再给炖只鸡。”

小伙子惊住了：“别乱点啊，你们哪来那么多钱啊？”

何向东从兜里拿出一堆钱来，十块的五块的，看样子绝对超过五十了，他道：“够不够，赶紧做菜去。”

小伙子还在问：“你们不会是偷家里的钱了吧？”

何向东语塞。

柜台那老头却发话了：“清丰，给客人做菜去吧。”

老爹都发话了，小伙子再怎么狐疑也只有去后厨了。

何向东抬头看看那位大爷，也没多想，又继续和小胖子聊天了，老头的目光倒是在何向东身上停留了好一会儿。

二

现在这个点吃饭的人不算多，菜很快就上来了，虽说店不大，但是这菜味道是极好，尤其是红烧肉做得非常成功，软硬适中，入口便是满满的肉香味。何向东和石磊小胖子一人端着一大碗饭，吃得不亦乐乎。

别小看这个岁数的孩子，有句老话说得好，半大小子吃垮老子，他们要是真吃起来，那可不比成年人差。

何向东说一下午相声可累到不行了，吃得那叫一个风卷残云，气势恢宏；小胖子石磊自然也丝毫不弱，原因就不说了，反正饭桌上尽是这两孩子抢食的身影。

柜台算账的那位老者目光时不时往这边看上一眼。

半晌过后，桌子上一片狼藉，两孩子捂着肚子倒在椅子上。

小胖子呻吟道："哎呀，我不行了，撑死我了。"

何向东也撑得不行，没好气道："你家那么有钱，平时吃得也不差，至于像饿死鬼似的吗？"

小胖子道："我这不是见着你高兴嘛，就多吃了一点啦。"

何向东道："高兴就多吃，那难过呢？"

"多吃点就高兴了。"

"难过多吃就高兴了，那高兴了呢？"

"多吃呀！"

何向东点头表示了然，赞叹道："果然很科学。"

小胖子傻笑。

吃得差不多了，也该回去了，何向东喊了一声："老板结账了。"

那小伙子赶紧从后厨走出来，到柜台把账单拿过来，走到何向东身边看着账单道："一共是三百一十五……嗯？"

小伙子倒是愣住了，回头往柜台看。

愣住的还有小胖子和何向东，同时往柜台看去。

柜台那位戴着老花眼镜的老者摘下了眼镜，看着几人，微微一笑，然后冲小伙子点了点头。

聪慧如何向东，哪里看不懂这是什么意思啊，当时就毛了，骂道："好呀，你们这个黑店啊，几个破菜就要我三百多，你们干吗不去抢啊？"

小伙子赶紧呵斥道："什么黑店，别胡说啊。"

何向东从小就是在街头长大的，这种讹人的事情没少见，他哪能吃这亏啊："还胡说啊，几个破菜要我三百多还不是抢啊，哎，我说，你们有这能耐抢银行去啊，你们还别怕警察，警察一开枪，你们就拿脸皮挡啊，这警察哪是你们对手啊，军队都不行啊……"

小伙子被说得面红耳赤的，时不时往店门外看看，他是生怕何向东这些话被外面的人听到，关键他自己都不知道自己老爹在干吗，只能赶紧劝道："别胡说八道啊，我们是正经生意。"

何向东却继续骂道："你们都要讹上我们了，还正经啊，你们要脸不要啊，去年严打怎么没把你们打掉啊，都说人有多大胆，地有多大产，你们这胆子，地里面还不得产你妈啊？"

见何向东越说越不像话，小伙子也有点微怒，骂道："别说我妈啊，信不信我揍你？"

何向东还挑衅："有这闲工夫早动手多好啊，还跟我对骂，宝贝你这不是找刺激嘛。"

小伙子一怒真举起手来了。

何向东一瞧不好，赶紧道："欺负孩子是吧，你要敢动手，我就让我这兄弟立马躺地上装死，我可告诉你啊，我兄弟有羊癫疯啊，发起病来你们谁都跑不了。"

小胖子也非常配合，立刻到地上抽搐起来了，他家邻居就有羊癫疯的，发起病来可吓人了。

何向东愣了一下，就赶紧打蛇随棍上，道："呐，我兄弟被你给吓出病来了，你不得赔个三五千的啊。"

小伙子都蒙了，怎么自己反倒被讹上了，这叫什么事啊，传出去得多难听啊，他回头看他老爹，可是却瞧见自己老爹正饶有兴趣地看着这边，小伙子当时就不干了："什么乱七八糟的，你们弄吧，我不管了。"

说完，他直接去后厨了。

何向东还在那里叫嚣："别不管啊，我兄弟这医药费还没算呢。老头，这事你管不管啊？"

见问着自己了，那老者就放下笔从柜台后面缓步走了出来。何向东这才瞧见这人一副老派知识分子打扮，一身中山装，胸前口袋里面还插着两支钢笔，脚上是一双千层底的布鞋，头发根根倒竖，一丝不乱。

老者走到何向东身边，问道："小朋友，这事我要怎么管啊？"

老者身上似是有种奇异的魔力，一张嘴就让人不由得想去倾听他说什么，连暴怒中的何向东也是如此。

何向东道："还怎么管，你们讹人的事情管不管，你们要是不管，我也就讹人了啊。"

老者笑道："呵呵……有话慢慢说，地上凉，让那小胖子起来吧。"

老者说话不紧不慢的，但是却有一种让人信服的感觉，何向东的怒气也消散了不少："大石头，起来吧。"

小胖子应言爬起来，也不多话，又坐回座位上捡起碗里面没吃完的鸡腿又啃了起来，一边在看何向东和老者对峙，这一幕看得何向东眼角直抽搐。

老者从旁边拿过一条凳子来，坐了下来，又伸伸手示意何向东坐下，何向东气呼呼地也一屁股坐下了。

老者笑笑："小朋友……"

何向东打断他："小爷行不更名坐不改姓，何向东是也。"

老者含笑点头："小朋友……"

何向东："……"

"小朋友，我们饭店有个规矩。"

"什么规矩？"何向东好奇道。

老者道："我们饭店的规矩是有本事的人吃饭不要钱，我们还倒给钱，没本事的人吃饭要十倍钱。"

前面去后厨的小伙子此时撩开门帘看这边，听到他老爹的这句话，嘟囔道："什么时候有这破规矩了？"

何向东问道："怎么才算有本事啊？"

老者道："通过你自己的本事，而不是找人帮忙，让我们敬佩，让我们没辙儿，这叫本事。"

何向东眼睛骨碌碌乱转，也不知想到了什么，突然笑了出来，从兜里拿了一堆零钱出来，道:"小爷身上就五十了，付你这顿饭钱够够的了，晚上我还有事就不跟你们了，明天看你们怎么给小爷把钱吐出来。"

说完，何向东带着小胖子就走了，老者也没拦他。

后厨的小伙子走出来，到老者身边，有些不满地问道："爸，你这是干什么呀？"

老者望着何向东离去的背影，淡淡笑着说道："这孩子真好啊。"

出了店门，小胖子不解地问："东子，你怎么把钱都给他们了啊？"

何向东挑眉笑道："不是说有本事的人吃饭不要钱嘛，我明天就让他们看看什么叫有本事的人，不把他们店弄得起飞狗跳，我跟他们姓。"

小胖子有点担心："啊，这样会不会不好啊，他们万一报复你怎么办啊？"

何向东耸耸肩道："报复？他们自己说要看本事的，还怎么好意思报复，再说我也不怕，我们剧场好几十号人呢，我还怕他？哎，知不知道京剧里面有叫武生的行当，就是一口气能翻几十个跟头的那种，我们剧场就有，吓不死他。"

小胖子还是有些担忧，这孩子老实惯了。

剧场离这里也不远，拐过几条街就到了，到了门口还能看见有观众正在买票，他们看见何向东来了还有大声打招呼的。

这让何向东的小小虚荣心得到极大满足，连前面在饭店的不快也忘记了，连连和观众打招呼，还把身边的小胖子介绍给大伙儿认识，说这就是可保我国百年无忧的石大胖子，弄得观众大笑不止。

小胖子满脸通红，他还从来没被这么多人注视过呢，很羞臊。

何向东拱手道："你们诸位先买票，我去后台准备准备，咱们等会儿开场见啊，

第一个节目就是我的。”

观众很善意，大声说“好的”。

何向东满脸笑容地拉着小胖子就往后台而去，小胖子还在惊叹：“东子，原来你都……都……这么厉害了，他们都是来听你说相声的啊？”

何向东得意道：“那是啊，你是没看见那个场景，全场好几十万人在那里喊‘何向东，我们好崇拜你’，你是没瞧见啊。”

小胖子吃惊道：“你们这里能坐下好几十万人了？”

何向东叹道：“你再也不是当初那个单纯的大石头了，唉。”

小胖子很蒙。

进了后台，何向东却发现气氛有点奇怪，后台很安静，很沉默，几个主事人坐在凳子上静静发呆，林正军、白凤山和杨三还抽起了烟，白色烟雾也掩盖不了他们的愁思。

何向东心中一沉，到底发生什么事了，他走到师父身边，轻声问道：“师父，这……怎么啦？”

方文岐看着自己徒弟，摸摸他的小脑袋，笑了笑也没说话，又看见小胖子站在那里，他笑着道：“小胖子，你也来天津了啊？”

方文岐也认识这小胖子，以前在郊县的时候小胖子经常来找何向东玩，还有一次这小胖子非要说跟他学相声。

小胖子走上前去，恭敬叫道：“方伯伯好。”

方文岐道：“你爸也来这里了，刚才还在这儿呢，现在应该还是剧场里面逛吧，来个人去找找。”

后台跑出去一个小伙子，在闲逛的石老三很快被找来了，有些日子没见的石老三依旧精神，小胖子见着自己父亲，就赶紧跑了过去。

何向东也打了个招呼，叫了声石叔叔。

石老三环顾后台众人一眼，对方文岐笑着说道：“方老哥，你们忙，我先把这孩子带回去，就不给你们添麻烦了。”

小胖子却不乐意了：“别呀，爸爸，我们晚上在这里听相声吧，晚上东子还要表演呢，我们在这里听吧。”

石老三道：“你明天再来找东子玩吧，今晚先跟我回去，别给人家添乱。”

小胖子还是有些不情愿：“爸……”

石老三板起了脸，道：“听话。”

何向东也瞧出后台气氛不对，就赶紧对小胖子说：“大石头，你明天再来找我玩吧，反正你们是明天才回家的。”

听到何向东也这么说，小胖子只能应道："那好吧。"

石老三牵着小胖子的手，跟方文岐和林正军告别后，就走了。

待到这两对父子走后，何向东又问师父："师父，是不是发生什么事了？"

方文岐叹了一口气，苍老的脸上多了许多愁思："东子啊，从今晚开始你就先不要表演了。"

何向东愣了一下，反应过来惊问道："为什么呀？"

方文岐默默叹了一口气，没有回答。

还是杨三开了口，他狠狠嘬了一口烟，然后从鼻子里面喷出来，说道："前面你走后文化部门来人了，说我们用童工，不让你演了。"

何向东怒道："关他们什么事啊，我说相声跟他们有毛关系啊，什么童工不童工的，多少老前辈不都是七八岁就登台了啊，他们电视上还有几岁小孩唱歌的呢，怎么不管啊？"

"好了。"方文岐把何向东拉到身边，说道，"东子，你这几天先别上台了，稍微等几天吧，等我们把这件事先解决掉吧。"

何向东虽然还是很气愤，但终究不是一点事不懂的孩子，这些年跟着师父东奔西跑也经历过一些事，也让他有了远超同龄人的成熟。他知道现在不是他耍小性子的时候，也就在一旁自己生闷气了。

白凤山对林正军说道："老林，你不是说你跟那里面的人有交情吗，怎么……怎么这样啊……"

林正军苦笑。他虽然不是剧场演员，但他其实是整个剧场里面最忙碌的一个人，场内场外的各种事务都是他负责。包括各种物资的采购、演员的安排、场地的租赁、搞宣传招揽观众，还有安排来串场的演员表演……当然也免不了和上面的人联系感情，近一个月来他们剧场很火，资金也多了许多，和上面那几位来往也更多了一些，但谁知道会发生这样的事情。

林正军把烟头往地上狠狠一砸，沉声说道："我去问了人了，他们跟我说是有人举报的，说我们使用童工，而且在说一些涉黄的内容。"

众人沉默了，还是真有这事儿。在小剧场里面表演喜剧类节目的，包括相声、二人转什么的，基本上都是黄段子、脏段子满天飞的那种，观众也爱看。

不止是现在，一直到很多年以后，小剧场不管演出多久了，都是有人坐在剧场门口的，一瞧来查的人来了，立马进去通风报信，在门口打一个手势，演员就明白了，马上换一个段子，实在来不及也得很小声地说。

杨三沉声问道："是谁举报的我们？"

林正军苦笑道："还能有谁，我们剧场这么火，有人眼红了呗，认为我们抢人家生意了呗。"

众人脸色都很阴沉，心情很不好。

白凤山问道："老林，现在怎么办？"

林正军道："唉，就按方先生说的，先让东子停演一段时间吧，我再去上面疏通疏通，也幸好这段时间记账都是写发给方先生的钱，真要把东子写上去就说不清了。"

三

其实是谁举报的，大家心里都清楚，天津城里面小剧场还是刚刚起步，也就几十家的样子，他们连城虽然很火，但也只火在城东这一块，不会给其他地方造成威胁，不爽的也就是隔壁这两家了。

同行相轧啊，不过还算好，事情还是好解决的。涉黄，下次找个人在剧场门口盯一下就好，上面部门那些人都是熟面孔，不算大问题；至于童工问题，其实《未成年保护法》并没有明确的规定，而是到《劳动法》和《禁制使用童工条例》中才有专业的规范，不过这两个法律法规当时尚未出台。

但是禁用童工的概念从民国的时候就提出来了，新中国成立之后自然也是坚决表示禁用童工的。像何向东这种情况，他每天表演而且已经是一个大角儿，又能开份儿，算是一个劳动者了，从实际上讲是用了童工。

但是话也可以这样说，说他是跟着家里大人上台上随便表演了几个小节目玩儿，不拿钱，就不算童工了。这年头的法制建设很不健全，执法者的自由裁量权比较大，所以就看林经理活动得怎么样了。

正在枪口上，当晚何向东是不能上台表演了，也没办法，林正军在开场的时候跟观众好好道了歉，只能说是出了点意外，何向东最近几天都不能上台演出。

这话一出，现场顿时就躁动了起来，这么多人有一大半人是冲着看这个机灵的小孩子来的，结果你说人家这几天都不表演了，这不逗人玩儿嘛。

关键林正军还不能跟观众说真正原因，只能是打碎门牙往肚子里面咽，连连对观众鞠躬道歉，这一晚上他道的歉、挨的骂就没少过，也是苦了他。

因为少了何向东的表演，方文岐和杨三决定今晚拿出几个大活儿来，两人表演对口《红事会》《白事会》还有压轴的《卖五器》；杨三今晚上的单口也拿出了压箱底的《白宗巍坠楼》，都是卖力气的大活儿，一定要对得起观众。

后台，何向东很郁闷，暗自把那几个使坏捣乱的人诅咒了无数遍。剧场里面的人已经够烦了，他也不能把不满摆在脸上。没什么事情的他就帮着后台的人忙活，众人看见这个懂事的孩子也很心疼。

一直到很晚，剧场的演出才停止，方文岐和杨三这两位老先生也是卖了死力气的，观众尚算满意，这一场算是圆过去了。

散场之后，方文岐带着何向东回家，路上还给这孩子买了两个粽子当夜宵，可是何向东却一点食欲都没有，到家之后，他就直接上床睡了，一句话都没说。

方文岐也只是默默叹一口气，这事对这孩子是个打击，可是谁也没有辙，只能希望林正军那边能尽快解决，也希望这个小挫折能成为这孩子成长路上的磨刀石吧。

翌日，上午没有演出，师徒两个在家里练功，方文岐给何向东说活。到了下午，方文岐和杨三要去剧场表演了，何向东一歇工，他们两老头可忙多了。

下午的那一场，何向东也跟着过去了，石磊小胖子也来找他玩了，方文岐倒是没管那么多就直接上台了。

等师父走后，何向东抓起一副板带着石磊就去那家饭店了，一肚子郁闷气还没发泄呢，得先把昨天的账给算算。

小胖子没进店里面，只是站在街对面远远观望，他害怕挨揍，何向东也乐得如此，他还嘱咐小胖子万一他挨揍了，让小胖子立刻跑去剧场叫人抄家伙来帮忙。

何向东冲进店门里面，对着柜台上那老者喊道："老头，我胡汉三又杀回来了。"

老者也笑："来了啊，还要吃饭不？"

何向东看了饭店里面一眼，这时已经过了饭点，也就只有两桌人在吃饭，他对老者说："还吃饭？小爷我今天是要账来了。"

老者眉毛微微一动，问道："你是准备把昨天的饭钱要回去？"

后厨的小伙子见何向东来了，也走过来看，他到现在都没明白自己老爹到底想干吗。

何向东道："我要的可不仅仅是昨天的饭钱，还有几千年前你们欠我祖师爷的钱，我今天也得要回去。"

小伙子纳闷道："什么几千年啊，瞎说什么呢？"

那老者在柜台后面看了眼何向东手上的竹板，笑了笑道："数来宝吗？"

何向东惊讶道："可以啊，你连这个都知道啊。"

小伙子还问："数来宝是什么？"

老者直接道："就是要饭的。"

何向东不乐意了，反驳道："什么要饭的，我们数来宝艺人从来不要饭。"

小伙子又问："那要什么？"

"要钱。"

“那不一样嘛。”小伙子都被逗乐了。

老者怪有趣地看着何向东，眼神中满是欣赏。

其实数来宝这门艺术还真的是从乞丐手上开始的，算是一批有手艺的乞丐吧。旧社会每一门艺术都会奉一位古人为祖师爷，相声拜的是东方朔，梨园行拜的是唐明皇，数来宝拜的则是范丹。

太平歌词的《太公卖面》开头不是有那么一句话嘛，那石崇富来范丹穷……范丹是春秋时期的一位古人（还有一种说法是汉朝的），生性清高，文采斐然，朝廷封他官，他不做，宁愿受穷，后成叫花子，所以被数来宝艺人奉为祖师爷。

范丹虽不做官，但他也是个心系天下的人，经常接济周围的穷人，有次家乡大旱，他为救灾散尽家财，还让灾民去要他祖上留下来的外债。

还有一个传说是孔子周游列国时，行至陈国，穷困交加，是范丹的救助才不至于让他饿死，其后还资助他回到鲁国。

分别的时候范丹问孔子什么时候还钱，孔子说这天底下有文字的地方都是我的门生，你去要账就好了。所以在最初数来宝艺人不叫要钱，叫作替祖师爷要账；收钱的时候也是要求手心向下的，伸出竹板来让人把钱放在竹板上，这表明我们是要账不是讨钱。

再后来数来宝艺人就从乞丐中慢慢脱离了，开始了卖艺为生，慢慢演变到后来的快板艺术，也开始和相声这门艺术合流了。相声十二门功课里面就有数来宝一门，说相声的都得会。

数来宝的竹板跟普通快板一样，大板儿是两块，小的叫节子板儿，是五块，统共是七块板，一手拿一块对着打，边打边说。早年间的乞丐都是在大街上一路走，一路唱，在路过大小街铺的时候，他们就在店门前一站，开始数唱。数来宝的人从来是只要钱不要饭。

数来宝的唱词就叫“朝街词”，词基本上是固定的格式和合辙押韵的韵律，所以也叫趟子词，节奏就是“三三七”的节奏，两组三个字，一组七个字，三三七的句子，三三七的节奏。

最初数来宝艺人表演的时候都是一只腿跪在地上，一来是数来宝艺人觉得自己地位低，不配站着唱；二来也是因为跪着唱外围的人看不见，他就得挤进来，这样沾子能圆得好一些。由此也可见，旧年间艺人作艺是非常不易的。新中国成立之后他们才翻了身。

何向东话也不多说，先是拿起竹板来了个打板过门儿。

哐哩哩哐，哐哩哩哐，哐哩哩哐，哐哩哩哐哩哩哐，哐哩哩哐哩哩哐……

小伙子看这小孩打得竹板挺有意思，也不拦他，店里面两桌客人也看过来了，而老者坐在椅子上眼睛一刻都没有离开过何向东。

小伙子还说："你唱快板得好好唱啊，唱不好我可不给你钱啊。"

何向东打板说道："竹板打，进街来，

铺户这个买卖两边排。

是也有买，也有卖，

也有这个幌子和招牌。

金招牌，银招牌，

里里外外的挂出来。

说你也来，我也来，

大掌柜的发了财！

您老发财我沾光，

路过相求来拜望。

一拜君，二拜臣，

三拜掌柜的大量人。

人量大，海量宽，

刘备老爷坐西川。

西川坐下了汉刘备，

保驾的臣，三千岁……"

何向东的快板功底也不差，节奏很明快，他的基本功也扎实，吐字很清楚，跟着竹板的节奏走，听起来很富有节奏感。

小伙子眼前一亮，他是没想到这屁大点的孩子居然能说得这么好，有模有样的，太厉害了吧；柜台的老者也露出满意的微笑。

在那儿吃饭的两桌人也认出何向东来了，他们都是附近的住户，都去连城里面听过相声，自然认识这个年幼的大角儿了，在那里窃窃私语起来。

"我在那边儿拐了个弯儿，

我扭项回头拜这家儿。

我拜了他，不拜你，

你说傻子没道理。

大掌柜的真不错，

站在门口儿一个劲儿地乐，

您把铜子儿给几个，

回家去好治饿。”

那小伙子憋着坏笑，想逗何向东，他直接搭茬道：“要钱呐，我就不给，嘿，赶紧上别家要去。”

何向东看了他一眼，竹板并没停下来，继续唱道：“你叫我走，我这不能走，

走到了天黑空着手，

一分钱我这也没有，

傻子还得饿一宿。

我求掌柜的高高手，

你要给钱我就走！”

小伙子来了兴趣了：“你这都能接得上啊，嗬，那我也不给，不是不给啊，我是没钱啊。”

“你说没有我说有，

这个票子洋钱柜里头。

你要有钱你不拿，

票子不会往外爬；

你要有钱你不动，

票子不会往外蹦；

不会爬，不会蹦，

我求掌柜的往外送。”

数来宝是没有规定的台词的，只要是合辙押韵的都可以。本来这数来宝最初就是乞丐要钱唱的，也不可能有准词，都是跟店铺老板斗智斗勇现编的，三百六十行，见什么说什么。

小伙子也笑：“你呀，也别找我要钱啊，我又不欠你钱。”

何向东微微一笑，根本没难度，唱道：“大掌柜，你听其详，

打周朝列国就有我这行。

孔夫子无食困陈蔡，

多亏了范丹老祖把粮帮。

借你们吃，借你们穿，

借来米山和面山，

直到如今没还完。

我不论僧，不论道，

不论你回、汉和两教，

天主堂，耶稣教，

孔圣人的门徒我都要。”

小伙子吃惊道：“不管什么教你都敢要啊，还说孔子门徒你都要啊，那你找别家去啊，瞧见没有那边有个派出所，你去人家那儿要去啊，我们就一小饭店，没钱啊。”

何向东停了板，问道：“你说你们是什么？”

小伙子再次强调：“我们就一小饭店。”

“小饭店？”

小伙子说道：“对啊。”

“噢。”何向东了然，又打板唱道，“竹板打，迈大步，

掌柜的开了个棺材店。

您这个棺材真正好，

一头儿大，一头儿小，

装里死人跑不了，

装里活人受不了……”

“你等会儿。”小伙子立马拦住何向东，不让他唱了，一边怒道：“什么棺材店棺材店，我们这饭店，客人还在吃饭呢，你捣乱呢吧！”

那两桌客人还有搭茬的：“清丰啊，你就别跟这孩子斗嘴了，你哪是人家对手啊，人家可是在连城俱乐部里面说相声的，是吧，东子大老板？”

何向东拱手笑道：“哟，碰上衣食父母了，以后多去俱乐部捧场啊。”

“好嘞。”那人应道，然后继续看热闹，他也不明白，这一个说相声的怎么跟一个开饭店的杠上了，但这并不妨碍他那颗看热闹的八卦之心，很单纯，很真诚。

小伙子愣了一下，问道：“你是说相声的啊？”

何向东点头道：“对啊，我在剧场唱快板都是收费的，今天便宜你了。”

小伙子道：“你说相声不在剧场里面好好说，来我们这里捣什么乱啊？”

何向东一指那老者，说道：“你家老头子昨天说的啊，你们店里有规矩，有本事的人吃饭不要钱，还说把你们逼得没辙了就是有本事的人了，怎么样，小爷这本事怎么样？”

小伙子也没了心思跟这小屁孩扯淡了，他直接对老者说道：“爸，你就把昨天多收的钱给他吧，你瞧这叫什么事，我们还做生意呢。”

老者却道：“不能给，小朋友，你可没有把我们逼得没辙啊。”

小伙子也是无语了，他都不知道他老爹到底在干吗，但是又没法忤逆老爹的意思，

于是他直接问何向东："小孩，你到底要什么啊？"

何向东继续打板唱道："数来宝的不害臊，你给多少我都要。

棉袄、大衣、水獭帽儿，

凉席、蚊帐、大炉灶，

皮鞋、围脖、大手套儿；

这个电灯、电话、电灯泡；

这个汽车、楼房、现金和支票，

桌椅、板凳、盆景儿、帽镜，

连你老妈我都要。"

何向东这缺德玩意又说人家老妈了，那小伙子又是听得大怒，抄起家伙就要揍何向东。何向东大笑着逃跑，留下店里两桌客人笑得停不下来。

四

跑出了店门，何向东还是乐得不行，他一想起饭店那一老一少的表情，就想笑，简直不要太爽。

小胖子就在何向东后头跟着，他担忧道："东子，你这样做会不会不好啊？"

何向东道："有什么不好的啊，他们昨天坑我钱的时候可没说不好啊。"

小胖子皱着眉头道："我觉得他们好像也不是想讹你的钱，反正我感觉有点怪怪的。"

听了这话，何向东站住不走了，他皱起了眉头，细细思索，昨天一时兴起就答应了那老头的挑战，今天再一想是有些不对。

瞧见何向东陷入了深思，小胖子劝道："东子你也别多想了，说不定人家店里是真有这个规矩呢。"

何向东摇头反驳道："怎么可能，没有哪家店会有这么无聊的规矩。"

顿了顿，他狐疑道："我怎么感觉那个老头好像是在故意引我上钩似的，好像是让我故意去给他们捣乱使坏似的。"

"啊？"小胖子吃惊道，"那他们不是要害你吧，你还是赶紧跟方伯伯说吧，以后不要去那家店了，我爸爸说现在坏人很多。"

何向东皱眉想了想，道："害我倒也不至于，我也没有什么好让他们害的，再说大家都是街里街坊的，他们倒也不至于做出格的事情。另外，我总觉得饭店的老头不像个坏人，他好像对我没有恶意。"

小胖子嗫嚅道："那你刚刚还说他们引你上钩……"

何向东用力甩甩脑袋，说道："算了，我也不知道为什么，兵来将挡水来土掩吧，我倒是要看看他们葫芦里面卖的是什么药。"

小胖子有些担忧地看了他一眼。

两人慢慢地走回到了剧场，没过一会儿，小胖子的父亲石老三就来带他儿子回家了，他生意今天谈好了，下午就要坐车回郊县去。

小胖子依依不舍地和何向东道别，何向东让小胖子有机会就常来天津找他玩，他会一直在这里说相声的，让小胖子尽管来，一定不要门票钱。

小胖子也很开心地答应了。石老三带着小胖子跟下了场的方文岐打了个招呼，告辞一声，便走了。

何向东有些怅然若失，小胖子走了，他又没玩伴了。方文岐也没工夫管他，稍微休息了一下，就又和杨三上台了。

剧场里面所有人都在忙活，今天下午也卖了大半的票出去，幸好何向东停演的事情没有造成太大的影响，剧场还是在正常运行。

林正军倒是一天没见人了，他这一天都在外面奔波，主要还是在疏通上面的关系。有几个关系是他这些年一直在维持的，现在也到用上的时候了，也不知道能不能尽快把何向东的事情给解决了。

到了晚饭点，方文岐和杨三带着何向东去附近的小餐馆吃饭，好好叫了几个肉菜，他们现在的收入也不错，倒是不用像以前那么省了。

饭后，方文岐和杨三抓紧时间休息，在后台找了个躺椅就躺下了，晚上还有几个大活要准备，需要提前养养神。

何向东又想起饭店那个有意思的老头，小眼睛骨碌一转，露出一丝坏笑，趁师父休息的时候，他溜了出去。出门前，还找了一个剧场的小演员说他去鼎丰饭庄了，要是太晚没回来，让他告诉他师父一声，这孩子也是一个有心眼的人。

天已经微微暗下来了，街上飘荡的都是煤烟刺鼻的味道。那时候大家做饭用的最多的就是蜂窝煤，弄一个煤饼炉烧旺了就在上面做饭炒菜烧水，也很方便。

拐过几条街，何向东就到了鼎丰饭庄的门口。他使了个巧儿，趁人家没注意的时候跑到侧墙的窗户外面，他人矮，站直了从窗户里面也看不出来什么。

今天饭店里面的生意还是不错的，基本上都坐满了，何向东在窗户外面都能清楚听到里面的嘈杂声音，他憋着一丝坏笑，清了清嗓子……

"踏踏踏踏……"脚步声由远及近，越来越清晰。

"汪汪汪……"警犬凶悍的叫声传来，"砰"，还夹杂着一声清脆的枪响。

饭店里瞬间便落针可闻，有几个端着酒杯的人甚至定住了身子。忙碌中的小伙子也停了下来，四处张望着，脸上满是狐疑，柜台里的那老者也抬起了头。

“大哥，你先跑吧，警察马上就追来了，我来断后……”一个尖细的声音急促地响起。

另一个粗壮的声音接着响了起来：“老二，人是我们一起杀的，要死一起死，我不能让你断后。”

“大哥！”

“听我的。”

突然，那尖细的声音惊喜道：“大哥，前面有个饭店，里面好像有很多人在吃饭，我们去抓他们当人质。”

“嗯？鼎丰饭庄，好，好主意，老二你还有子弹吗？”

“当然。”

“砰砰砰……”又是几声清脆的枪响。

“踏踏踏踏……”跑步声越来越近。

饭店内众人面面相觑，也不知道是谁大喊了一声：“我的个妈呀！”

全场人才反应过来，鬼哭狼嚎地往门外狂奔，有个摔倒的也不知道疼，爬起来一瘸一拐地往外跑，速度竟然丝毫不慢。

那小伙子也急了，赶紧拉着老者说道：“爸，快跑，强盗要来了。”

老者一把反抓小伙子的手，沉声道：“别激动，这是口技，不是真的，是人模仿出来的。”

“模仿？”小伙子愣了一下。

老者脸上露出一丝笑意：“没想到他连口技都会，虽然没到以假乱真的境界，但是也很有几分火候了。”

“他？”小伙子继续犯愣。

这时何向东的声音从窗户口飘来：“嘿，老头，有没有瞧见小爷的本事，小爷这个本事如何啊？”

说完，何向东扭头就跑，片刻不停留，他也怕挨揍。

小伙子这才反应过来，当时就火冒三丈，店里的生意全被那个小混蛋给破坏了，他怒道：“小畜生，你别跑，我非要弄死你不可。”

老者拉住小伙子，严肃道：“清丰，我不许你动那个孩子一根寒毛。”

小伙子这时也忍不住了，他冲着他老爹咆哮道：“您说您到底想干吗啊，跟一孩子瞎弄什么啊？我们生意还要不要做了，你是不是疯了啊？”

老者笑了两声：“要干吗，哼，我想收他为徒。”

小伙子顿时就惊住了，他问道："你要教他炒菜？"

闻言，老者回头看来，脸色霎时变得极为精彩。

何向东几乎是一路狂笑着跑回的剧场，这孩子太爱捣蛋了。

刚到剧场后台没多久，林正军就被人搀着进来了，他满脸通红，脚步虚浮，一身的酒气，喝酒喝得两眼睛都直了。

来人把林正军搀到一个大椅子上坐好，又给倒了杯热水……此时正好演员们都在后台。

白凤山道："哎呀，老林你这是喝了多少啊？"

林正军醉醺醺大着舌头道："不多……就三瓶白的，呵呵……"

白凤山皱起眉头道："怎么喝那么多啊？"

林正军呵呵一笑："你都不知道那……那帮孙子，不喝酒都……都他妈不给你办事。"

众人对视一眼，眼神中颇有无奈之色。

白凤山又问道："那事情都解决了没？"

林正军拍着胸脯粗声粗气道："我老林出马，哪有……哪有不能解决的，他们说了让东子先缓几天，下周一就能再上台了，以后遇到来人查的时候记得躲一下就好，还有……就是不能开工资。"

"太好了。"

众人振奋，何向东也很惊喜。

方文岐过来拍拍何向东的小脑袋，说道："还不快谢谢你林叔。"

何向东恭敬地给林正军鞠了个躬，诚心诚意地道："谢谢你了，林叔，您多费心了。"

林正军摆摆手道："东子，你不用谢我，你可是我们剧场的大角儿啊，我们还指着你吃饭呢，你要是不上台了，我们可得饿肚子了。"

众人都点头。

何向东挠着头，不好意思地笑道："这都是观众们抬举了，还有我师父、师叔捧着我说，单靠我一人可不成。这两天我好好准备准备，等我再上台，一定拿出一个能卖出肉钱的好活儿。"

方文岐没好气道："别胡说啊，你还不到年龄，法律都不让你卖肉。"

杨三急着反驳道："哪儿年龄也不能卖肉啊。"

众人大笑，这几位说相声的台上台下都一样爱逗，人也很随和，没有一点角儿的架子，剧场其他演员都很尊重他们。

杨三又问林正军："老林啊，有没有打听出来是哪个混球举报的我们？"

听得此话，所有人都把目光投向林正军，眼神齐齐严肃起来。

林正军点点头，道："打听出来了，是风华俱乐部那帮孙子干的。"

白凤山一拍手掌，怒道："就知道是那帮孙子，别的剧场都离咱们挺远的，就他跟咱们离得近，这是嫉妒咱们现在红火了。"

风华俱乐部是一家曲艺俱乐部，里面的表演比较杂，有说书、大鼓、坠子、快板，还有北京琴书。他们是一家真正的曲艺俱乐部，不像连城，连城虽然也叫曲艺俱乐部，但之前是以戏曲为主的。

要说这两家挨得是挺近，原本因为主营的业务不同，大家的观众都不一样，倒是也没什么冲突，而且风华俱乐部的生意比连城的好很多。

自从何向东这三个说相声的来了之后，倒是彻底把连城给带旺了，尤其是晚上都能卖出加座票，这可使风华红了眼，认为是连城抢了他们的生意。风华的老板一怒之下就把人给举报了……正所谓财帛动人心，同行相轧寒人心啊。

杨三怒气冲冲道："这帮孙子，有能耐上门挑战啊，就算输了，我也瞧得起他们，现在玩这种阴招，太不要脸了。"

方文岐脸色也很阴沉。他是一个非常老派的艺人，身上的江湖气很重。风华俱乐部这样做确实坏了老规矩，你对一家场子有意见，可以上门砸窑（砸场子），也可以找对方出来盘盘道，明刀明枪地出来比，没人会有意见，有些前辈儿还会做中间人来调解。可暗地举报，让人家场子运营不了，这种断人家活路的手段放在以前是不被允许的，你一旦用了，在这行以后就混不下去了，会受到所有人的排斥。可是现在这种规矩早就不复存在了，风华俱乐部那帮人知不知道有这种规矩都不好说。

林正军晃了晃晕沉沉的脑袋，说道："风华那帮孙子我算是记住了，居然敢跟我玩阴招，也不打听打听我老林是谁，玩阴招大爷我是祖宗，都给我等着。"

方文岐张了张嘴，也没说出劝说的话，穴头有穴头的职责，剧场出事了穴头得去解决，既然是对方先坏了规矩，那自己这边也没什么好说的了，就让林正军去处理吧。

现在事情也算解决了，众人心里都稍稍放松了一点，又是一晚上的大活儿表演，观众反响很好。

何向东在后台帮着忙活，还兼顾着照顾喝醉了的林正军，等到林正军的老婆来了，他把人交了才放松了一会儿。

散场之后，和师父回家，第二天上午依旧是练功说活。相声就是这样的，需要在台上台下不断磨炼才有可能成才，否则再怎么好的天赋，不磨炼也成不了。

下午，方文岐带着何向东去了剧场，他自己闲着没事又跑到人家鼎丰饭庄去了，这孩子也是不怕死。

熟门熟路走到人家门口，何向东站在了马路对面，他也不敢进去，就远远地喊："老头，我又来了。"

老者和小伙子都走到门口看，现在过了饭点，店里也没客人。

老者笑眯眯地对何向东招招手道："孩子，快过来。"

何向东道："我可不过去，昨晚坏了你们生意了，我过去你揍我怎么办？"

老者笑道："忘了我们店里的规矩啦，有本事的人吃饭不要钱，通过这几次对你的考验，你的确是一个有本事的人，以后只要你来我这里都不要钱。"

一听说吃饭不要钱，何向东口水立马就下来了："老头，你别骗我啊。"

老者摇头笑道："你这孩子倒是机灵，来吧，就在店里面不去别的地方，再说我要是揍你，你可以把你家大人找来啊，我就一糟老头子，还能把你怎么着。"

何向东想了想剧场里面几十号人，心里顿时就有底了，他边走边说："你可别乱来啊，我们家里好几十号人呢，动起手来你可不是对手。"

老者含笑点头。

五

何向东进得店里，问道："老头，你要我进来干吗？"不放心地又重复了一遍，"我可告诉你，我们家里可有几十号身强力壮的小伙子，打起架来那都是不要命的啊，你可别乱来。"

这话让旁边那小伙子听得白眼狂翻，他老爹要是会对孩子动手那倒是有鬼了。

老者也宽慰道："你放心吧，我是不会动你的。"

听到老者再三保证，何向东这才放下心来，要吃不要命的本性再一次展露："那……那老头，按照你们店里的规矩，我算不算是有本事的人？"

老者点头道："当然算了。"

何向东立马道："那我以后来吃饭都不要钱了？"

老者笑道："一分不要，只要你想来，你吃什么都不要钱。"

有这好事，何向东这小破孩当时就两眼放光，道："那我要吃红烧肉，现在就要。"

老者微笑着点点头，对自己儿子吩咐道："清丰，快给孩子做份红烧肉去，做一大碗。"

小伙子眼睛都瞪大了，这是把徒弟当宝，把儿子当驴使唤啊，他当时就不乐意了，没好气道："后厨没材料了。"

老者却道："赶紧买去。"

小伙子道："都下午了，菜场也没菜了。"

老者道："赶紧找头猪现宰了去。"

小伙子彻底傻眼了，何向东听得是乐不可支，这就是有本事的人的待遇啊。

在老者眼神的威逼之下，小伙子鼻腔发出一声委屈的哼声，然后一头钻进后厨忙活去了。

老者这才重新把目光转向何向东，眼神中尽是温和之色，说道："趁着做红烧肉的时间，我给你讲个小故事呗。"

何向东不置可否道："也行啊。"

老者笑了笑，从餐桌的凳子上起身，往柜台走去。今天的柜台上其他的东西收拾干净了，只放着三样东西，一把折扇，一块醒木，一方手巾。

瞧见熟悉的物事了，何向东笑着打趣道："老头儿，这几样东西你从哪淘换来的啊，你要说相声啊？你要是想学相声可以拜我为师啊，我到现在都没收徒弟呢，你要是进来就是我的开山大弟子。"

老者看着他微微一笑，没有反驳，可是等他这一坐下，何向东当时就笑不出来了。

只是这平平无奇的一坐，却给人一种沉凝如岳、含珠吐玉的感觉，何向东顿时感觉眼前这老者像是换了一个人似的，再不像之前饭馆老板那般寻常老头的感觉。

老者看着何向东，微微一笑，嘴里吐字念道："历经艰辛不辞老，胸怀壮志比天高，海底明珠龙宫宝，一朝出现惊重豪。"

行家一出手便知有没有，这定场诗一出，何向东身上的鸡皮疙瘩当时就全都立起来，那种麻痒的感觉直弄得他头皮发麻。他下意识扭动身体让自己的肉体和粗糙的衣服摩擦，才能稍稍缓解这种麻痒感觉。

老者在说完定场诗后，没有停下，径直用右手拿起了桌上那块醒木。在拿起醒木的那一刻，他身上的气质再变，那股子淡定从容的神情在他身上完美浮现，仿佛在这个小屋子里面他就是唯一的主角，让人情不自禁就把所有注意力都集中在他身上，竖起耳朵、睁大眼睛，生怕错过一句话语，一个表情。

"啪。"

醒木敲下，何向东就像是被当头浇了一壶凉水一般，从头顶一直舒爽到脚底，那种奇异的舒爽感让他浑身轻微颤抖了起来。

老者看着眼前这唯一的听众，微微一笑道："我今天要跟你说的小故事，是短打公案中的《龙图公案》。这《龙图公案》说的是包龙图包拯的故事。这包拯是哪儿人呢？江南泸州府合肥县，这县里面有一座山叫锦屏山，山上面有一个村子叫包家庄。

"庄里头一个富户就是包拯的父亲，这位员外爷姓包，叫包怀，家资巨富，人称包百万。他天性好善，所以又得了个外号叫包善人。他的夫人姓周，周氏；两个儿子长子包山，娶妻王氏，儿媳包王氏生性善良孝顺有佳……”

从老者说第一句话起，何向东就被吸引住了，他屏气凝神，竖起了耳朵，生怕错过一个字眼，完全是入了神。

老者说的是评书，评书分为四种，长枪袍带书、短打公案书、神怪书和狐鬼书。长枪袍带书是说帝王将相的，他们这类人都是身穿蟒袍，腰端玉带，所以得名“袍带书”。当中的代表作，就是《东汉演义》《西汉演义》《三国演义》《杨家将》《隋唐传》等。

短打公案说的是江湖义士的杀富济贫、行侠仗义这一类，有《大宋八义》《三侠剑》《三侠五义》，还有《包公案》《施公案》等。

神怪书顾名思义就是说神怪的了，书目不多，《西游记》《济公传》《封神榜》等。

狐鬼书当中最出名的就是《聊斋》了。

老者说得入神，何向东听得更是入神，连老者为什么能说的这样一手好评书都没空去思考，完全沉浸到了故事当中。

后来连小伙子端出来一碗香喷喷的红烧肉都没有察觉。而小伙子把肉往何向东桌上一放，看了自己老爹一眼，只是听了几句，他也走不动道了，就那样呆呆地站着看自己老爹，神态像是痴了一般。

《龙图公案》也就是《包公案》第一个回目，说的是包拯降生的故事。包老夫人五十多岁的时候和大儿媳一起怀了孕，这让包老爷子感到很羞耻，一直不喜夫人肚中的孩子。

等到孩子降生的那一天他又做了一个噩梦，被一黑熊袭击，他便认为这孩子是个不祥之兆。这时，二儿媳也害怕三弟分他们家产，就在一旁怂恿公爹，包老爷子一时冲动，就让二儿媳把那刚降生的孩子扔到山脚下自生自灭。

幸好，包家长子包山心生怀疑，问过接生婆才明白其中原由，赶紧跑到山脚下把还是婴儿的包拯救了回来，这才保全了后世一代名臣的性命。

《包公案》的开头便是悬念骤生，情节曲折连环，十分引人入胜，这在评书里面叫扣子，也就是悬念的意思。开头的悬念叫迎头扣子。

书目是好书目，老者说得也好，不紧不慢，活口极好，仅仅用一张嘴就把众多人物描绘得逼真又传神，俨然一副大师气度。

“这大奶奶就收养了小三，可是不敢让这二奶奶看见啊。因为这孩子刚降生就被二奶奶瞧见过，这事情要是闹出去，这小三儿还是活不了啊……啪……”醒木一响，老者最后留了一个扣子。

艺人行内有句老话叫做听戏听大轴，听书听扣子。扣子的巧妙程度直接能反应说书先生的水平，扣子用咱们现在的话说出来有两个含义，一个是高潮，一个是悬念。

以前花钱听玩艺儿不是先买门票的，都是先听完一段或者一场时候才给一次钱的，这就考究演员的水平了，因为你说的水平一般，人家观众扭头就走，听完了都不给钱。

扣子的作用也就体现出来，扣子的第一个含义就是高潮，说这段书的时候把高潮部分说完了，如何打斗如何矛盾冲突，观众听爽了，钱也肯给了；扣子的第二个含义是悬念，每一段书的末尾都会留一个扣子悬念出来，这是吸引观众下次来看的，人家说书先生得指着这个挣钱呢。

老者看着何向东，笑眯眯道："小家伙，瞧我这本事如何？"

话音出来，这才把何向东从故事中拉到现实，他呆呆看着眼前这老者，像是重新认识他一样，问道："你到底是谁啊？"

连小伙子也一脸惊讶地看着自己老爹。

老者低头看了一眼，右手拿起桌子上的醒木，左手一指道：

"一块醒木七下分，上至君王下至臣。

君王一块辖文武，文武一块管黎民。

圣人一块警儒教，天师一块警鬼神。

僧家一块劝佛法，道家一块劝玄门。

一块落在江湖手，流落八方劝世人，

湖海朋友不供我，如要有艺论家门。"

老者一顿，看着何向东的眼睛，温和地笑了笑，说道："我乃评书门第九代传人，张阔如是也。"

何向东当场惊呆，同样惊呆的还有老者的儿子张清丰。

第九段 盘道儿

一

评书也叫说书，传自明末清初的江南说书艺人柳敬亭。评书的南北两大支派都是由他传下来的，北方叫评书，南方叫评词、评话。

评书在最初是以唱为主。它发源于鼓曲艺术，也就是所谓的唱大鼓的，其中就包括北派评书的创始人王鸿兴，他是在江南拜了柳敬亭为师，才学的评书。

王鸿兴最开始说书的时候也是唱大鼓书，有唱有说，后来因为要进宫给太后献艺，带着唱大鼓书所用的弦子多有不便，所以就只拿一块醒木，去其鼓弦，用评话演说，只说不唱。评书据此而兴。

说书有很多个门派，王鸿兴传下来这一门叫评书门，就是最传统的那种，一把折扇、一块醒木、一方手巾、一桌一凳就能说。这一门传了十代，有一首歌诀来表明他们的辈分传承：三辰五亮十八奎，九凤十连七代诚，华豫鹤雄遍天下。存久塞满天津城。延年益寿德五代，代代子孙更兴隆。

20 世纪 70 年代末，评书界出现了四大家，其中一人叫袁阔成的，他就是评书门的第九代传人，和饭店老板张阔如同为一代。

再者就是前面提到的大鼓书，他们可以拉着弦子，敲着大鼓，唱着说书，也可以去掉鼓弦直接说评书。这种在评书里面叫作使长家伙的，用以前的行话叫“柳海轰的”。其中最出名的就是西河大鼓、东北大鼓、京韵大鼓等。

除了评书门之外，还有一门评书说得非常好，那就是西河门。西河门顾名思义就是从西河大鼓里面发源出来的，但是西河门的历史是没有评书门长的，西河门在发展的过程中也从评书门里面汲取了不少营养。

现在这一门非常兴盛，倒是也的确出了不少人物。评书四大家里面田连元、刘兰芳和单田芳这三位都是出自西河门下。他们的作品都摆脱了鼓弦的影响，是以说为主的，完全的评书风格。

还有一种叫作竹板书，用的板和快板一样都是七块板，但是竹板书却不是唱快板，这是不一样的。竹板书是说书性质的，说隋唐说三国说水浒都有，它也有关子扣子，书筋书胆，只不过它就是多了一个竹板配乐罢了，唱快板是唱小段儿，不是成本大套地说书。只是可惜，竹板书没有什么表演市场，已经濒临失传了。

说书里面有使用长家伙和短家伙之分，长家伙指的就是长长的弦子，这是唱大鼓书用的，短家伙就是竹板书里面的竹板、评书门用的醒木。

张阔如看着眼前这个被震惊的小孩，笑了笑，说道："何向东，你可愿意跟着我学习评书？"

作为评书门的传人，张阔如对这些老艺术非常喜爱，又怎么会没去只有一墙之隔的连城俱乐部听过相声呢？何向东说的相声他听了很多，越听他就越喜欢这孩子，真正是个好苗子啊，也就动了心思。

他们评书一门教导弟子都是要从小开始教的，这一门出功夫慢，需要慢慢打根基。

评书门在旧年间说书的时候都是被人尊称为说书先生的，在艺人中地位算是顶尖高了。也因为如此，他们这一门不像说相声或是唱大鼓书，小孩也能来，而且观众也会捧。作为说书先生，就跟老师一样，你一个小孩往台上一坐，说起了评书，这是镇不住场子的，观众也是不会满意的。

何向东这时才从震惊中回过神来，张嘴就问道："你竟然还会说评书？"

老者的儿子，那小伙子张清丰也是震惊无比，他知道自己老爹平时很喜欢曲艺，可谁知道他还是那个什么门什么代的传人，好像很厉害的样子。

那个时候武侠小说已经很火了，张清丰就很爱看，他现在看他老爹的眼神就有一种在看扫地神僧的感觉。

张阔如看着何向东，微微一笑："我会不会评书，想必你刚才已经听得很清楚了。"

何向东忙不迭点头，刚才那简直是神乎其技啊。

张阔如又道："现在电台里面有个很火的说评书的叫袁阔成的，你知道吧。"

何向东又赶紧点头，他和师父常听人家的评书。

张阔如又笑了，说道："我们出自同门，他就是我师兄。"

"啊？"何向东长大了嘴，这一个小小饭馆的老板居然有这么显赫的出身，他们这一脉在评书门里面可是根正苗红，辈分极高啊。

张清丰也很惊讶，"扫地神僧"竟然还有师兄？

张阔如也不说话，就是温和地看着何向东，等这孩子从震惊中回过神来，他才又问道："那你愿意跟着我学评书吗？"

"愿意愿意愿意。"何向东赶紧答应，这种明摆着的好事，他怎么能错过。

张阔如松了一口气，再问道："那你愿意拜我为师吗？"

何向东却是愣住了，拜师？他从来没想过这件事，他很愿意和那些有本事的老艺人学习，他师父也经常让他向不同的艺人请教，早一点他跟着范文泉学过几段相声，近一点他跟着白凤山学习过上台唱戏的技巧，但是拜师……

张阔如很期待地看着这孩子，说实话他这次是真的动了心，否则也不必和这个孩子闹这么久，兜这么大圈子。

张清丰看看自己老爹，又看看这个来接连几天来捣乱的孩子，他脑子只浮现了一句话，"扫地神僧"要收徒了。

良久之后，何向东才苦笑摇头道："对不起了，张先生，我恐怕不能拜您为师了。"

张阔如紧张问道："为什么？你已经拜评书门的人为师了？"

何向东道："没有，我现在的师父就只有相声门的第六代传人方文岐。"

张阔如悄悄松了一口气，不解道："那你为什么不愿意拜我为师呢？你们相声一门同时拜评书门为师的有很多啊，就像你们的第四代门长张寿臣先生，他也拜在我们评书门下，是我们的第八代传人啊。"

何向东沉默了一会儿，低声解释道："我不一样，我是孤儿，从小就被人贩子拐走在街上要饭，是我师父救的我，还教我本事。在我眼里他不只是我师父，也是我的父亲，所以我不想也不愿意再拜别人为师了。"

张阔如神色一滞，还仍不愿放弃，说道："拜师的事情，你可以和你师父商量一下，或者是我亲自去说，相信你师父会答应的。"

何向东赶紧摇头道："算了……我……抱歉了，张先生……"

说完，他也没看脸色很难看的张阔如，转身就要离开这里。

"你等等。"在何向东一只脚已经迈出店门的时候，张阔如最终还是出声喊住了他。

何向东停住了身子，回头看他。

张阔如看着眼前这小孩，嘴唇微微抖动，眉头也皱得很紧，显然他的内心也是挣扎得厉害的。

这番情形看得张清丰心都提起来了。

良久之后，张阔如像是泄了气一般，整个人虚弱了很多，他苦涩地笑着说道："我这一生只收了两个徒弟，都是从小跟着我学艺，一起吃住，一直教到他们长大成人，等他们上台说书，成名立腕。就跟我亲儿子是一样的，他们也一直当我是他们的亲爸爸，对我很尊重很孝顺。”

何向东点头，他很能明白这种感情。

“唉……”张阔如长叹一口气，整个人像是苍老了几分，“可惜他们却在被下放的时候染病去世了。呵，我就跟死了儿子没两样的，白发人送黑发人。我也心灰意冷了，决定再不说评书。那年头也乱，我和我的夫人四处奔波讨生活，没想到兜兜转转最后还是来了天津，或许是上天怜悯吧，让我老来还得了一个儿子……”

张阔如看着自己的儿子张清丰，张清丰眼泪一下子就出来了，在他眼里他的父亲一直是一个再普通不过的厨子，谁能想到他还有这么坎坷的经历，句句如刀，椎心泣血，让他心里难受得很。

张阔如摇头一叹，继续道：“有了孩子也算是安定下来了，我就在服装厂的食堂给人帮厨，养家糊口，挣得虽然没有以前多，但尚算生活无忧，只可惜我老伴没过上几天好日子就没了，也是个没福分的人，唉。后来改革开放允许私人做生意了，我就开了这家小饭店。

“我算不上是一个大好人，可我这一生从没做过坏事，从没害过人，让我穷困潦倒我认，让我孤苦伶仃我认，让我白发人送黑发人我也认了，可是……”张阔如盯着何向东的眼睛一字一句说道，“可是让我这一脉绝了后，我不认，我不甘心，我不甘心呐……”

何向东张了张嘴，却什么都说不出来，看着眼前这位老人，他的心里全是苦涩。

张清丰更是哭成了一个泪人，他哽咽着用颤抖的声音说道：“爸……爸……我跟你学……我跟你学评书……我学……我学……”

张阔如仰着头，长长叹出一口气，眼神中尽是落寞:“清丰，我知道你是个好孩子，可是你真的不适合干这一行，而且你对曲艺一点不感兴趣。在你还小的时候我就动过这个心思，可是你真的不行啊。你但凡是有一点天分，我就算是舍掉我这张老脸也会去求我那些师兄弟收下你，好让你承我的衣钵，只是可惜啊……”

张阔如摇摇头，又看着何向东：“我本来以为我这一身本事要带到泥土里去了，我要对不起师父的栽培了。可是，我遇到了你，我去听过你的相声，不止一次，你的天分真的很好。你如果没有来这里，再过上些日子我恐怕也会主动找你师父说让你拜师的事情。可是那天你却主动来了我店里，小家伙，你可知道我当时是有多么的开心，我真的认为这是上天赐予我的福分，让我这一脉命不该绝。”张阔如眼神中洋溢着激动的神彩，他道，“你以为真的我是想多收你钱吗，不是啊，我只是想你下次再来。我不只是想看你的本事，也把这当成是我们师徒结缘的一个小游戏，我的第一个徒弟就是这样收下的，他比你更调皮捣蛋……可惜啊……”

张阔如叹了一口气，再看了眼何向东，又说了一声：“可惜啊……”

“我……”何向东欲言又止，他踌躇了，也不知道该说什么好，就是心里憋得难受。

张清丰红着眼睛看着何向东，郑重说道：“只要你肯拜我爸为师，你让我做什么都可以。”

“我……”

张阔如摆摆手，故作轻松地笑了笑，说道：“缘分是前生造就的，我们今生没有师徒缘分也罢了，不必强求。何向东你是个好孩子，你师父一定很欣慰有你这样一个徒弟。”

“对不起，张先生。”何向东给张阔如深鞠一躬，眼泪也悄然滑落。

张阔如站了起来，背着手，缓步走到门口，抬头看着天，默默叹了一声，说道:“罢了罢了，不拜师就不拜吧，但是我这一身本事不能绝了，何向东，你……愿意跟着我学评书吗？”

张清丰赶紧扭头期盼地看着何向东。

何向东一愣，然后很快反应过来，立马跪在地上，冲着张阔如的背影恭恭敬敬磕了三个头。

那一日，初冬的阳光很好，不暖不寒，何向东只记得老者的背影孤单、凄凉又落寞，他也不知道自己是怎么离开的，一直到回了剧场他还是沉浸在下午的那个场景里。

师父看出了他的怪异，问他，他也什么都没说，就是一阵阵发呆，脑子里面很乱，却什么东西都没有，他就是想好好睡一觉，睡着了就什么烦恼都没有了。

所以他很早就回家了，这也是他到天津这么久以来，第一次这么早回家。到家蒙头就睡，睡得很沉。

其实对于艺人来说，绝了后指的不仅仅是没有子女，更重要的是没有传人，这一脉就绝了，没有人传承他的手艺和本事，跟没有子女养老送终是一样的。所以张阔如才那么期盼着能收何向东为徒。

也是可惜他的儿子没有这个天分。艺人收徒是不能父亲收儿子的，一定是要拜别人为师，但是可以跟着父亲学本事，传承父亲的衣钵。马派相声的传人马志明先生就是由侯宝林先生代师收徒，但他继承的却是他父亲马三立先生的衣钵，就是这个道理。

第二日练完早功，何向东就直接去了张阔如家中，走的时候他还买了一份《天津日报》，他知道这位老先生爱看这个。

到了张先生家里他还帮着扫地擦桌，打洗脸水，伺候张先生吃饭，虽然他名义上并没有拜张先生为师，但在他心里一直是非常认可张先生的，也把他当亲师父一样对待。

张阔如看何向东的眼神也充满了欣慰。

二

评书不是背书，不是说原模原样把书背出来这就是评书了；评书头一个字就是评，先评后书，是要有评论的东西在里面的。每个评书人对书目的理解不同，说出来的味道也不一样，正所谓千人千面，莫衷一是。

不过评书所要求的艺术风格还是比较统一的，首先一点它描绘的人物场景画面必须要细腻逼真，要让听众有身临其境的感觉，这可不是个简单的活。单靠一张嘴就能让观众有看电影的感觉，这没个几十年的功夫根本是不行的。

评书里面刻画主要人物的时候，会对其外形等方面进行描述，这叫“开脸”，讲究的就是细腻逼真，要让观众瞬间感受到角色，未见其人，先领其神。如《三国演义》里面诸葛亮的开脸：身高八尺，同字体格，面冠如玉。眉分八彩，目若朗星，鼻如玉柱，唇若丹朱，两耳有轮。羽扇纶巾，身披鹤氅，飘飘然有神仙气质。

“世上行当甚多，唯有说书难习。装文装武我自己，好像一台大戏。”评书这门艺术是单靠演员一张嘴，集生旦净丑于一身，冶万事万物于一炉，表演形式单一，效果却要求出奇得好。这一行成材率也是相当低，艺难习角儿难做。

从今天开始何向东正式和张阔如学艺了，学习的第一天张阔如稍微向他介绍了一下评书的历史和规矩，然后就是基本功的练习。

正如预料中的那样，何向东的基本功很扎实。相声这门艺术和评书是非常接近的，他们教导弟子基本功的练习也是有共通之处的。

相声讲究说学逗唱，评书讲究说演评噱学。

首先一个说，评书自然是叙述故事了，这一行都是以说当先。相声也一样，绝大部分相声内容都是以说为主。何向东练了那么久的嘴上功夫，完全能做到疾徐快慢自如，道事叙理从容，这说的基本功自然没什么问题了……当然离句句警人心、听着自动容的地步还差得远。

评书中的演，就是对人物的对话表情动作等方面的表演，要从多角度表现人物，这跟相声也有相似的地方。何向东开蒙的活儿就是五行诗，里面就涉及了许多的历史人物，各种人物身段都是需要表现的，还有贯口里面涉及的各种人物，虽说这跟评书里面有区别，不过底子打在这里呢，学起来也快。

评是评书里面的重中之重，评书不评，演员无能。评点可以交代故事的背景，也可以构造悬念，引导听众进入故事，还能更为准确地描述各个人物的性格，这是非常见演员功夫的，这个也正是何向东最薄弱的地方。

噱就是笑料了，评书里面很少有相声里面那种哄堂大笑，通常都是会心一笑。评书门巨匠双厚坪先生就非常擅长此道，他的《封神演义》把每一个神仙都取了外号，说来幽默风趣，把噱字一决运用到巅峰。人们对他的评价是：于叙述古人之中，暗地讥讽时事，不露芒角，令人心旷神怡。噱字这门功夫，对于相声门出身的何向东来说应该难度不大。

学也称为技，俗称八技，在评书里面运用广泛。学在评书里面主要是两部分，一个模仿自然的声音，一个是模仿人的声音。评书要给人真实感必须从嘴上下功夫，打雷下雨、骑马打仗、万骏奔腾都是从一张嘴里出来的，这个难度可小不，特别见功夫。那晚何向东搅了饭店的生意，张阔如一点没生气，反而很开心，这原因就是因为何向东会口技，这可给他省了大事了。

当然评书还有更多更高级的东西，上面说的都是一些基础，仅供了解参考。总之，何向东以他得天独厚的条件和非凡的天资让张阔如老怀欣慰，教导起来愈发用心了。

而何向东也非常用心学艺，除了跟师父学艺的时候，他全都泡在了这里，他也没有跟师父说起过张阔如的事情，关键是他不知道该怎么开口，就只能一直沉默，下意识选择了隐瞒。

时间过得很快，一周的禁演很快就到了，这个消息也早就放出去了，每次观众问起他们都会说一下，方文岐和杨三在台上也老说这事儿。

待到周一晚上，何向东在后台准备着，观众却是疯了，这个小剧场能坐一百人，但是却卖出去将近两百张票，这份热烈把后台所有人都惊到了。

然后他们就面临了一个巨大的问题，那就是凳子不够，平常也偶尔能卖出加票去，但是从没这么多过，预备的凳子也就没这么多。

可是票都卖出去了，总不能让观众站着吧，林正军当机立断让剧场所有演员都跑出去从附近的店铺借凳子，借不来租也行。

很快，一群画着大花脸的小伙子全都冲了出去，跟百鬼夜行似的，在晚上看起来真是瘆人。

林正军走到何向东身边，又是激动又是兴奋地说道："东子啊东子，你说说你啊，你怎么这么招人喜欢呢。"

憋了一个星期的观众全都爆发了，这场景把何向东也吓了一跳，他挠着头，不好意思道："长得好看没办法。"

方文岐抬头看天，这不要脸的货跟我没关系。

杨三也做出了同样的动作。

还有白凤山……

最后林正军看看那三人，也只能默默抬起头了。

……

开场了，何向东满脸笑意出场。

刚迈出去这第一步，观众就燃了，掌声、叫好声暴起，那恐怖的声音震得何向东耳朵都有点发聋。何向东朝着观众连连招手，可是这掌声就是停不下来。

后台，杨三对方文岐说道："你看看东子，这观众缘简直是绝了，他才九岁啊，这简直就是妥妥的一个大角儿啊，方岐啊，你后继有人啊。"

方文岐笑笑，说道："现在说这种话还太早，正因为他才九岁，我才担心，艺人年幼的时候就大红的不是没有，不过这类人日后能成名立腕的却很少很少，我们相声门里面好像也只有常家大爷是个例外，可惜英年早逝啊。"

杨三顿了顿，道："你对东子还没信心啊？"

方文岐道："人哪能尽知天命啊，只是尽了人事罢了，愿这孩子一切都好吧。"

台上何向东倒是很淡定地笑看着观众，等观众的热情稍微降了一点，他才说道："你们再多叫一会儿，我们后台可就分钱了啊，都不用表演了。"

观众很给面子地笑了。

何向东继续贱兮兮道："呀，怎么不叫好了？"

底下观众还有大声喊："退票。"惹得大伙儿都笑。相声就是这点好，台上台下很容易打成一片。

何向东一挥手，笑道："退去呀，票房就在门口，去退啊，我可告诉你，我们林经理脖子上正拴着条链子蹲在门口呐，不怕死的就去啊。"

"吁……"观众大声起哄。

后台林正军脸一黑，这孩子一天到晚净拿他开涮了。

何向东笑笑，继续道："今儿又是我开场，我以前都是唱个小曲小调，想必大伙儿都听腻了，今天来个新鲜的。"

"好！"观众鼓掌。

何向东拿出手上的竹板摇晃了一下，说道："今天给大伙儿唱一段快板，《哪吒闹海》，您诸位多捧。"

话不多说，何向东打板就唱，竹板明快的节奏响起，他随着板眼唱道：

"蓝荡荡的大海映日红，风清浪静万里晴。

小海燕不住地把歌唱，它是高一声、低一声、短一声、长一声，一声一声唱不停。

它的翅膀一伸抖双翎，扑棱棱地就飞上了半天空……”

外行看热闹，内行看门道。底下的观众都是看小孩说得热闹，后台的方文岐和杨三倒是有些惊讶了。

杨三扭头看方文岐，说道：“东子这嘴上的功夫好像进步不少啊，气不喘神不散，不慌不忙进退有据，而且他这吐字发音倒是有了几分味道啊。”

方文岐何尝看不出来，他是何向东的师父，何向东身上的每个变化他都再清楚不过，上次唱快板还没这份本事，怎么这几天就进步这么多啊，难道突然开窍了？

杨三又道：“瞧着东子这架势，也差不多能学单口了，方岐，东子单口你准备怎么教啊？”

方文岐看他一眼，嘴角扯出一丝笑意，道：“还能怎么教啊，给你教就是了，你单口说得比我好，你这个当叔的不教谁教啊？”

杨三却是笑了笑，老神在在道：“我可没空教啊，也没这份心思。”

方文岐心里好笑，没空教你瞎挑起这个话题干吗，他道:“要不让东子给你磕一个，让你也有个徒弟，你也就能教了吧？”

杨三一愣，旋即苦笑道：“我呀，算了吧，你方岐这一脉虽然出身不咋地，但还算是在相声家谱里面，我一个野路子出身，连个师父都没有，就是一没爹的孩子，也没什么传承不传承了。你让东子过些日子来找我吧，我教他就是了，只要孩子好就行了。”

方文岐怔怔地看了杨三一眼，只是一笑，也没有多劝。

“您就听得稀里哗啦连声响，

他是噼里啪啦噗通通。

那个太师椅它翻了个儿，

八仙桌子底儿朝空。”

唱完最后一句，何向东深鞠一躬，就直接下台了，留下一群在那里大喊“再来一个”的观众。

方文岐看看杨三，说道：“到咱俩了。”

杨三也笑：“那走呗。”

方文岐又是一笑。

这一夜来了很多观众，这一夜是传统相声辉煌的一夜，但也是相声最后辉煌的一段日子了。1984 年的春晚出现了第一个小品《吃面》，从这一年过后，这种小短剧的形式迅速攻占各大晚会、汇报演出、慰问演出，凡是相声的传统阵地都被小品攻占殆尽，以至于后来诸多相声演员都投奔到小品的阵营中。

也是从这一年开始，小品这种艺术形式越来越成熟，越来越好玩，越来越有意思，相声却越来越死板，越来越不好笑，开始走下坡路，乃至到90年代彻底陷入低谷，几乎没人再听了。

不过这一切剧场里这些人是感受不到的，方文岐曾经预料过相声可能会越来越不行，但是就连他都没有想到一切来得那么迅猛，那么严重。

但不管怎么说，这一夜仍旧是辉煌的，台上台下都很尽兴，只是谁都没有注意到观众席边角的一个位置上，有一双嫉妒怨毒的眼睛始终瞪着……

三

演出结束，所有演员都拖着疲惫的身体回家。

待到第二天，方文岐给何向东布置了一个任务，让他自己写一段相声，或者是自己改编一段传统相声，以后上台表演用。

之前一直是方文岐给何向东说活，活教会了上台表演就是了，像这种自己主动写相声，倒是第一次。虽说上次的《卖五器》也是他自己弄的，但活儿是师父教的。

何向东觉得这事很新鲜，很有挑战性，也在想到底要怎么说。

到张阔如家里学习评书的时候，他和张阔如说起了这件事，张阔如对他说：“你们相声的事情我也不太懂，我只知道你要想表达一样东西，你就必须要了解它。虽然你们相声里面说是理不歪笑不来，但是前提是你一定懂这个理，你一定很认真地在歪这个理，而不是泛泛而谈。”

何向东点头表示赞同，他们说相声就是这个意思，别看有些相声演员在台上胡说八道，他其实是很认真地在说的，每一句胡说八道的话都是在台下经过多次推敲之后才定下来的，要不然的话那就真的变成胡说八道了。

张阔如继续道：“至于写一个全新的相声，对你这个岁数的孩子来说太难了，能不能在观众面前响起来，还真不好说。所以我建议你还是对一个你比较拿手的传统相声，改一改，然后拿上去说。”

何向东问道：“改？怎么改啊？”

张阔如笑道：“那就要看你自己了，你们相声的事情我又不懂。但万变不离其宗，你仔细思考每一句话每一个包袱，能不能在你们剧场里面响起来，能不能在现在这个社会背景下的观众面前响起来，然后再想想怎么样改会变得更好。最后，你还可以加入你一些拿手的本事啊。我记得你的口技不错，你完全可以加进去啊。”

听到这番话，何向东眼前一亮，总算是拨开云雾见月明了，师父丢给他的一个任务一开始真的让他不知所措，现在总算是知道思路了。

他对张阔如感谢道："谢谢先生。"先生就是老师的意思，他虽然没有拜师，但是一直是拿张阔如当师父对待的。

张阔如摆摆手表示无妨。

何向东小眼珠转了转，流着口水道："先生，这到中午饭点了，这……这我伺候您吃饭呗。"

张阔如没好气地瞥他一眼，道："清丰出门的时候给你留了一碗红烧肉，自己去热了去。"

"哎，好嘞。"何向东喜滋滋往厨房跑。

接下来的日子何向东就一直在攒一个新本子，主要还是在改一个传统的老段子，正如张阔如所说的那样，他是在原来的基础上一句话一句话捋过去的，然后有不合适的就改。

这段日子他很忙，除了剧场要表演，自己要攒新本子，还得经常去张阔如那里学习评书，都快忙晕了。

再到五日之后，他的新本子终于攒好了，师父也看过了，对过活了，应该是没有什么问题了。

五日后的一个晚上，这一夜观众来得也不少，剧场里满满当当的，还卖了不少加票出去，不过像那一日何向东出场那么热闹的场景倒是没有了。

今天没有开场小唱，第一个节目就是何向东和方文岐的，两人一出场，观众就报以热烈的掌声。这对老少组合是整个剧场里面最火的。

今日依旧是何向东逗哏，方文岐给他量活，两人冲观众一个鞠躬，观众鼓掌叫好。

何向东先笑着说道："今天是我们爷俩给您诸位说一段相声，也是一个传统的老段子，《学聋哑》。"

方文岐应道："对。"

何向东继续道："《学聋哑》的段子现在已经很少人说了，有人说是这个段子有讽刺残疾人的嫌疑，所以不让演了。这里我也向诸位解释一下，《学聋哑》这个段子绝对没有拿残疾人开玩笑的意思，而且我们也绝对不会这么演的。为什么呢，首先一点，我的师父就是个残疾人，我又怎么会……"

"去。"方文岐推了何向东一下，争辩道，"我问问你，我哪儿残了啊？"

何向东摆摆手，继续对观众说道:"我们说的《学聋哑》这个相声呀，它其实……"

"你等会儿……"方文岐一把攥住了何向东，瞪着眼睛道，"敢情你就打算这么滑过去啊？"

“干什么，干什么？”何向东还叫嚷上了。

方文岐又问：“我问你，我哪儿残疾了？”

何向东沉了沉脸，耐着性子解释道：“您没儿没女吧，没妻没妾吧。”

方文岐点头道：“是没有啊。”

何向东一拍手道：“残疾，作为一个男人来说，你残疾。”

方文岐一听愣住了。

“吁……”观众立马起哄，这话太有歧义了，都笑作一团。

何向东自己都有点蒙，这个包袱有那么响吗？明明只是一个很小的包袱啊。

方文岐没好气地看他一眼，估计自己徒弟也没明白过来呢，毕竟还是个孩子啊。

何向东虽然不懂观众为什么笑得这么欢，但这并不妨碍他接着往下说：“作为一个男人，无家无室，家业不兴，这算不算是一种残疾？”

方文岐像是这才反应过来，惊讶道：“原来你是说这个啊？”

“噢……”观众发出一声恍然大悟的长叹，然后又是爆笑。

何向东都蒙了，看看师父这话怎么是这么接的啊，又看看观众，小脸堆满了不解。

看到何向东那茫然的纯洁小模样，观众再次爆笑。

方文岐赶紧道：“孩子，别想了，你想瞎了心也是想不明白的。”

何向东白了师父一眼，只能继续往下说了：“我们相声啊，往大了说有四门功课，说学逗唱，其中这个‘学’包含的东西很多。”

“哎，这有。”

何向东道:“这学就有很多，天上飞的，地上跑的，水里游的，学个歌啊，学个曲啊，学个戏啊，学个叫卖啊，学各省人说话……这都得会。”

方文岐道：“对，这里面东西多。那你都会学什么啊？”

何向东道：“就没我学不了的。”

方文岐惊讶道：“嗬，这么横啊？”

何向东道：“要不咱来一回？”

方文岐道：“行啊，来一回，你先给我们学一个天上飞的。”

“天上飞的，行，我给你们学一个小鸟吧。”何向东嘴唇微微一闭，口腔和舌头的肌肉运动起来，清亮俏皮的鸟鸣声从他嘴里流淌而出，“啾啾啾唧唧……”

“哇……”观众沸腾了，掌声暴动啊，简直都惊讶到站不住了，谁能想到一个屁大点的孩子还有这么一手绝活啊！

其实何向东很少在剧场里面表演口技，主要他的技巧还没有纯熟，仍在每日苦练，也就是在刚来天津那一晚表演过，所以观众知道他会这个的不多。

很快何向东就撑不住了，见好就收，方文岐也及时应着大叫一声“好”，观众再次鼓掌叫好。

方文岐再道：“天上飞的能学了，地上跑的呢？”

何向东说道：“地上跑的，我学一个狗打架。”

“行啊，来一个尝尝。”

何向东神情微微一凝，嘴唇一张激烈的狗打架声音就从他嘴里出来了：“汪汪汪，呜……呜……汪汪汪……”

这是两条狗打架，除了要刻画出两条狗的形象，还要描绘出打架的那种激烈场景，这很费功夫的。

口技一门现在的当家人牛玉亮先生，也就是发明了循环运气法的那位名家。在前年柬埔寨的国王西哈努克来北京过生日的时候，牛先生就去表演了口技《二狗相争》，演出现场西哈努克的女儿和妹妹手上都抱着一只小白狗，结果演出没多久，这两只小狗也被牛先生的口技感染了，真的打起来了，弄得口技都表演不下去了。

西哈努克国王站起来就握着牛玉亮先生的手，大声说“表演太成功了”。这就是以假乱真，人兽合鸣，中国口技才是真正的当世第一，外国人都是以东方魔法来称呼的，只可惜，后来也没有多少观众爱看了，也没有年轻人愿意学这门古老神奇的艺术。世人只知 Bbox，哪里知道我中华口技的玄妙。

当然模仿狗叫跟模仿鸟叫难度是不一样的，鸟鸣才是口技里面最见功夫的，《二狗相争》这个节目当初张玉树也传给过何向东，而他也掌握得不错。

见好就收，瞧见效果出来了，何向东就停了，方文岐依然大声捧着叫好，观众们也叫好连连，现场都快沸腾了。

待到观众声音稍微下去了点，何向东才解释道：“刚才表演的是两狗相争，雄壮一点的那只是林正军，苍老一点那只是我师父。”

“去。”方文岐一声怒喝，马上把何向东给推开了。

何向东憋着坏笑，宽慰道：“这都是艺术需要，艺术艺术，都是为了艺术。”

方文岐没好气道：“什么艺术，这说的都像话嘛。”

“嘿嘿……”何向东笑道，“不瞎学了，我给学个好的。”

方文岐问道：“你学个什么啊。”

何向东道：“学个聋子打岔，哑巴打手势怎么样，有聋有哑？”

这就要入活了，其实在最原始的版本是有一点讽刺聋哑人的意味，不过这里面的一些缺德的东西被何向东给改过了。

方文岐也说道："哦，聋子打岔，哑巴打手势，这你能来？"

何向东理所当然道："这我当然能来啊，首先一个，聋子打岔的我就能来。"

方文岐道："那行啊，你给我们来一个瞧瞧。"

何向东道："这我一个人来不了。"

方文岐问道："怎么着，我也得来啊？"

何向东点头道："你可不得来嘛，我们这是在剧情里面的，要表演聋子打岔，首先一个我得是你二大爷。"

一听这话，方文岐立刻一把把何向东推开了，没好气道："你是我二大爷？你才多大啊？"

何向东还不乐意了，争辩道："这是剧情需要，跟年龄大小没关系啊，你没瞧电视里面那几岁大的孩子当了皇帝，一群老头给人家下跪啊，这都是剧情需要，都是假的。"

方文岐却还是迟疑道："那……那也不成啊……"

何向东继续解释道："这二大爷不是亲的，就是邻居一个街坊，大家都叫他一声二大爷．他年纪大了，耳朵不好使了，你喊他他也不一定听得见，但是不喊吧，他还得挑你个理儿，就是这么个情况。"

方文岐斜斜看他一眼，狐疑问道："你不会是占我便宜吧？"

何向东一摊手，无所谓道："反正我是没关系啊，但是人家观众是花钱买票进来看的，人家乐不乐意我就不知道了啊。"

观众这个时候也很给力，全场都是高喊退票，那气势都能把人给吓尿了。

何向东头一歪，看着师父，道："您瞧这怎么办？"

方文岐瞧瞧观众，又瞧瞧自己这小徒弟，摸了把脸，说道:"还能怎么办，来呗。"

"好……"观众立刻换上热烈的掌声。

在相声里面有一个取乐观众的方式叫伦理哏，尤其是一老一少表演的时候，老的尊小的是长辈，伦理颠倒了来取乐观众，这种方式在父子档、师徒档相声中很常见。不过这种方式喜欢的人觉得挺有意思的，不喜欢的就觉得讨厌了。

当然了也幸亏何向东年纪在这儿，他也不过是一个八九岁的小孩子，这样做是没问题的，观众对这个年龄段的孩子是很包涵的，这个年龄段在台上说什么，观众都会觉得好玩，哪怕是说了一些不合时宜的话，观众也不会在意。

但是如果何向东再大几岁，有个十四五岁了，是个半大小伙子了，再要是在台上胡说八道，观众就会厌恶了，就会觉得这个孩子太不懂事了，太没教养了。

等孩子长到二十多，甚至于三十多的时候，他依然是在台上胡说八道，观众又不会介意，因为大家都是成年人，开点这种玩笑，大家也都能接受。

所以艺术这种事情是很客观的，也是很有规律的。

何向东也很高兴，兴冲冲道："那从现在开始了，我就是你二大爷了，大家都是街里街坊的，这次遇到了，你打那边来，我打这边来，行不？"

方文岐点头道："那行呗，那咱就开始吧。"

两人这就分开往两头走去，何向东走到一旁，嘴巴往内一抿，做出一副没牙的样子，弓着身子，一只手扶着膝盖，一只手捶着腰，一步步艰难蹒跚。

方文岐倒是漫步走到桌子里面了。

何向东边弓着身子，边走边学没牙老人说话："哎呀，这人上了岁数啊，腰腿就不行了，哎呀……哎呀……"

何向东边叫唤着边走到桌子边上，一只手扶上了桌子，另外一只手在腰上捶个不停。

方文岐笑了笑，说道："这身体都这样了，还出来逛啊？"

何向东颤抖着声音说道："哎呀，这人年纪大了，身体就不行咯。"

方文岐这时候也打招呼，笑着脸大声喊了一句："二大爷。"

何向东抬头看他一眼，又四处张望了一下，说道："这怎么都没人啊，啊，把狗放这儿也不怕丢了啊？"

"欸？"方文岐顿时急了，"你这怎么说话的呢？"

观众爆笑。

"啊？"何向东一只手放在耳朵上，大声喊了一句。

"哦，这就听不见了啊。"

"你说什么啊？"何向东又是大声喊了一句。

方文岐指了指自己，大声喊道："您瞧我，还认识我吗？"

何向东看着他的脸，小眼睛瞪大了，然后瞬间想了起来，大声道："啊，大黄啊，是大黄吗？"

"这不还是狗嘛！"方文岐急了。

何向东还在那里颤着声音说道："大黄啊，好久没见了，今天二大爷出门的时候刚拉掉了，没给你带吃的了啊。"

"嘿，你这怎么说话的呢？"

何向东还要伸手摸方文岐的头："不好意思了，大黄，二大爷改天给你拉。"

方文岐头一扬，躲开了，他拿起折扇，往桌子上一砸，骂道："别弄那些没用的啊，信不信我抽你啊。"

何向东立马怂了，又装听不见："啊？"

方文岐没好气道："又听不见了啊？"

“啊？大点声？”

“我说你听不见吗？”

“啊？二大爷岁数大了，耳朵不好使了，你大点声。”

方文岐抿了抿嘴：“得，听不见，我说您要上哪儿去啊？”

何向东又是大声喊：“你大点声。”

“您要上哪儿去？”

“大点声。”

方文岐声音又提了个八度：“您要上哪儿去？”

“你大点声啊，哎哟喂，你是要把我给急死啊。”何向东还急了。

方文岐很无奈：“你是要把我给累死啊，怎么什么都听不见啊，我说二大爷……”

“哎。”何向东立刻回头应道。

“这句你怎么听见了啊？”方文岐质问。

何向东贱兮兮道：“就是这么一阵一阵的啊。”

观众都绷不住地笑。

方文岐也算是无语了：“得，趁着这一阵，赶紧问，您要上哪儿去啊？”

“啊？”

“得，又听不见了。”方文岐摇摇头，是真心无奈了，“哎呀，二大爷呀……”

“哎。”何向东又立马答应了。

“去。”方文岐急了，“你就这句听得见啊？”

何向东还在那里说：“哎呀，这人年纪大了，就听不见了，人家跟你说话吧，你说不答应吧又不好，答应了人家还骂你。”

方文岐道：“您这答应得可真是地方啊。”

何向东又看师父，说道：“哎呀，大黄啊。”

“别提这破名字。”

何向东倒是没管继续道：“你可好些年没回来了，二大爷都想你了。”

“哦，是吗？”

“我还记得你小时候啊，你爸妈忙着工作，都把你托付给我的，我是一把屎一把尿给你喂大的，瞧你现在多壮实啊。”

“啊？人有喂那玩意的吗？”方文岐惊道。

何向东咽了口口水，继续道：“你可有年头没回来了，你爸爸都想你了。”

方文岐又问：“那我爸爸最近身体怎么样啊？”

“啊？”

“又听不见了。”方文岐提高了几个声调，“我说我爸爸身体怎么样？”

“什么？我儿子啊，他不学好啊。”

“嘿……”

四

方文岐张嘴就喷：“谁问你那个了啊？”

何向东还在那里装老人：“别提了。”

“怎么了？”

何向东悲愤道：“我儿子不学好，吃喝嫖赌不着家，还在外面坑蒙拐骗，不学好啊！都好些年没回来了，也不知道被谁拐走了。”

方文岐宽慰道：“您呀，别着急啊，改些天我帮您找找啊。”

“什么啊？你带走的？”何向东眼珠子瞪大了。

“没有。”方文岐急忙摆手。

何向东却是骂上了：“这缺德玩意儿啊，你把我家孩子怎么样了？”

“不是，没有，您听错了。”

“什么？你是坏蛋呐。”

“哎呀。”方文岐抹了把汗，“这都哪儿呀。”

何向东又问道：“你也犯傻啊？”

“我说您听不见啊？”

“你要去法院啊？去那儿干吗？”

“我告谁啊。”

“搞贼啊？丢东西啦？”

“这哪儿跟哪儿啊？”

“丢铁裤衩了？你预备这个干吗？”

方文岐两手叉着腰，长长吐出一口气，道：“你要再这样，我可要生气了啊？”

“什么，孩子不是你的啊？那谁的啊？”

“你胡扯。”

“林正军？哎呀，是老林的啊，这也太不是玩意了吧。”

这段以来，观众的笑声就没停下来过，效果很好，这个本子很不错。

方文岐是无奈了，一手叉着腰，一手指着何向东，骂了一句：“嘿，老王八。”

“你爸爸？”

“欸？”

“哈哈……吁……”叫好声嘘声响成一片。

何向东捶着腰，说道：“你爸爸呀比我小几岁，我们一块长起来的。”

“呵呵……”方文岐干笑了两声，又轻声试探性地喊了一声，“二大爷。”

“哎……”何向东立马就答应了。

“一边去。”方文岐一把推开了何向东，“就这句听得见啊？”

何向东又贱兮兮地回答：“就是这么一阵一阵的。”

方文岐倒吸一口气，撂挑子不干了：“不学了，不学了。”

何向东还往前凑，大声问道：“什么？”

“我说不学了。”

“你大点声，我听不见。”

方文岐拿起桌子上的扇子挥了一下，道：“不学了。”

何向东立马就怂，正经问道：“为什么？”

方文岐没好气道：“我这吃着亏呢，你说是为什么啊？”

何向东道：“那咱换一个吧。”

方文岐问：“换一个什么啊？”

何向东道：“咱们换一个哑巴打手势，你来当那哑巴吧。”

方文岐倒是不乐意了：“我来哑巴啊？我会说话都吃着亏呢，我要是不会说话，我不得死在台上啊？”

何向东道：“那怎么着？”

方文岐道：“你来那哑巴。”

何向东道：“也行吧，我来哑巴，咱俩是发小，有一天在街上遇到了。”

方文岐笑笑：“我都跟你爷爷一样大了，咱俩还是发小啊。”

何向东道：“这是剧情需要，艺术，艺术嘛。”

方文岐嘴角抽着笑了笑：“行呗，那就艺术呗，来一回吧。”

何向东道：“你从那边来，我往这边来，咱们相遇好不好？”

方文岐道：“行啊。”

说着两人就往两边走去。

方文岐走到边角，刚一转身就见到一道黑影扑到他身上了。何向东是直接挂了上去，嘴里还在叫嚷着：“阿巴，阿巴，阿巴……”

方文岐一把推开了何向东，说道：“好嘛，这吓我一跳。”

“阿巴……阿巴……”何向东还在那里比画，他指指方文岐，又指指自己，比出两根大拇指凑在一起。

方文岐点头道："哦，认识认识，这不哑巴嘛，是朋友，咱们可不朋友嘛。"

何向东边点头边比画，他蹲下来两只手平放，然后慢慢往上升："阿巴，阿巴阿巴……"

方文岐道："对对对，咱俩是一块长起来的。"

何向东两只手往眼睛上一蒙，然后拿开，张开五指，比出一只手。

方文岐道："你是说咱们有五年没见了？"

何向东赶紧点头。

方文岐摆摆手，比出一个八的手势："不是五年，你记错了，是八年了。"

何向东也比出一个八的手势，一脸惊讶："阿巴，阿巴？"

方文岐点头应道："八年了，八年了。"

何向东指指他。

方文岐翻译道："我。"

何向东又蹲下来，手往屁股上拉扯。

"大便？"

何向东赶紧点头，然后用两只手往头上一竖，比作两只角，又捋了一把胡子。

方文岐继续翻译："羊？我，大便，羊？我大变样？"

何向东急忙点头，还给他竖起一个大拇指。

方文岐差点鼻子没给气歪了，骂道："有这样比画的吗？"

他是气坏了，观众是笑得停不下来。

"阿巴……阿巴……阿巴……"何向东还在那里瞎比画。

方文岐一把拽住了他，说道："我知道了，我现在大变样，这人长大了，可不得变嘛。"

何向东挣开了方文岐，手往低处一放："阿巴……阿巴……"

方文岐道："我小时候？我小时候怎么样啊？"

何向东五指成爪，往前一伸，嘴里发出声音："汪汪汪……"

方文岐急了骂道："你小时候才狗呢。"

何向东站起身来，还在那里笑。

方文岐一指何向东骂道："我说哑巴，你可够缺德的啊。"

何向东无辜地摇摇头，他又伸出手往下巴处一拉，拉出胡子的样子，再看方文岐嘴里嚷道："阿巴……阿巴……"

"我爸爸？"

何向东赶紧点头。

方文岐两手一伸，舌头往外一吐，也在那里比画，边比画边说道："我爸爸呀，他死了啊。"

何向东一听，当时就愣住了。

方文岐还过来拍拍何向东的肩膀，宽慰道："你呀，也别太伤心了，生老病死都是常事。"

何向东却突然伤心地哭了起来，嘴里还发出含糊不清的声音："呜……啊……呜呜……啊……啊……"

方文岐道："嗨，别哭了。"

何向东突然哭着用正常声音说了一句："呜呜……死得好啊。"

"我去你的吧。"方文岐一把推开何向东。

观众笑，底儿响了，两人鞠躬下台。

相声结束。

下了台，何向东问师父："师父，我这本子怎么样啊？"

方文岐笑笑道："还是有不少问题的，但是第一次能写成这样就不错了。"

何向东笑。

下一场节目是杨三的单口，他今天要说评书《三国演义》，从第一回开始说，他搬了条椅子上去，年纪大了，久站吃不消。

何向东就在进场门看，《三国》张阔如给他说过一点点，他没怎么弄明白，想看看杨三是怎么说的。

台下观众也很热情鼓掌，但是其中却有一个中年人，用冰冷的眼神向旁边两人示意了一下，那两人点点头，就准备站起来。

杨三朝着观众鞠上一躬，笑了笑说道："接下来是我给您诸位说一段评书，《三国演义》的第一回，您诸位多捧了。"

"好……"观众很给面子地欢呼，杨三的单口在剧场里面很火，有些听得入了神的观众甚至是憋着尿也不敢去上厕所，生怕听漏了一点，足可见杨三的功夫了。

杨三会说单口也会说评书，其实长篇的单口相声和评书并没有什么本质的区别，大家都是说书，单口相声就是比评书多了一点逗乐的包袱罢了。

杨三冲观众拱拱手，坐了下来，右手拿起桌子上的醒木一拍，压了压言，然后说道："汉高祖刘邦斩蛇起义，建基立业，平定天下，皇位传到了东汉后期，桓帝刘志即位。刘志很年轻，当时是外戚专权。外戚都是干什么的？就是皇上的亲戚啊。皇亲国戚嘛，也就是皇后、皇太后那些娘家人儿。这些人相当厉害，谁也惹不起。后来皇帝长大了，他就想依靠身边那些宦官呐，打击这些外戚……”

杨三这就开书了，他的说书风格走的是洒脱派的路子，活口极好。走这类风格的说书艺人大多具有渊博的学识、洞察世态的经验，以及明快的反应，擅长即兴发挥，剖情析理，针砭时弊。

言语幽默、含蓄、冷隽、灵活多变，包袱很多，贯口不火，方口不整。评书里面也是有包袱的，但是通常不是像相声那么响，而是让人会心一笑。

另外这类人通常擅长“场外书”和“现挂”。许多相声艺人说书都是走的这个路子，他们的特点就是“临场兴之所至，信口拈来，嬉笑怒骂，尽情发挥”，非常受欢迎。

何向东在进场门的角落听得津津有味，杨三叔说得的确是好。只是观众席上却站起来了两个人，杨三自然也是看见了，不过也没管那么多，观众起起走走很正常。

他继续说道：“可是灵帝啊，对这十个人是更加信宠。他还尊称这张让为阿父，就是像他父亲一样。拜蹇硕为大将军，把那几个人，都给封为列侯了。嚯，这十常侍更加肆无忌惮、横行无忌。当时让他们给闹的是天下大乱、民不聊生。这可真是官逼民反，各地农民都纷纷起义。那起义军都用那黄巾包头……”

却见那站起来的两人走上了台，杨三说书的声音戛然而止，一脸愕然地看着那两人。

其中一位脸上有个痦子的黑脸中年人，冲杨三冷冷一笑，用手拿起桌子上的手巾盖住了醒木，再把扇子横放着压在了最上面，然后也不说话，就冷冷地看着杨三。

杨三心里当时就咯噔一下，来者不善啊，在进场门的何向东看见桌子上那几样东西的摆放，脸色也是一变。

台下观众也有些乱糟糟的。

“这是干吗呀？”

“这两人怎么上去了？”

“怎么不说书了？”

……

各种窃窃私语声响起。

杨三站起身来，拱手问道：“未请教？”

脸上有痦子的那位皮笑肉不笑道：“在下封九山，评书门下。”

同来的另一位微胖的中年人，也拱了一下手，脸色甚是严肃：“在下杨明子，同是评书门下。”

杨三皱了皱眉，问道：“不知二位来此有何贵干？”

脸上有痦子的封九山问道：“不知阁下是给哪位说书先生叩了瓢儿（叩瓢儿，江湖术语，意思是叩头）了？又是谁允许你用我们评书门的家伙吃饭的？”

杨三脸色微微一变，心道不好，盘道的来了。

进场门那里的何向东心里顿时也明白了，这帮人是来砸窑的，他不敢怠慢，急匆匆就往后台跑去，他要告诉师父这个消息。

方文岐知道了也不敢再休息了，他和白凤山、林正军这几位当家人急匆匆就往台上跑去。

林正军跑得最快，剧场的内务外事全都是他负责处理的，现在有人来砸窑了，他得赶紧去看看。刚到台上，他就认出了那两人，焦急瞬间演变成愤怒，他从牙齿缝里蹦出几个字："封九山、杨明子！风华的人！"

白凤山脸色当时就不好看了，他也认出了这两人。

方文岐和杨三对视一眼，杨三冲他摇摇头，表示没发生什么冲突，他这才稍稍安心下来了。

封九山冲林正军一拱手，笑道："好久不见了，林经理。"

林正军怒道："你们风华的人今天来我们这里砸场子了？"

从观众席传来一个清亮的声音："话可不能这样说啊，林老板。"

所有人都回头看去，只见观众席上站起了一个穿着西装、梳着中分头的中年男子，他也阔步往台上走来。

林正军盯着来人，他算是弄明白了，今天就是风华俱乐部的人来砸场子了，连风华的老板刘风华都亲自来了。

台上的人是越来越多，越来越乱，底下的观众却有人不乐意了，还有人在喊的。

"还演不演了，这都是什么呀？"

"我们都是花了钱买票进来的，你们不能这样啊？"

"这都什么乱七八糟的啊，那些人都谁啊，还不快下来啊？"

……

眼瞧着观众就要暴乱了，方文岐不敢含糊，赶紧走到台前，拱手道："诸位，诸位，我们台上临时发生一点小事故，我们马上就能处理好，您诸位多见谅，多见谅。"

他连连鞠躬致歉，观众这才稍稍安定下来，眼瞅着台上的变化。

林正军看看已经安定下来的观众，才稍稍安了心，他又冷眼死死盯着刘风华，怒道："刘风华，你带人在我们演出的时候砸场子，做得太过分了吧。"

刘风华呵呵一笑："过分？你在外面散播我们剧场闹鬼，我们的演员闹瘟疫的时候怎么不说你做的过分啊？"

何向东听的是一愣，林正军是说过用阴招回报对方的，但是他也没想到这货居然这么损。

林正军却是丝毫不惧，反问道：“那你去举报我们场子，耍阴招的时候，你怎么没说啊？”

刘风华一摊手道：“好，咱们一人一次，打平手。林正军，今天不是我风华俱乐部要找你们连城的麻烦，是我们的说书先生说你们剧场有人坏了行规，所以来盘盘道，这可不关我的事。”

众人一听，全都把目光集中到了杨三的身上。

五

封九山看着杨三，又问了一句：“你是给哪位说书先生叩了瓢儿了？”

杨三脸色变得很难看。

在旧社会的艺界有规矩，所有艺人都必须要拜师，要入了那一行的家谱当中，这是你以后从业的凭证，否则你是不能从事这个行业的，同行也不会允许的。

说的稍微学术一点，这叫维护行业的共同利益和紧密性而制定的规矩。所以旧社会的时候规矩都很重的，不管你腕大腕小，辈分都是凌驾在其上的。辈分高的抽小辈两个耳刮子，小辈动都不敢动，这就是规矩。

像杨三这种没有拜过师就出来卖艺的，属于呛了别人行的，说的难听一点叫作没爹的孩子跑到人家家里抢东西了。遇到同行盘道的时候，你说不出师承来，按照规矩，他们就能把你吃饭的家伙全都带走，还要把你今天挣的钱都拿走，你一句话都说不出来。

当然这都是老规矩，在民国之后渐渐弱化，到新中国成立之后，这种老规矩就已经不复存在了，要不然杨三今天也不至于说《三国》啊。

然而，运气不好的是这帮人居然还真的来挑这个理儿了，杨三也是从旧社会走过来的老艺人，他懂这个规矩，所以才这么尴尬。

林正军也知道这里面的门道，他帮着解围道：“什么叩瓢儿不叩瓢儿的，你们还当是旧社会啊，不拜师就不让卖艺啊？”

刘风华笑：“当然不会，现在都是讲法律的，你们要是报警了，我们还不得吃不了兜着走啊，不过你们得给个话，只要承认坏了规矩，我们扭头就走。”

“当然了。”刘风华看着林正军，又笑道，“你们要是不承认坏了规矩，我们也走。”

刘风华这一招以退为进，把所有人都给弄得没话说了。

不管今天承不承认坏了规矩，他们出去肯定得乱说，到时候是连城剧场里面的人脸挂不住，尤其是杨三估计羞臊死。

方文岐脸色微微一沉，拱手对刘风华说道："刘经理，做得太过了吧？"

刘风华对方文岐还是很客气的，他笑着道："方先生，您客气了，我也不是难为您，这是我们说书先生不服。这样，只要您带着您徒弟肯去我们剧场说相声，一切都好谈，连城能给你们的，我们一样可以，还有今天的事全都一笔勾销，我还亲自摆宴席给您赔礼道歉。"

刘风华倒是没邀请杨三，主要是杨三擅长的单口和他们剧场的评书节目重合了，再加上今天又把人家得罪了，所以只能如此。

刘风华的橄榄枝一抛出，所有人心都提起来了，尤其是白凤山和林正军，他们太清楚连城是怎么火的了。可是论条件，风华比他们连城这个草台班子可强太多了，方文岐会答应吗？

方文岐却是摇摇头，自嘲地笑了笑："刘经理，你邀请我不是一次两次了，我拒绝也不是一两次了，何必再说呢？我是在连城里面火的，他们在最困难的时候选择了相信我，还给了我最大程度上的帮助，做人得讲良心，我总不能因为现在成名立腕儿了，就把以前的老伙计都给踹走了吧？"

这番话一出，所有人心头一暖，林正军眼睛都红了。他们连城是靠着人家活着的，而不是人家要靠连城啊，可是人家还能做到这个地步，这份情谊都没得说了。

何向东也被师父感动了，他也是现在才知道原来风华的人已经找过师父好几次了。

"不识好歹。"刘风华愤怒地甩下一句话。

他在方文岐等人走红的时候，就来找过方文岐一次，那是第一次，可惜被拒绝了。但是他没有死心，他想连城是靠相声火的，那他们风华自然也可以借鉴。然后他就找了曾经在曲艺团学员班学过相声，但是后来没进团体里面的两个人来说相声，结果根本没人愿意听，两人上台没说两句就被观众轰走了，他是大怒啊。

在赶走那两位之后，刘风华第二次来找方文岐，可是又被拒绝了，他恼羞成怒之下就把连城给举报了。再后来的事情，大家就都知道了。

他也是今天看到连城贴出来的节目单有《三国演义》，他打听清楚了，杨三根本就没有拜过说书先生为师，他没有门户，这才带着人上门砸窑了。

刘风华扫了众人一眼，随意一笑："不用看我，今天这事，与我无关，你们继续。"

封九山看了刘风华一眼，然后又走到杨三桌前，他道："你今天要是说你们的单口相声，我管不着，但是你要是说我们评书门的东西，又没有师承门户的话，那我今天就要拿走你吃饭的东西，当然，你要不准我拿，我也不强求。"

杨三脸色瞬间灰暗下来，两手紧紧握着拳头，身体气得在微微发抖。

方文岐长叹一声，似是苍老了不少，这个亏他们是吃定了，与其扭扭捏捏还不如大方一点，他叹道：“愿意拿就拿走吧。”

听到这话，杨三脸色更是难看，牙齿紧咬着，紧握的手指甲都嵌进肉里了。

何向东焦急不已，杨三叔的性子他太了解了，虽说平时挺随和的，但是这是一个极好面子的人，今天在这么多人面前丢这么大脸，他不得气病了啊，甚至以后再也不来表演了也是很有可能的。

封九山看着杨三轻蔑一笑，伸手就往桌子上那一堆东西抓去。

“等一下。”顾不了那么多了，何向东大喝一声，所有人都朝他看去。

方文岐皱眉沉声道：“东子，不要胡闹。”

何向东回看师父，很认真地说道：“师父，我没有胡闹。”

说完，他直接走到杨三身边，看着封九山说道：“今天的《三国演义》是我说的，我杨三叔只是上来帮我暖暖场罢了。”

杨三也抬头看着何向东，他红着眼睛沉声说道：“东子，这不关你事，你走开。”他还以为何向东是为了顾全他的面子，上台来为他顶包的。

何向东回看杨三，盯着对方的眼睛，很认真道：“杨三叔，您帮我暖好场了，现在该我来了吧。相信我，我能说好的。”

杨三有些迟疑，他又回头看着方文岐。

方文岐虽然弄不懂自己徒弟想干吗，但是这孩子向来懂事，也不会乱来的，他就向杨三点了点头，他选择相信自己徒弟。

得到老大哥的暗示，杨三这才站了起来。

何向东不慌不忙地坐到了椅子上，静静地看着封九山。

封九山的眉头却是皱起来了，不悦道：“你们这是弄什么，换人玩啊？”

所有人的目光都集中在何向东那张小脸上面，都弄不懂他想干吗。

何向东倒是一点不怵这种场面，他冲着封九山微微一笑，又低头看着桌子上那一堆东西，醒木在最下，手巾压在上面，折扇横放着压在最上面。

他伸出左手拿起了折扇，盯着封九山的眼睛，小小的脸上堆满了认真，他道：“扇子一把抡枪刺棒，周庄王指点于侠。三臣五亮共一家，万朵桃花一树生下。”

这话一出，现场顿时一静，只剩这孩子稚嫩的声音在耳旁回响。

不懂的人一脸茫然，懂行的人却是震惊无比。杨三眼珠子都快瞪出来了，他诧异地看着何向东，又赶紧回头看方文岐，结果发现方文岐比他还震惊。

封九山和杨明子两人相视一眼，皆是惊讶无比。他是评书门内的人，又是主动来盘道的，怎么会不懂这其中的门道。

眼前这小孩说的不是普通的话，而是有师承的评书艺人遇到盘道的人说的内行人说词，这里面的老规矩他们还是听一个老先生说的，眼前这个几岁大的小孩，怎么懂得这么多，他是拜的谁为师？

刘风华虽然不明白何向东说的是什么意思，但从台上众人的表情来看，事情貌似有点不妙了。

何向东放下扇子，用左手拿起手巾，往左边一放，继续道："何必左携右搭，孔夫子周游列国，子路沿门教化。柳敬亭舌战群贼，苏季子说合天下。周姬佗传流后世，古今学演教化。"

说到最后一句，何向东拿起桌子上的醒木拍了一下。

"啪！"

众人面面相觑，静了好一会儿，都被这孩子给惊住了。

"咳……"刘风华皱眉咳嗽了一声。封九山这才反应过来，看着眼前这小孩，也不敢轻视，就拱手问道："还没请教？"

何向东冷冷看着他，一字一句道："我乃评书门第十代传人，师承……"

何向东扭头看了师父一眼，又看了眼杨三，情况紧急，他也顾不得那么多了，咬咬牙道："师承张阔如。"

"张阔如？"封九山惊叫一声。

同来的另一位评书艺人杨明子也脸色骤变。

就连方文岐也皱着眉头，轻声道："金口银舌张阔如？"

张阔如因为极擅长长袍公案书，尤其是在描绘宏大的战争场景方面极有建树，能让听众切实感受到那种真实的情景，所以被人称为金口银舌。

"东子是什么时候拜的张阔如？"方文岐很是不解，明明他每天都和自己徒弟在一起啊，这小子什么时候拜的师？

封九山咽了咽口水，又看了眼神色严肃的刘风华，他这才试探性地问道："这张先生好像好些年没见他了。"

何向东冲他笑了笑，道："我师父离得不远，就在我们剧场附近，你要想见，我现在就把他叫来。"

"别别别。"封九山急忙摆手，道，"这不敢，不敢，我们是晚辈，要见也是上门拜见，哪能让前辈来见我们啊。"

他是真的怕见到张阔如。艺人行内是这样的，一个师父会收好几个徒弟，有成器成腕儿的，也有连温饱都混不出来的。但不成器的儿子也是儿子啊，他也是在门内家谱里面的，也有资格收徒传承香火的。可是连他自己都不成器，教出来的徒弟又能有多厉害呢，也是没用的货色居多。但是他的徒弟也是传人之一，同样可以收徒。

像封九山和杨明子就是这种情况，他们往上数几辈全都是没本事不成器的艺人，到他们这一辈也是如此，连专业团体都进不了，只能在一个小剧场里面勉强混个温饱而已。虽说是评书门人，但是连家谱都没有录进他们的名字。

而张阔如这一脉却不同，他们往上数的那些长辈不仅辈分极高，而且个个都是响当当的大角儿，包括张阔如那也是响彻一时的人物。

换个方式来说，张阔如这一脉就是皇城主家那一脉传承，所谓的金字塔尖的人物，而封九山和杨明子就是那边角乡下分支的分支的分支，本事差、能耐差，还没眼力见儿，渣爆了。

试问在这种情况，封九山哪里还敢见张阔如啊，要是被张阔如知道他们上门欺负他徒弟，他们两不得被收拾惨了啊，人家辈分在那里呢，抽他们也是白抽。

当然他也没有怀疑过何向东是不是在说谎，就算是方文岐虽然很狐疑，但他也没有怀疑何向东拜师的事情。

因为对艺人来说，师父是不会随便乱认的，要是乱认师父，坏了人家名声，你以后就别混了，别说评书一门饶不了你，就连相声门也饶不了你，其他艺术行也都会鄙视你这种行为，艺界再也容不下你的。

可是谁知道其他东西何向东都没说谎，偏偏在拜师的事情上乱说了。他也就一个九岁的孩子，再怎么成熟，也想不到那么多的，为了杨三的事情他一着急就乱扯谎了。

封九山是真的有点怵眼前这个孩子了，人家太根红苗正了，而且辈分还高，他干笑了几声，拱手道："嘿嘿，嘿……那个今天是个误会，误会，我们现在就走，就走，打扰了。"

说完，他和杨明子也不顾刘风华难看的脸色，转身就想走。

"等会儿。"何向东却叫住了他们，他把手巾重新盖在醒木上，折扇横放在最上面，嘴角扯出一丝笑意，道，"这就想走了？还没完呢，请吧。"

封九山一看桌上那几样东西的摆设，脸色当时就更难看了。他咽咽口水，看看身边的杨明子，说道："明子，要不你来吧。"

杨明子挠挠头，四下张望，装作没听到。

封九山心中暗骂，又不敢出声，黑脸也涨成了猪肝色。

刘风华倒是一脸不解，自从这个孩子出来，这局面貌似就不在自己掌控当中了，自家这两位艺人怎么那么怕那孩子啊，刘大老板很纳闷。

反观连城这边的人是大出一口气，尤其是杨三和林正军，两人脸上全都浮现出解气的快感，再没有之前那种丧气样了。

何向东站起来，一拉椅子，直接说道："来吧。"

见躲不过去了，封九山咬咬牙，硬着头皮坐在了椅子上，看着台下黑压压的观众，身边还有虎视眈眈的一群人，他都快崩溃了，这算是什么事啊？

来盘道也是有规矩的，被盘的艺人就像何向东有一套说词，他要是说不出来，盘道的人就会把他吃饭的家伙和今天挣的钱都拿走。但要是说出来了，就跟何向东这样，他可以选择不理盘道的人继续说书，也可以把折扇醒木和手巾一摆，等对方来解。对方也有一套说词，解开了这几样东西，他要帮着说完一场书，挣的钱都是给对方的，他要是不懂这里面的规矩，折了鞭，他得赔偿人家一天的卖艺钱，所以盘道这种事情没本事的人是来不了的。

封九山拿起桌子上的折扇，看了何向东一眼，咬咬牙结结巴巴说道："一……一块……一块醒木为业，扇子一把生涯，江河湖海便为家，万丈……万丈波涛不怕。"

放下折扇，再拿起手巾放置在左边，右手拿起醒木道："醒木能人制造，未嵌野草鲜花，文官武将任凭它，入在三臣门下。"

右手拍醒木："啪。"

何向东轻笑一声，故意看着封九山朗声说道："你要帮场就好好说啊，把我们观众恶心跑了我可跟你没完啊。"

听到这话，杨三顿时就憋着坏笑了，轻声对方文岐说道："东子太坏了。"方文岐也没好气地轻哼一笑，脸上都是戏谑的笑意。

果然，何向东话音刚落，还没等封九山开口，观众就暴动了。

"下去，谁要听你的啊？"

"滚蛋。"

"浪费老子半天时间，还要说书，说个屁啊，滚蛋。"

"退票。"也不知是谁喊了一声退票，结果全场齐声高呼退票，那气势，震惊山河。

封九山的脸当时刷的一下就白了，他哪儿见过这场景啊。

何向东倒是淡定得很，他们说相声的观众就没有不起哄的，就拿喊退票来说，一晚上他们不喊个几十次，他自己都睡不着觉。

何向东看着封九山，责问道："你说这怎么办？"

封九山羞臊得差点没找个地缝钻进去，他还从来没被观众这样轰过呢，脸上涨红，也不敢再待下去了，从兜里拿出所有的钱往桌子上一放，抱拳说了声："抱歉。"就赶紧跑了。

杨明子也是如此，拿出兜里的钱一句话不说，捂着脸就跑了。

“吁……”观众嘘声再起。

风华的人就剩老板刘风华一个人了，他的脸色很不好看，他都没弄明白这是怎么一回事呢，自己人就都跑光了。

林正军笑笑，戏谑道：“哟，刘大老板，您买了票就继续听相声呗，我们连城的服务可周到了。”

“你……”刘风华用手指指着林正军的鼻子，却一句话都说不出来，见事已不可为，一甩袖子便愤而离去了。

林正军还在后面喊：“有空常来玩啊。”

听到这话，刘风华被气得在门槛上磕绊了一下，差点没摔倒。

“活该。”林正军暗骂一声。

这场风波总算是过去了。

何向东也是松了一口气，他回头看着师父，想知道接下来怎么办。

方文岐对他点点头，意思是这场书就由他说了，毕竟他前面自己说了杨三是帮他暖场的，这总不能打自己的脸吧。

很快台上的人就都下去了。

何向东在台上向观众致歉，稍微解释了一下前面发生的事情，观众也很大度地表示了谅解。

然后何向东这小模样就坐在椅子上，开始了他人生第一次说书。《三国演义》的第一回，幸好张阔如教过他一点，他算是知道一些，不至于在台上露了怯。

杨三和方文岐也没走远，就在进场门那里看着，方文岐是越看越惊，这何向东虽然说得不怎么样，但是这架势、套路的确跟他们俩不一样。

“这孩子到底是什么时候学的评书？”方文岐大惑不解。

杨三称赞道：“你还别说啊，东子这三国说得倒是有那么点架势啊。”

“嗯。”方文岐心不在焉地应道。

杨三叹了一口气，继续道：“今天要不是东子，我这张老脸可就丢尽了，你说现在怎么还有人拿那种老规矩说事啊，唉，真是的。”

方文岐抬起头，皱眉说道：“你说东子是什么时候拜的张阔如？”

“……”杨三一阵无语，敢情自己的唠叨对方一句也没听到。

相声大师

第十段 师徒

一

旧社会各行各业都有行规，没有师承门户是不能入这一行的，也是不允许从事这一行的，否则会被同行打压排斥。且不说艺术类，就连剃头匠也是如此，如果没有师承门户，同行来盘道儿的时候，就会把你的剃头挑子拿走，让你无法再做生意，所以盘道也叫携家伙。

当然了，以现在的眼光来看，这种行规就太野蛮了，也违法了自由竞争和劳动自由的原则，所以被时代抛弃了也很正常。

但是凡事有利必有弊，这种行规也不是一点优点都没有。首先拜师入行内家谱，也就变成自己人了，会得到很多便利的。

拿相声来说，拜师入家谱了，以后到外地卖艺，遇到突发情况，就可以找当地的相声同行，报上师承门户，如果是同门中人，他们就会帮助你。

那个时候也经常会有辈分高的组织徒弟们表演挣钱，把挣来的钱给落了难的同门，这叫义务戏，尽管他们从来都没见过，以前也没有交情，但还是会这么做，这是规矩。

还有就是你到别家的园子剧场想要搭班表演，就算你本事不行，人家不收你，也会给你盘缠让你离开，这都是有门有户的艺人的待遇。所以说以前虽然行规很重，但人情味也是很浓的。

当晚演出结束，何向东耷拉着脑袋跟着师父回家。之前在后台，他一句话也没敢说，也不知道应该怎么说。

到了家之后，方文岐找了条椅子坐了下来，端起一个搪瓷捏的大铁罐子咕咚咚喝了好几口凉水，放下杯子，看着自己那有些惴惴不安的徒弟。

何向东畏惧地抬头看了师父一眼，然后又迅速低下了头，跪了下来，认错道：“对不起，师父，我错了。”

方文岐默默叹了一口气，对于自己徒弟的行为他也是有些不悦的，他倒不是不愿意东子拜评书师父，但这种大事好歹也要跟自己说一声吧。

“起来吧。”方文岐说了一句。

何向东却不为所动，依旧跪在地上。

方文岐看看他，问道：“你是什么时候拜的张先生？”

何向东摇头道：“我没有拜他为师。”

“什么？”方文岐惊叫一声，“你前面都是说谎的？”

这问题可严重了，这事情要是传出去，东子这辈子就再也不能在艺界混了。方文岐这下子是真的生气了，这孩子也太乱来了。

当下他不再含糊，厉声喝道：“把事情说清楚，到底是怎么回事。”

何向东身子一颤，马上低声说起了当初的事情，从一开始他和小胖子去饭店吃饭说起，说到打赌、捣乱，还有张阔如要收他为徒，他拒绝了，但还是跟着人家学习的事情。

方文岐也是听得惊奇不已，他都没想到才这么点日子，自己这小徒弟竟然经历了这么多事儿。听到张阔如的确就在剧场附近，他松了一口气，因为张先生离开艺界已经很久了，生死不知，他最怕的就是张先生已经千古了，而自己徒弟还打着人家的旗号骗人，这要是被评书一门知道了，那可就是不死不休的大仇。

人还在就好，方文岐甚至想，豁出自己这张老脸去，怎么着也得让张先生收下这孩子，绝不能让东子的从艺之路就断在这里。

待得听到张阔如欲要收徒，东子却拒绝的时候，他的内心是很激动和感慨的。张阔如那一脉跟他不一样，人家是师出名门，辈辈大角儿传下来的，东子拜入人家门下，以后的路会走得很顺畅。

而自己这一脉，说是野路子出身也未尝不可。他和他师父当年也是自学为主，没门没户的，后来拜了一位已经改行做生意的寿字辈前辈为师，其实那位前辈年纪比方文岐的师父还要小很多，可还是拜了人家为师，就为了个门户出身。

那位爷自己都混不下去了，又哪里有能力教方文岐师徒呢。包括方文岐的师父其实也是没有什么大本事的，一直也没有成角儿。

就是方文岐自己也是问了百家艺，吃了无数苦头，才终于成名立腕了，可是好景不长，没过几年他就被曲艺团开革了，后来更是销声匿迹几十年，当年除了他的那些老伙计还有谁知道他啊。

就像现在东子出去报家门，报出方文岐几个字，又有几个人愿意卖这个面子？在这艺界，拜得名师或者是名门之后，才会好混很多，别人有心难为也会好好掂量掂量你身后的靠山，而小门小户的出身别人就没那么多顾忌了，方文岐当年就在这上面吃了不少亏，估计自己徒弟以后也讨不了好。

“唉……”方文岐走过去扶起何向东，目光慈祥，明明都是自己手把手养大的孩子，怎么差距就这么大呢？他道：“孩子，洗洗就去睡吧，明天去张先生家拜访。”

“啊……”何向东抬头错愕地看着师父。

第二日，方文岐买了一点礼物，带着何向东就去了张阔如家中。

面对这师徒的来访，张阔如略略有些惊讶，方文岐却不敢怠慢，对人家颇为尊敬，如果要论起来，张阔如的辈分还要在他之上。

没寒暄几句何向东就被赶出去了，两个老头在房间里面聊了很久，何向东就在院子里面也没跑远。

他听到从房间里面传出来的阵阵笑声，想必这两人相谈也是甚欢的吧，何向东坐在门口的石阶上，一只手支着脑袋，静静等着。

快到中午饭点的时候，方文岐带着何向东告辞，张阔如亲自出门相送，脸上带着掩饰不住的笑意。

待到出了张家门口，方文岐的第一句话便是：“东子，你回去准备准备，明天拜师。”

“啊？”何向东一惊。

方文岐摸摸何向东的小脑袋，说道：“张先生的评书功夫很深，是一个很好的大角儿，这是你的造化，你要好好把握这个机会。”

何向东低着头迟疑道：“可是……可是……我不想拜他为师。”

方文岐皱眉问道：“为什么啊？”

何向东低声道：“我不想拜别人为师，在我心里师父就只有您一个。”

方文岐欣慰地笑了笑，摸着何向东的小脑袋说道：“你有这份心，师父很开心，但是，咱们说相声的拜评书师父是很正常的，就算你今天不拜，以后遇到合适的评书门人我也会让你拜人家为师的。师父不会在意这个的，以后遇到合适的大鼓师父、戏曲师父或者其他行当的角儿，你要拜师，师父也不会阻拦你，反而会很开心。”

“为什么啊？”何向东抬头，不解问道。

方文岐微微笑道：“因为这些都是对你未来很有帮助的。我们这些老艺术行当其实还是保留了一点江湖气的，到现在一些老规矩又慢慢浮现出来了，你要是不拜师，人家是不会把真本事传给你的。你能多学一些都是你自己的造化，以后在相声这条路上的发展和前途也会好一些。你能好好的，师父也就放心了。”

何向东眼泪一下子就下来，他转身抱住了这位从小养育他的师父，哽咽说道："您永远都是我的师父，永远都是……"

方文岐也抱住了这个小徒弟，眼角有泪花闪烁，这孩子又何尝不是自己在世上唯一的牵挂呢。

次日，何向东和方文岐早早起床，两师徒好好梳洗打扮了一番，换上了一身干净的传统中式大褂，拿着早就准备好的礼物准备上门拜师。

其实在之前那些年是不提倡拜师的，认为这是搞个人山头主义，但是到了80年代就又慢慢时兴起来了。不过为了追赶潮流都是穿着一身西装，也不搞拜祖拜宗，也没有引保代三位老师，就是鞠几个躬，向同行宣布一下就好了。但是昨天方文岐和张阔如商量了一下，决定还是按照传统的老规矩行拜师礼。

传统的师徒关系跟新型的师徒最大的区别就是亲密程度，正所谓师徒如父子，若离得近，每月初一、十五是必须要上门拜访的；就算是离得远的，三节两寿也必不可缺。三节是五月节、八月节和春节，两寿是师父、师娘的生日，都是要上门祝贺的。还有如果师父年纪大了，徒弟也有给师父养老送终的义务。

拜师礼很具有时代的色彩。在旧社会是按照老规矩，刚解放之后那一段时间也允许拜师，不过一般写的不是门生贴，而是单位组织出面写的介绍信，信上面还要写"为社会主义服务，为人民服务"，但不再有下跪等封建仪式。

再到后来就不允许不提倡拜师了，而到了80年代之后拜师又慢慢兴盛起来，但是这个时代的拜师却又有不同，既没有传统的老规矩，也没有刚解放后那个鲜明的时代色彩。

而且随着经济发展，人心浮躁，从80年代开始师徒关系逐渐扭曲了，拜师变成了拜门，谁名气大、上的电视节目多就拜谁，谁的后台强、关系广就拜谁，并不是冲着人家的艺术水平去的。所以那个时代开始很多人都是拜师不学艺，很多师父也没有本事能教你。

到了张家门口的时候，何向东一眼就瞧见门口站着一人，也不是外人，是他们剧场京戏班的一个小演员，这货穿得端端正正的，正站在门口呢。

何向东走过去，喊了一声："大黄，你怎么在门口啊？"

那人抬头看天一头黑线，这什么破名字，还偏偏给自己安排了一个看门的活儿，他无语道："东子，你快进去吧。"

然后又对方文岐说："方先生，今日是评书门前辈张阔如先生收徒仪式，不知先生可有请帖？"

何向东听得一愣，怎么还有请帖这种东西啊？

方文岐倒是不慌，他今天是被邀请来观礼的客人，理应有请帖的，他从大褂的内袋里面拿出一张请帖，上面还有一个封套，封套上面还有字。

何向东伸头一看，只见上面写着：定于 11 月 3 日上午 10 时，为小徒何向东拜师入门之期，敬治茶茗，恭请台驾光临，张阔如率徒何向东同拜，席在张家府中恭候。

拜师仪式也叫摆知，入门的时候摆一次，出师的时候还要摆一次，这叫双摆知。宴席一般是在饭店，由徒弟出钱办上几桌，不过今天一切从简，就在张阔如家里摆了。不过菜钱、酒钱都是何向东他们出。

摆知解释得通俗一点就是摆下酒席让同行中人知道这个人知道这件事，这叫摆知。拜师的时候摆知一次，告诉同行这人我收为弟子了，以后就是咱们同门了；出师的时候再摆一次，这次规模就大了，把同行同业都叫来，师父会告诉同行以后徒弟出师在江湖上闯荡，求同行们看在自己的面子上多多照拂。

进入门后，发现在忙活的人还真的不少，全都是他们剧场那些个年轻的小演员，还有他们的家属，全都在帮着洗菜摘菜，切菜剁肉。

今天是张清丰掌勺，只见他兴奋得像个大将军似的指挥这个、指挥那个，手上拿着一把烧菜的大勺到处乱跑。

何向东看着乱糟糟的院子，虽然今天这些人都是在为他忙活，但他还是觉得脑袋有点蒙，没有反应过来。

再到大厅里面，他发现今天的大厅也重新布置过了，上首位置摆着一张太师椅，在旁边竖着依次摆了三张椅子。

在最前方还放着一张供桌，内设神位，正当中的是祖师爷周庄公的神像，旁边还有张阔如这一脉的师爷师祖的牌位，还设立了红纸包袱，上面写着的是已故的评书界老前辈，也就是本门已故的长辈人名。

9 点多的时候人就都到齐了，今天的引保代老师都不是外人，引师白凤山，这是为师徒引见认识的人；保师杨三，这是保证徒弟好好学艺，师徒好好授艺的人；代师方文岐，在最初代师的职责就是代写门生贴的人，因为在旧社会艺人大多幼儿失学，文盲居多，写不了门生贴只能找人代写了，再到后来代师的职责就慢慢演变成了当师父没有工夫的时候，代师可以代替师父教导徒弟，徒弟有不懂的地方也可以请教代师，所以代师和徒弟的关系是很近的。

稍过一段时间，代师方文岐就手执毛笔开始代写门生贴。这门生贴也叫关书，方文岐笔力老道，雄浑的大字跃然纸上。

“尝闻之宣圣曰：自行束修以上，吾未尝无悔焉。由是推之，凡人之伎俩，或文或武或农工或商贾或陶冶，未有不先投师授业而后有成者。虽古之名儒大贤，亦上遵此训。今人欲入学校读书求学者，亦先具志愿书，贽敬修金，行礼敬师。非有他求，实本于古也。况行游艺，素手求财，更当投师访友，纳贽立书为证。

“今有何向东，系天津人，年九岁。情愿投在张阔如先生门下为徒，学演评词为业，以谋衣食。今于 1984 年 11 月 3 日，何向东在祖师驾前焚香叩禀。自入门后，倘有负心，无所为凭，特立关书，永远存照。”

关书写好之后，张阔如在上面写下自己的名字，引保代三位老师也是如此，最后是何向东在最边角署了名字。

张阔如看着何向东小小的模样，感慨地长叹一口气，又想起那些日子和这个小孩斗法的趣事，真是个淘气的孩子啊……幸好今生师徒缘分未尽，自己这一脉总算没有绝后。

二

准备工作结束，拜师礼正式开始。

今天主持的人是林正军。按照以前的老规矩是要请一位德高望重的本门前辈来主持的，只不过因为何向东的乱来就一切从快从简了。

张阔如连自己同门的师兄弟前辈都没有邀请，也没有大操大办，也是因为他一直隐居于此，不想被人打扰。

仪式正式开始，最开始是祭拜祖师爷和本门已经故去的长辈，张阔如在前，何向东在后，两人焚香祷告，执香跪拜。其余人都站在一旁观礼。评书一门在场的只有这两人，所以跪拜祖师爷的也就他们两人了。

祭拜结束，张阔如在上首的太师椅上端正坐好。何向东退到门口，头顶门生贴迈步而进，在张阔如面前跪倒在地，行三跪九叩拜师礼。

礼毕后，张阔如从凳子上站起来，对着何向东说道：“我张阔如七岁学艺，十八岁登台献艺，十九岁成角，辗转江湖数十载，在业界也算小有薄名，也有几手秘传不世出的道口活，不弱评书一门任何一脉的传承。东子，我告诉你这些，不是为别的，就是想让你知道拜我为师并不会辱没了你。”

何向东抬头看了张阔如一眼，然后又迅速低了头。

旁边几人看得也暗自点头，尤其是方文岐，他对张阔如的名声是非常熟悉的，这位的评书功夫又岂是简单的。

不说别的，就说在 50 年代那时候不让说一些老玩意了，一定要说体现新时代的东西，很多艺人都被逼得没辙儿，但是张阔如却不一样，他把苏联的名作《钢铁是怎样炼成的》《战争与和平》这些作品改编成了评书，就在北京的各所大学里面说书，可谓是轰动一时。许多大学教授带着笔记本，跨越半个北京城就为听他一段评书……

张阔如继续道："今日你拜在我张家门下，望你日后勤加学演评词艺术，师父现赐你艺名何增东，是我评书一门第十代传人，入我评书门家谱，为我张氏一支。我这一生只收了三个弟子，你是最后一个，从此我张氏一脉山门永不再开。"

话音刚落，张阔如接过何向东顶在头顶的门生贴，认真折好放置在一个早就准备好的檀木盒子中。

何向东再拜。

方文岐老怀大慰，这张先生对东子真是很看重，都收成关门弟子了。艺人的徒弟有两个地位是比较高的，一个是开山门收的第一个徒弟，叫作开山大弟子，本门的大师兄；还有一个就是本门最后一个弟子，收完最后一个就不收了，这叫关门弟子。关门弟子不是关起门来教的弟子，那叫入室弟子。

张阔如回身扶起了何向东，脸上满是慈爱欣慰的笑容。

林正军这时道："好了，下面就是师徒互赠礼物了，东子，你给你的评书门师父准备了什么礼物啊？"

何向东赶紧走向一边，他进门的时候就把礼物放在房间边角了，是一个精美的盒子。

方文岐好奇看过来，他都不知道这里面放的是什么，何向东也只是说了他会自己准备，然后就这样拎过来了。

张阔如笑眯眯看着自己刚收的小徒弟，不管是什么礼物，都是孩子的一番心意，他都是开心的。

"这都是我自己弄的。"说着，何向东打开盒子，从里面拿出了一张纸。

张阔如含笑点头，可能是一幅画，或者是一封信，且不说有多精美，但孩子自己弄的肯定比买的更有价值。

何向东摊开那张纸，只见上面写满了字，张阔如笑了笑，果然是一封信，可是当何向东一说话他就笑不出来。

何向东笑嘻嘻道："师父，咱们刚认识的时候你不是说有本事的人在你店里可以免费吃嘛，你后来也承认了我是有本事的，我就写了一张协议，免费白吃证，您留一份好了。"

张阔如脸色当时十分精彩。

"噗。"杨三没绷住，笑了出来。

"咳咳……"白凤山憋笑憋出了内伤。

林正军紧紧捂着嘴，就怕自己发出声来。

方文岐也是无语抬头看天，他算是服了自己这小徒弟了，居然弄出一张白吃证来，换个名字不行嘛。

张阔如在哭笑不得之中，收下了这份很有意义的礼物。

他赠给何向东的是一把折扇和一块醒木，也装在盒子里面。何向东刚一打开，杨三就咦了一声，他道："这可是个老物件啊，好像有些年头了。"

张阔如笑道："这是双厚坪先生用了几十年的老玩意，算不上什么古董，也不是什么特别珍贵的材料，但是对评书门人算是个念想吧。"

何向东还小，不懂这其中的门道，方文岐和杨三却是大吃一惊。这可是双厚坪先生留下来的东西，那在评书一门里面算是极为珍贵的了，除了评书门那谁也没见过的龙票，最值得纪念的就是四大祖师留下来的老玩意了。

评书门四大祖师，除了柳敬亭和王鸿兴是开山老祖，还有一位是创作《三侠五义》的石玉昆，最后一位便是活跃在民国时期的大师双厚坪。这位可是继往开来的一位神人，在评书门的地位极高。

张阔如能把这种礼物相赠于刚入门的何向东，可见他对这孩子是多么的看重。

拜师礼结束，接下来就是宴席了。众人推杯换盏好不热闹，张阔如笑声不绝，老怀大慰。张清丰在一旁看得很感慨，自从母亲去世之后，他还是第一次见到父亲这么开心。

从这一天开始，何向东就开始了家里、张阔如家、剧场三点一线地跑，忙碌且充实着，通过场下学艺、场上卖艺，何向东的技艺增长得很快，他的两个师父都很满意。

时光就在平淡中不紧不慢地走过，很快到了春节，这一年的春节何向东是在天津城里过的，就在他和师父租来的那个小房子里。过年的时候，房东大爷被他儿子接走了，就剩何向东爷儿俩。

方文岐想着杨三是个孤寡老人，就把他也叫来了，爷儿仨一块包饺子过年。

何向东还拿着礼物去张阔如家里拜年，三节两寿的礼是不能废的，张阔如很开心，给何向东包了一个大大的红包。何向东还不满足，死皮赖脸非要让张清丰也给他压岁钱，张清丰被逼得没辙了也只能意思一下。

他是欲哭无泪，饭馆挣的钱都在他老爹那里，平时他也就是拿个零花钱，何向东在剧场里面的开份儿钱比他挣得多多了，还问他要钱，讲不讲理啊，自己老爹还偏帮着他的小徒弟，到底谁是亲生的啊？

张清丰很郁闷。

何向东倒是没管那么多，喜滋滋地收下了两个红包，又从张阔如家里拿了不少年货，包括各种小吃干果、腊肉干菜，还有两块从南方运来的巧克力，上面有英文，他也看不懂，但看起来应该是很好吃的那种。

他去张家的时候只提着一盒东西，回去的时候大包小包差点没把他这个还没发育的小个子给压坏了。

春节的另外一个收获就是他收到了田佳妮的拜年信，从信上他知道田佳妮听了他的话，真的往那个叫小峰的男同学的饭盒里面丢了蚯蚓，据说那孩子是吃到一半的时候才发现的。都吓哭了，连续吐了好几天，没来上课，田佳妮表示有点担心这样做是不是太过分，何向东倒是为自己的经验能帮上田佳妮而开心。

小胖子石磊那边一切正常，班里的劳动委员位置稳如泰山。据说在期末大扫除时他一个人就包了两座厕所，他还因此被评为“劳动积极分子”，抱了奖状回家，据说他老爸还奖励了他五块钱。

何向东对能认识这么勤劳的小伙伴表示很欣慰，特地写了一封信跟他说了屎壳郎推粪球的故事，希望他一切都好吧。

1985 年的春晚是直播春晚的第三个年头，这时候传统艺术在春晚节目中还是占据主流的，有五个戏曲节目，京豫越粤，还有杂技演出，也有两个相声节目，一个是泰斗马三立先生的，还有一个是姜昆和李金宝的。

当然小品也再一次登上了春晚，依旧是陈佩斯和朱时茂的小品，《拍电影》。这一年的小品比上一年的成熟了很多，方文岐一直守在电视机前看，当看到这个小品的时候，何向东发现自己师父脸上多了几分凝重之色……

三

李天宝是市里文化部门的一个小处长，这个年他却过得有些不安心，因为在年前刚刚进行了一场人事变动，他们的原局长被调走了，从京城空降了一位新领导下来，春节过后就上任了。

正所谓一朝天子一朝臣，他李天宝在单位里面能力可不算出色，全靠的是他这份八面玲珑的本事和巴结上司的能耐，从这次人事变动一出，他就开始打听这位新领导的喜好，一整个春节都没闲着，不过总算是有点收获。

这不过完春节刚上班，他就敲开了新领导办公室的大门，他是拿着热水壶进去的，先是给领导沏上一杯茶，然后笑眯眯地看着领导。

新领导笑着道：“李处长，你太客气了，倒茶这种事情怎么能让你来呢？”

那你也没拦着我啊，当然这种话作为多年的老油条是不会说出口的，李天宝脸上依旧带着亲切的笑容，他道："钱局，瞧您说的，这种小事谁干不是干呢。"

钱局是一个发福了的中年男人，头顶也有些秃了，脸上油光发亮的，他从烟盒里抽出一根烟，又将烟盒往李天宝面前一推，说道："这是我从北京带来的，你尝尝。"

李天宝赶紧双手拿起，从里面拿出一根来，横放到鼻子上深深一闻，道："嗯，真不愧是京城来的好烟啊，今天是托了钱局的福，不然我老李哪里抽得到这种好烟啊。"

钱局只是笑笑，两个大男人就对坐着吞云吐雾起来。

兜了几番圈子之后，李天宝笑道："钱局，这工作重要，私底下的休闲娱乐也很重要啊，不休息好又怎么能把工作做好。"

钱局鼻子里哼哼两声，不置可否。

李天宝继续道："钱局，我听说您是相声演员出身，是著名的相声表演艺术家。"

钱局摆摆手道："我说过相声不假，艺术家可不敢当。"

李天宝连道："您太客气了，您太谦虚了。"

"呵呵。"钱局问道，"怎么？李处长想请我听相声？"

李天宝点头道："是啊，您是大家，想来那些曲艺团的您也听得多了，我们天津有些小剧场里面也有说相声的，您去给他们指导指导，这也是他们的造化。"

钱局微微有些惊讶："你们这里民间还有说相声的啊？"

李天宝道："有啊，连城俱乐部就有说相声的，可火了。您今晚要是有空我现在就去安排，今晚上让他们就给您一人表演。"

钱局摆摆手道："相声哪有给一个人表演的，听相声就是要听那个热闹劲，你可不许乱安排啊。"

李天宝急忙点头道："嗨，要不说您是大家呢，懂的就是多啊。他们这种小剧场都是给小市民看的，俗的东西很多，我都不知道该怎么整改，也是幸好您来了，您到时候多给掌掌眼，多批评批评。"

钱局把烟头往烟灰缸里面摁了一下，道："在我学艺的时候，我的师父就跟我说过，相声就是雅俗共赏，只雅不俗不是相声，不过你说这个剧场的相声很俗，我倒是有点兴趣了，倒是想看看有多俗。"

李天宝微笑不止，心里明白这次马屁是拍对路了。

"东子，这是新年的第一场演出，有没有准备好啊？"方文岐对着何向东笑眯眯说道。

何向东回道："师父您瞧好吧，现在就是让我上台做二十个空手翻都没问题。"

方文岐没好气道："那你等会儿跟着你白叔上场翻去啊。"

化着妆的白凤山回头一笑。

何向东却道："这我可不能随便上啊，这可是我的看家本领啊。"

方文岐笑了，大声道："你要能看家，那你是条狗啊。"

"哈哈……"后台众人笑作一团。

何向东自己也被逗得笑个不停。

今年的连城俱乐部面貌焕然一新，再没有去年那副死气沉沉的样子，现在剧场很火，大家收入很不错，精气神自然也就高了。

何向东和方文岐还换上了红色的大褂，看起来很是喜庆，他们挣得不少，过年的时候方文岐没少置办衣服，说是要把这些年亏欠何向东的都给补上。

林正军今天也是一身红色的西装，他说道："时间差不多了，我也得准备准备去开场了，今年的第一个节目是东子的，你赶紧准备准备。"

何向东应了一声，就跟着出去了。

说是不要扰民，也不要通知剧场，就随便找一个地方坐一下就好了，但是多年浸淫官场的李天宝哪能真那么随意，他买了四张票，就在第一排的沙发座中间，高价票，还有茶水瓜子供应。

开场了，林正军出场主持。

李天宝对身边的钱局说道："这人就是这个剧场的经理，姓林。"

钱局点点头，没有说话。

林正军自然也瞧见李天宝那两人了，四个座儿坐两人他能看不见吗！李天宝他自然是认识的，这人以前也经常来听相声，还从不买票，不仅如此，自己还常常跟人家联络联络感情，林正军都觉得自己贱得慌。

旁边那位中年男子，林正军虽然不认识，但看李天宝那副狗腿子的样子就知道地位低不了。林正军倒是也没管那么多，看起来对方应该是来听相声的，不是来砸场的就好。

林正军朝李天宝和那个来人点头致意，就开始了今天的开场白，简单几句话，就入题了："大家花钱也不是来听我老林啰唆的，下面就让我们剧场相声神童给大伙唱上一段，有请。"

掌声立起，待得何向东出场的那一刻，叫好声更是响彻整个剧场。何向东笑着连连拱手鞠躬致敬。

李天宝低声道："这小孩是这个剧场里面一个小角儿，很红，很火，观众都喜欢得很，他最擅长的就是唱。”

钱局露出一丝笑意，他也被现场这么热烈的气氛感染了，看着何向东手上拿着的两块竹板，笑道：“是玉子，这孩子还会唱太平歌词？我都好些年没听到了。”

李天宝脸上笑容更甚，他实在是太佩服自己这一记妙招了，现在看起来真的是对到不能再对了呀。

何向东瞥了台下占着四个座位的那两人，他反正不认识，也就没在意，拿起玉子打了一串花点，道：“接下来，给您诸位唱一段《秦琼观阵》，来个大活儿，您诸位多捧了。”

“隋炀帝无道行事凶，

弑父夺权理不公。

他鸩兄图嫂把伦理丧，

欺娘戏妹把纲常二字一旁扔。

许多的老忠良啊辞了王驾，

一位位退归林下隐蔽身形。

在朝中出了一位宇文化及，

还有那杨素老奸佞……”

何向东这一张嘴，钱局眼前就是一亮，连声称赞道：“好声，好韵，好角儿啊。”

李天宝也凑过来道：“这孩子唱得还是不错的，当然跟您比起来……”

“别说话。”钱局一挥手打断了李天宝的马屁攻势，他一直盯着台上，头都没往旁边看一下。

李天宝摸了摸鼻子，自讨了个没趣。

“骂了声贼子你叫杨林，

来来来你与秦某我锏对棒，

战不过秦某就不算英雄。

我一言唱不尽这秦琼观阵。”

何向东一拱手，唱道：“我是愿诸位，居家欢乐是福寿康宁。”

唱罢，一鞠躬，下场。

观众掌声热烈，连钱局也是鼓掌连连，他大笑道：“单看这个太平歌词我就知道这是个说相声的好地方了，感谢李处长你带我来这里啊。”

李天宝更是笑得连眼睛都看不见了，他道：“嗨，钱局您太客气，这不都是我应该做的么，您要是爱听，我以后常陪您来。”

钱局含笑点头，此时，林正军也出来报幕了，他这一张嘴，钱局就笑不出来了。

“下面请您诸位听相声，《妙峰山》，表演者：方文岐、杨三。”只是这简单的几个字，却让钱局长整个人傻住了，笑容直接僵在脸上，满脸都是不可思议。

“您怎么了？”李天宝凑上去问了一句，钱局却像根本没听到似的，眼睛死死盯着出场门。

很快，人出场了，方文岐打头，他一身红色大褂，笑容满面，抱拳连连向观众致敬。

“师父……”钱局喉头吐出这两个字，眼睛瞬间变得通红，呼吸也渐渐粗重起来……

方文岐只是随意往台下一瞥，然后整个人也愣住了，虽然有十几年没见了，但是他又怎么认不出自己手把手养大的那个人呢。

他死死盯着台下，嘴唇紧紧抿着，整个人止不住地颤抖起来。

杨三走在方文岐身后，见方文岐突然变得如此，他赶紧上前两步，问道：“方岐，你怎么了？”

李天宝同样也是如此，关切问道：“钱局，您怎么了？”

却见钱局“噌”的一下站了起来，高呼一声：“师父。”就往台上跑去，双手一撑戏台，跳了上去，来到方文岐面前。

方文岐抬起右手颤抖着指着钱局，他嘴唇都发紫了，几乎是用尽全身的力气才从牙缝里面说出那几个字：“钱……国……生……”

随后，眼前一黑，径直向后倒了下去。

杨三眼疾手快，一把抱住了方文岐，没让他摔在地上。突然发生了这种变故，现场顿时哗然起来。

钱局也惊叫道：“师父！”

后台的人也很快冲到台上来了，何向东跑得最快，见到自己师父晕倒，立刻跪倒抱住了师父，大声问道：“这是怎么回事？”

杨三还沉浸在之前的震惊中，他一指钱局道：“这人说是你师父的徒弟，然后你师父就晕了。”

何向东哪里还不明白，他豁然转头，眼睛瞬间变红，死死盯着那中年男人。

钱局迟疑道：“我……”

何向东就像被触怒的小狮子一般，瞬间爆发了，大声咆哮道：“滚！”

后台其他人也都跑了过来，林正军急忙指挥人道：“快把方先生送医院，快点。”

几个小伙子立刻七手八脚抬着方文岐就走。

钱局愣了一下，便迅速向前迈步，他也想跟上去看看。

何向东往前一站，拦住了他，这一刻这个只有几岁大的孩子像是变成了一个极为可怕的野兽一般，眼睛里露出凶悍的光，虽然很怪异，但谁也不怀疑这孩子敢拼命的决心。

何向东用手指着钱局的鼻子，用冰冷的声音道："你们给我听好了，这人要是敢向前迈一步，就给我打断他的腿！"

京戏班那些小伙子们早就忍很久了，听得这话，全都撸起袖子来，恶狠狠地盯着钱局。

"大胆，你们知道这是谁吗？"李天宝也冲上了戏台。

"闭嘴。"钱局怒斥一声，也没有上前，他的胸口起伏不定，呼吸很是紊乱，可见他的内心也是很不平静的。

李天宝反倒是愣住了。

何向东又是一指钱局，冷冷地看他一眼，然后迅速往后台跑去。

四

医院里，医生一走出来就被一群人围住了。

"医生，病人怎么样了？"

"我师父没事吧？"

"医生，那老先生还好吧。"

"医生……"

"医生……"

那医生被眼前这一群人弄得头晕脑涨的，他摆摆手道："好了，好了，都把我吵晕了。病人没什么大碍，就是急气攻心晕了过去，好好休息就没事了；你们要是不放心就在医院多观察几天。"

众人谢过医生之后，就都到病房里看方文岐了，此时，方文岐还没醒过来，可能是没缓过来，也有可能是不愿意醒过来吧。

何向东蹲在病床前，一把抓住了师父的手，小脸上堆满了担忧的表情。

杨三在一旁宽慰道："放心吧，医生都说了你师父没事的。"

何向东摇摇头，没有答话，他把师父的手拿起来贴在脸上，正是这张粗糙的大手把他从人贩子手里救出来，也是这双大手一把屎一把尿把他拉扯大的，还是这双手一直教他本事，好让他有安身立命的能耐。

在何向东眼里，师父从来都是一个无所不能的人，没有事情是他办不到的，就跟神一样的。也只有这一刻，他才发现那个神其实也是个人，而且还是一个年纪很大了的老人。

这么些年师父一直在给他遮风挡雨，从来没有倒下过，可是今天他却倒下了。虽然医生说师父没有大碍，可是何向东还是很怕，他是真怕师父就这样再也醒不过来了，何向东从来没有哪一刻像现在这么恐惧过。

“你还来干什么？”

“走啊。”

“别进去。”

……

门口传来吵闹声，房间内的几人赶紧跑出去看了，何向东不用想也知道是谁来了。他把师父的手放到被子里面，起身往外走，眼神很平静，也很冷漠。

出了门，他就瞧见了提着一大堆礼品的钱国生，正与剧场里面的人对峙着。

他什么话都没说，就是冷冷看着钱国生，一步步朝前走去，走到众人的最前面，和钱国生之间不超过半臂的距离。

杨三道：“东子，你快到后面去，等会打起来别伤到了。”看到自己老伙计变成这副样子，杨三也憋了一肚子火，这可不是什么良善人物，年轻的时候脾气暴得很，现在是年纪大了才有所收敛。

何向东用很冷静的声音说道：“不用了，三叔，这是我们这一门的事情，让我来处理。”

钱国生看着眼前这个小孩，缓缓呼出一口气，眉头皱了皱问道：“你是师父新收的徒弟？”

何向东回道：“你觉得你还配叫师父？”

钱国生面色沉了沉，沉默了稍许，才又沉声道：“我就是想看看师父。”

“呵。”何向东嘲讽地笑了笑，“我师父现在躺在这里还没醒来就是拜你所赐，我师父沦落到今天这个地步也是拜你所赐，还来看？你是嫌害的他还不够吗？”

钱国生张了张嘴，却什么都没说出来，他嘴唇颤了颤，最后默默叹了一口气，把礼品放在地上，缓缓道：“我过些日子再来看师父。”

然后转身就要离开。

何向东上前一脚把那些礼品盒踹得四处乱飞，怒喝道：“拿着你的东西滚啊！”

钱国生的背影僵住了，他紧紧握着拳头，似是想发作，但最终还是松开了，也没说话，就快步离开了。

待得人家离去，剧场的人纷纷夸赞何向东。

“嘿，东子真像个爷们啊。”

“要我说就直接揍他。”

“这什么玩意嘛，谁要他的破东西，就得像东子这样踢。”

……

何向东却没有回话，眉头紧锁，神情也很是凝重。

林正军挥挥手把其他人都赶走了，病房外面就剩何向东、杨三还有他，白凤山在剧场里面处理后续的事，没过来。

杨三点了一根烟，又递了一根给林正军，他皱眉道：“这人到底是谁啊，他是方岐的徒弟吗？为什么方岐见到他反应会这么大啊？”

何向东皱着眉头没有说话。

林正军也抽了一口烟，缓缓吐出，道：“我倒是知道一点，以前老范倒是跟我唠叨过这里面的事情。”

何向东转头看他，神色严肃道：“告诉我。”

林正军看着这个样子的何向东，有些陌生，微微一愣之后，他点头道：“好。”

“你师父这辈子除了你还收了两个徒弟，还有几个口盟的弟子，没正式摆知。

“刚才来的这个叫钱国生，是你师父收的第一个徒弟，他也是孤儿，也是像你这样被你师父手把手养大的，一直带在身边。你师父也没儿没女，是把他当亲儿子一样看待的，只是后来的事情谁都没有想到。

“解放后，国家成立了专业的曲艺团，艺人们也都翻了身，成为人民艺术工作者了，大伙儿的劲头都很高。那个时候你们相声里面有一个相声改进小组，要说新相声、文明相声，把老的臭段子、脏段子都去除掉。

“你师父当时也是很积极地在整改，最初都还好，只是到后来越来越不像味了。有些很好的东西都被改掉了，甚至于没过几年很多人都说把老段子一刀切给禁了算了，你师父说了大半辈相声了，相声就是他的命，你让他改相声，行；但是让他把传统相声都给扔了，那他哪儿肯啊，一来二去，这也就有了怨气。

“还有就是你也知道，你们这一脉出身不好，没有什么好的传承，你师父也是问了百家艺之后才成的角儿，所以他跟很多老艺人都有师生交情。而那个岁月，很多艺人在旧社会的时候可能做了一些不好的事情，说了一些不恰当的话，后来这成分也就有问题了，专业团体也进不去，还遭受了很多不好的待遇。”

杨三听到这里也是感慨不已，他当初就是因为家庭原因没能进专业团，也没法再卖艺，就蹬了几十年三轮。当年的是是非非，他自己都说不清到底谁对谁错。

林正军又抽了一口烟继续说道：“你师父这人也是，还是跟那些人保持着来往，甚至跟一些问题很严重的艺人问艺学习，这样一来其他同志就有意见了，包括那时候你师父的领导都跟他谈过好几次话，可你师父不听啊。

“再加上你师父心又善，常常为那些人打抱不平，也许是被那些人的怨言给沾染了，你师父回到家也说了一些不好的话……都是私底下说的，可是谁都没想到的是去举报他的就是你师父从小养大的亲徒弟……

“唉……我可以想象你师父那时候的心是有多受伤，自己最信任的、跟儿子一样的徒弟，竟然是背叛他的那个人……唉……团里知道这事也不能不处理吧，当时很多人都在帮你师父求情，其实你师父只要写个认错书，好好悔过也就没什么大事的。

“可是你师父倔啊，就没见过像这么倔的人，你师父愣是不肯认错，还直接退出来了，自己在家就什么都不管了，更是肆无忌惮地和那些人来往，嘴上也没个把门。而那个钱国生却顶了你师父的位子，还得到嘉奖，呵呵……

“后来动乱了，你师父也因为过去的那些原因，第一批就被斗倒下放了，吃尽了苦头啊……再后来到处都乱了，就没有你师父的消息了……你师叔老范也就跟我说了这么多。”

何向东听完，紧紧抿着嘴，什么都没说……

晚上，钱家。

钱国生点着一支烟，看着窗户外的点点灯火，烟雾笼罩了他的面色，但依稀可以看出来他迷离的目光。

后面走来一个女人，把衣服披在钱国生身上，轻声说道：“老钱，你怎么了？”

钱国生狠狠嘬了一口烟，从鼻子里面喷了出来，却有些呛，他狠狠咳嗽了两下，脖子上的青筋都出来了，待得好受一点，他才沉声缓缓道：“我见着师父了。”

那中年女人也很吃惊，张大了嘴，问道：“师父在天津？”她也认识方文岐，当初她和钱国生就是方文岐撮合的，也是他给他们办的婚礼。

钱国生点点头，又狠狠抽了一根烟，神情很是落寞。

“那……”中年女人欲言又止道，“那……师父……还好吗？”

“师父不好，而我却是越来越好了……”钱国生盯着手上的烟头，自嘲地笑了笑，突然一把攥住了，烫红的烟头在他手掌心发出一声轻微的“嗞”声，手掌颤抖，臭味飘起。

两行清泪顺着钱国生的脸流下……

五

到了第二日中午的时候，方文岐终于醒来了，但他的精神很不好，只是说了几句话，随便吃了一点流食就又沉沉睡去了；睡得很沉，像是要把这辈子没睡够的觉都给补足了。

过了没多久，林正军也来了，他轻声道："剧场下午的场子就让京剧班先顶上，只是晚上，这……"

杨三说道："晚上我去吧，我说两个单口，让东子在这里陪着他师父吧。"

林正军点点头，看来也只能这样了。

何向东从方文岐床位旁站起来，对二人说道："没事，晚上的场子我会去的，从小我师父就跟我说戏比天大，这是我们答应观众的，那就一定要做到。"

林正军和杨三都欣慰点头，林正军道："东子，你放心去吧，我等会把你婶子叫来照看你师父，等你散了场再过来。"

何向东感谢道："谢谢你，林叔。"

林正军也是默默叹了一口气，这孩子对他师父的那份孝心让他们这些大人都看得动容不已。从方文岐晕了之后，这孩子就一直在病床前没离开过，晚上睡觉也是趴在床边上稍稍眯一会儿，还常醒过来看看他师父怎么样，不说这还是一个孩子，就是大人也做不到。

他们也劝过让何向东去休息休息，他们来换班，可是这孩子就是怎么都不肯，他们也拗不过他，就只能这样了。晚上又还要登台演出，林正军是真的有点担心这孩子的身体吃不吃得消。

下午的时候，何向东打算在靠椅上面稍稍睡了一下，养养精神，可是他却怎么都睡不着，心里的愤怒时不时上涌，怎么都无法平息。

傍晚，林正军的妻子就过来了，何向东跟她说了几句，就赶紧去了剧场。到了之后，他就一个人坐在角落话也不说，很是沉默；其他人来来往往忙碌着，都知道这孩子心情不好，也没有来烦他。

临快上场的时候，杨三找到了何向东，说道："东子，这都快上场了，等会儿咱爷俩使什么活儿啊？"

他们三个说相声的以前对过不少活，现在随便拿出一个来就能直接上台说的，都不用准备，熟得很。

何向东抬头看着杨三，沉声说道："三叔，我想骂人。"

"啊？"杨三有些错愕。

今晚来的观众依旧不少，坐得满满当当的，不过昨晚的事情多多少少产生了点影响，至少今晚没有卖出加票。

何向东和杨三出了场，观众依旧给予了热烈的掌声。

何向东也换上了满面笑容，和观众打招呼。做喜剧这一行的，不管自己身上发生了什么变故，但只要站上了台就不能把不好的情绪传给观众，哭丧着脸可不行，这是艺德。

两人冲观众鞠躬，观众反响很热烈。

待得稍稍安静下来一点，何向东才道："上到台来，先给观众朋友道个歉，昨晚发生一个小小的事故，没演出成功，后来都给大家退票钱了吧？"

"退了。"

"退了。"

"没有。"

反正也是有瞎喊的。

何向东又问道："有没退了的吗？"

底下有人大喊："我没退。"

何向东一指门口，道："来，快出去，没退钱不得观看。"

观众都被逗笑了。

杨三也没好气道："这像话嘛，没退钱还让人家出去啊，我都没听说过。"

何向东笑笑道："这都是跟观众朋友们开个玩笑，昨晚没让您诸位听成，现在我们再给您补上，好好说一场。"

"这话对。"

何向东继续道："可能有观众朋友们会问了，昨晚到底什么情况呢，这我们也得给您诸位一个交代，不能让您白跑一趟吧。"

"是得解释解释。"

何向东道："您诸位别看我师父这人高马大的，其实胆子特别小，昨晚是被那人给吓晕过去了。"

杨三惊讶道："这人有被吓晕的吗？"

何向东理所当然道："当然有了，主要还是那人长得太难看。"

"有多难看？"

何向东道："估计是出生的时候，把他给扔了，然后把胎盘给养大了。"

"啊？"

何向东一摊手道："要不然怎么一点人模样都没有呢。"

观众听得是又惊又乐啊，这几位嘴上可够损的啊，以前他们也经常互开玩笑，但从来没这么狠过啊。

杨三道："那他这么难看，这都随他爸还是随他妈啊，哪有人有那么难看啊？"

何向东道："谁告诉你他随的是人了啊，人家随的是狗。"

杨三拉住了他，拦着道："你可胡说啊，哪有人随狗的啊？"

何向东反问道："那你得问他妈呀，他妈跟狗的事情我哪儿知道啊！"

杨三惊道："啊？他爸让狗给带绿帽子了啊？"

"哗——"观众群都炸了，这年头谁听过这么劲爆的骂人方式啊，有人觉得新奇，有些人觉得有些过了。

何向东自然也瞧见观众的反映了，他解释道："昨晚上有耳尖的观众想必都听到了，那人上台来叫的是师父。"

台下不少观众点头，剧场的戏台和观众席离得很近，昨晚上的事情很多人都听到、看到了。

何向东继续道："那人是我师父以前的徒弟。徒弟有很多种，有像我这种被师父从小当儿子一样养大的，叫儿徒。还有就是带艺投师跟着我师父学几年本事再给我师父效力几年的，这叫学徒。还有一种像昨晚冲上来的那人，这种叫孽徒，就是恨我师父不死的那种人。"

观众都吃了一惊……

杨三也搭茬问道："这是怎么回事啊？"

何向东一想起来就愤怒不已："怎么回事，怎么回事？我师父在几十年前就是响当当的大角儿，在曲艺团也是有一号的人物，要不是这个王八蛋，我师父至于落到今天这个地步吗？

"诸位你们可能不知道啊，就在几个月前我跟我师父还在农村大马路上卖艺，有一顿没一顿的；我师父都六十多了，多少人都退休养老了，可我师父还是饥一顿饱一顿地苦熬着，有病没钱医，全靠赌命硬，谁害的，就是那个王八蛋！昨晚我师父不是被吓晕的，而是被那个混蛋给活活气晕的。"

观众顿时哗然起来，谁能想到这里面的故事居然这么深。

杨三的脸色也很不好看，他肚子里也憋着一团火。

顿了顿，何向东继续道："当然这也怪我师父。"

"为什么呢？"杨三问了一句。

何向东道："怪我师父当年不该把这条毒蛇给捡回来，还给捂活了，要是他没把这条白眼狼给养大，他至于有今天嘛。"

杨三都沉默了。

何向东又向观众问道："这种欺师灭祖没良心的遭天杀的混蛋，你们说该不该骂？"

"该骂。"这一次观众很齐心，声音震天响。

何向东一撸袖子，怒气冲冲道："今天我不骂他一佛出世二佛生天，我他妈也跟他一样是狗生的。"

是夜，钱家。

钱国生道："明天我就要入京了，原来单位还有事情没有交接好。"

那中年女人在给他收拾东西，她迟疑道："那师父那里呢……要不……我去看看？"

钱国生顿了顿，苦涩地笑了笑，道："算了吧，昨天师父看到我都气晕过去了，还……还是不去打扰他老人家了，师父……师父也不想看见我们吧。"

中年女人放下了手里的活，她看着钱国生，踌躇了一会儿，最终还是小心翼翼问道："老钱，这些年……你……有没有后悔过？"

钱国生看着妻子那张平淡无奇的脸，眼珠颤动着，脸上露出僵硬苦涩的笑容，龇牙咧嘴，像个狰狞的怪物一般，神情可怖。半晌后，他才艰难道："后悔？呵……这么些年来……我就没有一天不后悔……"

最后一个字音刚落，悔恨的眼泪就从钱国生眼眶滚落，砸在地上成了一片无法挽回的碎花……

相声大师

第十一段

告别演出

一

“胡闹，你们这简直就是胡闹啊……咳咳咳……咳咳……”躺在病床上的方文岐情绪激动，一阵又一阵地激烈咳嗽。

何向东跪在病床前，低头不语。

杨三脸色讪讪，道：“许他欺师灭祖，还不许我们骂人啊？”

方文岐瞪着他，不无责怪道：“三儿啊，三儿，你说说你，东子还是孩子不懂事就算了，你怎么也不懂事啊？”

杨三脖子一梗，脾气也上来了：“我就骂了怎么着吧？他钱国生有本事把我弄死啊，老子大不了还回去蹬我的三轮去，有本事就到我家把我弄死啊。”

方文岐用手指指他，气不打一处来：“你是拍拍屁股走了，剧场那么多兄弟怎么办？你们是骂过瘾了，他们接下去的日子怎么过？”

杨三一愣，道：“不至于吧。”又转过头问林正军：“老林，怎么？剧场出事了？”

林正军面色不自然地笑了笑，尴尬一笑道：“也没什么，就停业整顿……当然了，我是支持你们的，那种欺师灭祖的玩意儿就该骂，弄死都不嫌多的。”

此话一出，在场众人面色都有些讪讪的，杨三一拍大腿，怒道：“这王八蛋不也是说相声出身的吗，怎么这么不守规矩？”

相声门有行规，相声演员在拿同行来取乐观众的时候，同行是不能生气的。当然如果有人故意在台上骂你的话，你完全是可以骂回去的，大家凭本事明刀明枪来干。但要是闹到法院打官司或者扯了其他公家机关强势干预的话，那就是坏了规矩，这种人会被同行瞧不起的，会被认为是本事不够的。

何向东跪在方文岐床前，他也没想到自己一时意气居然给剧场惹来这么大麻烦，他低头认错道："对不起，师父，是我错了。"

"唉……"方文岐深深叹出一口气，本就沧桑的面孔似是又苍老了几分，自己徒弟对他的心思他又怎么不懂，毕竟还是个孩子啊。他叹道："起来吧。"

何向东还是倔强地跪着。

方文岐也没有再劝，他从床上直起身，坐在床边上，看着自己的小徒弟，露出一丝复杂的笑意，缓缓说道："东子，我们爷俩也是时候离开天津了。"

他又抬头看着林正军，略带歉意道："只是给剧场带来这么多麻烦，是我们师徒的错，抱歉了。"

林正军当时就急了，急忙摆手道："这不怪您啊，也不怪东子，这……这是……我们剧场所有演员都没怪过你们啊！真的，别走啊，事情是可以解决的，我会想办法的……"

方文岐挥挥手打断了林正军的话，他怅然地笑了笑道："从钱国生出现的那一刻，我就知道了，天津是待不下去了，我不想和这个人再见面，也不想再听到他的消息，更不想和他待在同一个城市里面。这些年我四处漂泊就是不想再卷入当年的是是非非里，也不想再见到那些人……唉，可没想到这才没多久就这样了，呵呵……"

所有人都沉默了，现场霎时一静。

半晌后，林正军才抬头看着方文岐，艰难问道:"方先生，您真的决定要走了吗？"

方文岐回看林正军，温和地笑笑，道："是啊，在连城这段日子我过得很开心，和大伙儿合作也很好……唉，是真有些舍不得啊。这次是我们爷俩给你们添麻烦了，我会联系常三爷的，求他们常家人出面调和调和，想来剧场重新开张问题应该不大。"

林正军摇头道："方先生，您千万别这样说，如果不是您，我们连城早就关门了，兄弟们哪有今天的好日子过，我们全都承您的情。"

方文岐笑笑，又看着一脸闷闷不乐的杨三，他道："三儿，别拉着个脸了，以后剧场那些兄弟还得指着你吃饭呢，你可不能垮咯。都一把年纪了，怎么这脾气还跟年轻的时候一样冲啊。"

听到这里杨三突然笑了出来，他和方文岐第一次相遇就是因为他喝花酒跟别人打起来了，一路打到外面还殃及了方文岐，两人这才相识。他年轻的时候脾气可比现在冲多了。

方文岐继续道："三儿啊，我们爷儿俩走了，剧场就剩你一个也没个搭班子的，我给你几个人你去找找他们还在不在，看看能不能请来一起搭班演出。他们当年也是没进专业团体的，但都是有本事的人，这么些年过去了，也不知道还活没活着。我多给你几个人的地址，北京、河南、河北都有，你们到时候都去找找，能请一两人过来，这场子也算是能撑起来了。”

杨三默默点头，林正军更是感动不已，人家这都要走了，还费着心思为他们的未来考虑，这份情还有什么好说的呢！

方文岐摸摸跪在地上的何向东的小脑袋，继续说道：“老林啊，晚上叫剧场里面的兄弟都到我家来吧，我给大伙儿做面吃。”

林正军哪里还不明白，聚伙吃饺子，散伙吃面，这是要吃散伙面了，可是他又能有什么办法呢，只是沉重地点了点头。

下午的时候，方文岐就出院了。

到了傍晚，剧场的几十个演员陆陆续续都到了方文岐家里。

家里摆不下那么多桌椅板凳，方文岐就在楼下空地上支了一个小台子，在台子上揉面擀面，面前一个煤饼炉子，上面坐着一口锅，看起来很像是街边卖面的。

何向东也没闲着，给众人拿碗拿筷，拿辣椒拿醋，帮着师父忙活。其他人却很沉默，坐在座位上一言不发，很是沉闷。

出了第一锅面，方文岐在捞面，何向东把弄好的一碗碗面都给大家伙端去，可是却没一个人动筷子。

弄完第一锅，方文岐擦擦手，走到众人面前，见所有人都没吃，他笑道：“怎么都不动筷子啊，不会是嫌我这个老头子弄得不好吃吧？”

众人一笑，这才挑起面来慢慢吃了起来，却根本食不知味。

白凤山放下筷子，问方文岐：“方先生，您这就要走了吗？”

方文岐笑笑，道:“天下无不散之筵席，不管走多远，我方文岐永远会想着诸位的，感谢这段时间你们的支持。”

在场有心理脆弱的，眼泪就已经下来了。方先生多好的人啊，虽然是大角儿，但是脾气永远那么好，对人也那么好，尤其是对他们这些小演员也很照顾，可是今天却要被逼着离开了，他们心里都堵得慌。

白凤山默了默，又道：“您就这样走了，还是再演最后一场？”

方文岐想了想道：“也好，这么些日子全靠着观众们捧着，无以为报，最后再来一次告别演出吧。老林，剧场的停业整顿多久？

林正军一挥手道：“管他们去死，方先生您说个时间我来安排，他们敢来我咬不死他们。”

方文岐低头笑了笑，道:“就后天晚上吧，明天我去常家跑跑，尽快帮剧场弄好吧。”

两日后的晚上，只能坐一百人的小剧场足足进来了三百多人，门口还有好多人在等着，剧场实在是挤不进来了。

这么火爆的原因也很简单，剧场门口挂出来了一张牌子，上面写着今晚是方文岐和何向东师徒的最后一场演出，从此告别天津曲艺界。

所以今晚得到消息、只要不是特别走不开的人，都挤到这里来了，才造成这里人满为患。

这场景连方文岐看得都有些吃惊，仿佛一夜回到了相声最鼎盛的那个年代，万人空巷，一票难求。像现如今，那些到处慰问演出送票看的专业团体能做到这样的场景吗？自己这个可全都是花钱买的，门口还有一大堆人拿着钱买不到票的呢。

相声里面有个段子，《卖吊票》，说的就是一票难求的事儿。坐票卖完了卖站票，站票卖完了卖蹲票，蹲票卖完了卖趴票，趴票卖完了还有卖吊在电风扇上的票，这只是一个搞笑的夸张段子，可是方文岐却在今晚这场演出上看到了段子里面描述的几分样子。

他很欣慰，至少证明了传统相声没死，它在民间还是很火的，还是很被人民群众所接受的。这一点很重要，因为这证明了他这几十年的倔强完全是正确的，错的不是他。

进入后台，方文岐见何向东一个人闷闷地坐在角落，今天从张阔如家回来他就这样了，走到孩子身边，方文岐也不嫌脏，直接在地上坐下来了，问道："东子，张先生怎么说？"

何向东摇摇头闷闷道："他就说他知道了。"

方文岐默默叹了一口气，这事的确有点对不住张先生，人家收徒没几个月、还没教多少东西自己就要把人带走了，多少有些不合适。

不过方文岐也没有把何向东留给张阔如照顾的意思，在他眼里何向东就跟他的亲儿子没两样，认个别人当干爹，多学点本事，多一个靠山没问题，但是连儿子带监护权都送给人家，那绝对不行，所以也只能对不起张先生了。

张阔如也知道这一点，所以才郁闷得无话可说。

杨三这时走过来了，说道："今晚可来了不少人啊，就靠咱仨能撑得住吗？"

虽说这会儿剧场所有人都在忙活着，但其实今晚没有京剧班的节目，主要是方文岐和何向东的演出，杨三也只是帮帮场子。

方文岐笑笑，道："怕什么，观众们这么捧我们，就算是累死在台上也是值得的；我要是真说死在台上，指不定有多少人羡慕我呢。"

"说得好啊。"门口传来爽朗的声音，"这种事儿又岂能让你方文岐一人专美于前啊，哈哈……"

房间内所有人的目光都朝门口看去。

只见进来的三人都是气度不凡的老者，虽然有点上了年纪，但是精气神很好，一点不显老。

“哟，文岐这怎么坐在地上啊？”

“该不会是准备唱《数来宝》吧。”

“《数来宝》得跪着唱，这不专业啊。”

那三人进门就拿方文岐打趣。

方文岐却一点不生气，错愕演变成了惊喜，他噌的一下站起来，惊讶道：“三爷？宝丰、宝华？你们怎么来了？”

常三爷道：“死活都劝不住你，我能有什么辙儿啊，正好我两个弟弟都在天津，我就把他们也叫来了，看看你晚上的表演。结果一瞧，呵，你们就三个人还想搞相声专场啊？”

方文岐尴尬一笑道：“您见笑了。”

常三爷笑骂道：“你跟我客气个屁啊，实话告诉你，我们三个常家人来给你站脚助威了，就说欢迎不欢迎吧？”

方文岐立马惊喜道：“那当然欢迎了，咱们上一次一起说相声还是在解放前吧？这一晃都多少年过去了。”

常三爷也感叹道：“是啊，那时候咱们还都是不懂事的孩子，现在都成糟老头子了。”

方文岐感慨一笑，然后又问道：“您几位来这里说相声，你们团里那边……不会有什么问题吧？”

常三爷摆摆手，道：“还管他们？有能耐给我个处分啊，我都快退休的人了，我怕什么。反正今天得让我把瘾过足了，现在这不能说、那不能说的都快把我给憋死了，咱今晚就过一把传统相声的瘾。开场一定要唱《十不闲》啊，以前相声大会演出都唱这个的，现在都没人唱了，今晚必须得唱。”

方文岐哭笑不得道：“三爷，我还以为你来给我助威了，敢情你是自己跑过来过瘾来了。”

“我三哥就这样，你不让他过足瘾头，他今天可不走啊。”常家老四宝华也是如此言道。

方文岐答应得也很爽快：“成，既然我们几个老兄弟都在，咱们晚上就好好来一场传统相声，咱们再合作一把。”

众人都爽朗而笑。

二

常三爷朝何向东招招手，何向东赶紧小跑过去，叫了一声："常爷爷好。"

常三爷摸摸何向东的小脑袋，对身边两位弟弟介绍道："这孩子就是我跟你们说起过的何向东。这孩子虽然只有九岁，但是相声说得已经很好了，尤其是他的唱功，简直太厉害了，比我可强多了，我看他呀……可不比咱大哥小时候差。"

宝丰、宝华眼前一亮，颇为惊喜地看着何向东，这孩子他们早就听三哥提起过，说得是神乎其神的，今天终于见着人了。

何向东也颇为聪慧，对着二人鞠了一躬，喊道："两位常爷爷好。"

"好，好好。"两位常先生也是忙不迭答应，拉着何向东的小手就开始东扯西问起来，还非让何向东给他们唱一段，弄得何向东都有些不知所措了。

最后还是常三爷发话了，几人才停了下来，开始讨论等会儿要表演的节目，还有简单对对活，排排出场顺序什么的。

很快，就要出场了。

众人全都换上了传统的中式大褂在开场门那里等着，京戏班的乐师们也带着锣鼓三弦之类的乐器准备好了。

锣鼓声响起，相声演员出场，因为考虑到辈分还有主演问题，这次就不排出场顺序了，也就六个演员，全都一起出去算了。

方文岐站在逗哏位子上，何向东站在捧哏位置上，因为今晚是他们二人的告别演出，所以他们自然是毫无争议的主演了。

这二人一出现，现场顿时就掀翻了天，叫好声、掌声响作一片，放眼望去密密麻麻的都是鼓动的手掌，还有红脸粗脖子在那里叫好的脑袋，场面极其壮观。

何向东和方文岐两人眼睛都微微有些湿了，面对这么热情、这么捧他们的观众，他们怎么能不感动。

方文岐清了清嗓子，真心实意感叹道："谢谢，谢谢，谢谢大伙儿这么捧我们爷儿俩，真的无以为报。对艺人来说，观众就是我们的衣食父母，什么叫衣食父母，就是能让我们有衣服穿有饭吃的人，没有你们，我们爷儿俩就得饿死。

"老话说得好，没有君子，不养艺人，没有您诸位的捧场，就没有我们爷俩的今天。感谢，感谢诸位，感谢！"

方文岐抱着拳，迈着四方步出来，朝着四周的观众连连鞠躬致谢。何向东也是如此，他站在桌子里头，不断转动着身子向观众鞠躬。

在这段时间里，观众的叫好声和掌声就没停下来过，十分热烈。

良久之后，方文岐才站回到逗哏的位置上，说道："今晚上这一场是我们爷儿俩在天津的最后一场演出，因为某些私人的原因，我们要离开了，抱歉了诸位。"

又是深深一躬。

"别走。"也不知是谁大喊了一声。

瞬间台底下就燃了，喊"别走"的声音一浪高过一浪，方文岐数次抬手都压不下这鼓噪的声音。

再看何向东已经哭成个泪人了，方文岐也扭过脸去，隐秘地擦了擦眼睛，待观众声音稍稍降下来，他才自嘲笑道："都说相声是逗人乐的艺术，怎么还把人给弄哭了呢。"

方文岐伸手擦擦何向东脸上的泪水，然后继续说道："不管未来怎么样，但是今儿晚上这一场我们得给您诸位好好演，只要你们喜欢，我方文岐可以说到死。"

"好……"观众再次掌声暴动。

方文岐揉了揉脸，才露出笑容来，他朗声道："现在也请您诸位好好看一场我们准备的相声大会！

"今天也很高兴，请到了三位常先生，这都是常家的大角儿，相声界赫赫有名的人物。"

台下也有很多观众认识他们，就开始高声呼喊起了他们的名字。

那三位常先生也向观众连连致敬，他们也被现场这么热烈的气氛给感动了，一个艺人最大的成就应该就是被观众这么疯狂地喜爱吧。

方文岐伸手压了压现场躁动的气氛，道："今儿晚上我们遵循传统的老规矩，开场的时候是全体演员表演的开场小唱，来！

"夜静瑶台月正圆，清风淅沥满林峦。朱弦慢促相思调，不是知音……啪……不与弹。"

醒木响，定场诗结束，方文岐继续道："接下来是《发四喜》，福禄寿喜，来。"

乐师们鼓弦声响起，待到板眼合适，方文岐右手一指，沧桑悠然的声音陡然响了起来："福字添来喜冲冲，福缘善庆降瑞平。福如东海长流水，恨福来迟身穿大红。"

"好……"观众大声叫好，手掌都拍红了。

接下来"禄"字该何向东唱了，他清清嗓子，又拍了拍胸脯，把之前悲伤的情绪都给排遣出去，待到板眼合适时唱道："禄星笑道连中三元，鹿衔灵芝口内含。路过高山松林下，六国封相作高官。"

这一开嗓，童子音的绝妙之处展露无遗，那嗓音、那韵味简直绝了，观众的掌声叫好声更是压过了何向东的演唱。后面那两位常先生也是吓一跳，常三爷是听过何向东唱的，那两位可没有，今日这一听才发现这孩子的唱功竟然如此了得，之前还以为三哥吹嘘过甚，现在才发现远远不及啊。

何向东唱罢，斜着身子站着，方文岐也朝后看，一伸手，常三爷就迈步走到两人中间了，朝观众拱手作揖，唱道："寿星秉手万寿无疆，寿桃寿面摆在中央。寿比南山高万丈，彭祖爷寿活八百永安康。"

常三爷唱得也很好，毕竟是相声世家出身，九岁就登台卖艺的人，这份功力可浅不了，观众的掌声也非常热烈。

唱罢，常三爷退后，四爷上前唱最后的喜字："禧字花儿掐了来戴满头，喜酒斟满瓯上几瓯。喜鹊鸟儿落在房檐儿上，喜报登科独占鳌头。"

《发四喜》是十不闲里面的曲目，为什么相声演员以前会在开场的时候唱十不闲呢，这是因为十不闲好唱好听，朗朗上口，还有就是这里面全都是吉祥话，唱起来意味很好。

《发四喜》唱罢，方文岐道："接下来，唱三段架子曲。"

话音刚落，曲调就变了，方文岐唱了一段《一门五福》，何向东唱了《一上台来细留神》，最后还有一位常先生唱了一段《十喜》。

方文岐道："还有最后一个小曲，《公道老爷劝善歌》送给在坐的诸位，来。"

杨三上前，拿起竹板打了起来。

方文岐张嘴唱道："混沌初分实在难晓，谁知道地多厚天有多么样儿的高，日月穿梭催人老，又争名把利捞，难免死生路一条，八个字造就命也该着。"

后面所有人齐声唱道："八个字造就命也该着。"

方文岐继续唱："树大根深要扎稳牢，人受这个教调武艺高，井掏三遍吃甜水，劝明公你们忍为高，千万别把这个小人学，小人他过河就拆桥。"

何向东眼睛都红了，大声嘶哑喊着嗓子唱道："小人他过河就拆桥。"

后面三位常先生面色也有几分沉重，压着嗓子唱："小人他过河就拆桥。"

方文岐自嘲苦涩一笑，继续唱道："君王有道乐逍遥，十万里的江山扎地稳牢，文官能忍戴纱帽，武将能忍穿蟒袍，吃粮当兵也得忍着，似这样地江山怎么样儿不安牢。"

后面附和着唱道："似这样地江山怎么样儿不安牢。"

"走过了三山六水大河大江，看惯了灯红酒绿世态炎凉。"方文岐摇头凄苦一笑，眼中已经有了泪花，"争什么多来论的什么少，争好汉逞刚强，金银财宝梦黄粱。"

顿了一下才唱道："不如来听相声开心笑一场，我是愿诸位招财进宝，喜气洋洋。"

一躬到底，开场小唱在观众的掌声中结束，也有那些稍微知道内情的观众眼泪都下来了。

全部演员下场，然后是第一个节目，方文岐和何向东的，一个传统的老段子《论捧逗》，他们出场的时候观众们是站起来鼓掌的……

三

《论捧逗》是一个流传很广的老段子，大部分相声演员都表演过，不过方文岐和何向东的演出似乎格外成功，从他们出去到现在观众的笑声掌声叫好声就没有停过。

半晌后，第一个段子结束，方文岐和何向东谢过观众下场，刚出出场门，何向东眼睛就是一亮。

“师父？”何向东惊喜叫道，急忙快跑到张阔如身边。

张阔如对这个孩子是真心疼，终究还是来捧他的场来了，他今晚也换上了一声传统的大褂，头发梳得很整齐，看起来很是儒雅。

何向东惊喜道：“师父，您怎么来了啊？”

张阔如摸摸何向东的小脑袋，还故意沉着脸，道：“我本来以为你们人不够，想来给你们站站场子的，现在看来你们人挺多的嘛。”

常三爷笑着打趣道：“这是嫌我们多余了。”

另外两位常先生也是一笑。他们和张阔如是旧相识，不过张阔如离开曲艺界销声匿迹太久了，很多人都以为这人去世了，谁知道居然在这里趴着，张阔如刚进来的时候，他们仨还吓一跳呢。

何向东笑道：“师父，您能帮场子就太好了，我还以为您生我的气了呢。”

张阔如道：“生气？怎么会不生气呢？你突然就要走了，我怎么会不气呢，这本事还没学多少呢。”

说完，他又瞥了一眼面色尴尬的方文岐，叹了一口气继续道：“我们评书都是集生旦净丑于一身，冶万事万物于一炉，看起来很简单，这里面的学问大着呢！你走以后千万不要放下这些基本功的练习，只有基本功扎实了以后学书才会简单。”

何向东认真点头。

张阔如默默叹了一口气，慈爱地看着何向东道:“唉，你的《三国》一直说得不好，今天师父再给你说上一回，我也就再说这一次了，好好记着。”

说罢，张阔如一撩下袍，直接大步朝戏台走去，他要在分别前在戏台上给他的徒弟亲身展示一遍评书门的功夫。

后台几乎所有的曲艺艺人都挤到进场门那里了，金口银舌张阔如当年也是响彻一时的大角儿啊，又离开艺坛多年，想再听他的评书可是难得很啊。

当然了，何向东是站在最前面的，人家这是师徒授艺，他们可不能抢了。

虽然已经多年没有登台了，可是张阔如这实力依旧强得可怕，他们别的人上去说都是观众叫好声、嘘声还有掌声响成一片。这位爷上去刚一开口，观众就哑了火了，连呼吸都是轻着气来的，生怕漏听了一个字。

接近五十分钟的说书，连一个上厕所的都没，都是憋着的，可见这位的功夫深到了什么地步。

张阔如说完下场，现场这才爆发了无与伦比的掌声，然后也没坚持多久，一小半观众都挤着出去上厕所了。

常三爷苦笑道："接下来就是我和宝华的相声了，他这一弄，我们可难说了。"

方文岐笑道："我们曲艺演出最难的就是中间场的，这时候观众都有些疲累了，还有上厕所干吗的，没有真功夫的可镇不住这场子，也只有您二位才行了。"

常三爷指着方文岐笑道："也就你会给我们戴高帽子。"

不管怎么说他们俩还是上场了，毕竟都是有实力的人，观众的反响也是很好。

这一夜，观众、演员都很尽兴，后台都是好几十年没见的老伙计了，你调侃我，我打趣你，单口、对口、群口，在台上好不热闹，说得是酣畅淋漓；观众听得也是极为舒心。

最后压轴的节目还是方文岐和何向东两个人的，两人来了一个大活，《卖五器》，给观众好好卖卖力气。这时候已经是半夜了，可是依旧是人满为患，没有谁离开的。

说完之后，足足返了七次场，何向东还唱了不少戏曲小曲，嗓子都发哑了，观众们就像疯了一般，掌声叫、好声就没停下来过。

七次返场之后，何向东和方文岐都累得不行了，方文岐伸出双手压了压躁动的观众，他欣慰地吐出一口气，笑道："都后半夜了，大伙儿还不回去啊。"

"不回。"观众回答得很齐心。

方文岐叹道："我方文岐七岁就跟着我师父浪迹江湖，四处卖艺，转眼间已经差不多有六十年了，我见过无数人情冷暖世态炎凉，呵……"

说到这里，方文岐眼角隐隐有泪花出来，他撑着笑脸继续道："我不是个著名演员，也不是专业院团里面的，我就是一个普通民间艺人，靠卖艺从观众那里讨点钱买饭吃。我们这些民间艺人从旧社会到现在一直都是被人瞧不起的下九流行当，我也遭受过无数的白眼和讥讽，但是到了今天遇到了你们……"

方文岐隐隐激动了起来："我敢说你们是天底下最好的观众，能为你们表演是我方文岐此生莫大的荣幸。"

"好……"观众也很激动，全都站起来鼓掌，大声呐喊，仿佛要把肺里面的空气全都喊出来一般。

何向东紧紧抿着嘴，绷着脸，他怕自己一松懈，眼泪就要下来了。

方文岐伸手擦了擦眼角的泪花，咧嘴苦涩一笑，看着观众继续道："人生难得是相聚，唯有离别多，此去山高路远，相逢不知在何期，但行好事莫问前程吧。我方文岐愿诸位万事顺心。"

顿了一下，方文岐抬起头，仿佛是用尽毕生的力气嘶喊了出来："我方文岐携徒何向东谢过诸位衣食父母。"

方文岐和何向东抱拳一躬到底，眼泪同时从这一老一少脸上滑落。

"啪"，戏台的灯黑了，再亮起时已经没有人了。

"方文岐……"

"何向东……"

观众哭着喊两人的名字，可是戏台后面却再也没有人出来，这一老一少留给他们所有人的背影就是那深深的一躬。

方文岐和何向东终究还是走了，带着满腔的不舍和无奈上路了，正如方文岐所说的那样，山高路远，相逢不知道在何期了，祝愿所有人都好吧。

四

两日后。

"砰。"木质房门被粗暴地推开，眼睛因为愤怒已经红了的钱国生快步冲进去，一把抓住李天宝的衣领，质问道："连城的事情是不是你干的？"

李天宝吓一跳，他从没见过钱国生如此愤怒的样子，当时就有些傻了，结结巴巴道："是……是……是吧。"

钱国生眼睛里面都能喷出火来了，大声吼道："我师父也是你逼走的？"

李天宝汗都出来了，急忙摆手解释："不是的，不是，是他们在戏台上骂你，我才……我才……"

"谁让你多事的！"钱国生咆哮一句，愤怒地把李天宝往墙上一甩，雨点般的拳头不要命一般朝他身上砸去。

办公室外面围着一群人，但是却没有一个人敢进来劝已经发了疯的钱国生。

半晌后，钱国生也打得累了，身子因为过于激动而微微颤抖着，他颓然坐在地上，眼泪顺着眼角不停留下来，苦涩和懊悔充斥着他的胸腔。

“师……父……”钱国生瘫坐在地上，仰天长呼。

“师……父……啊……”钱国生痛苦地抱着脑袋，另一只手狠狠往墙上砸去，不一会儿就是殷殷血迹，可他却一点不知道疼。几十年未见的师父，一句话没说又离开了他，他就像一个被抛弃的孩子一样无助悲凉。

“国生啊，你师父的问题很严重啊，这样下去可不行。”

“啊？那怎么办啊？”

“现在最好的办法就是你把你师父的问题给举报了，我们就好处理了。”

“啊？这怎么行，那可是我师父啊。”

“欸，你这样做才是帮你师父，你师父反正这辈子也就顶多这样了，再上不去了。可你不一样啊，你才二十多岁，你的前途一片光明啊，只要你举报了你师父，我们就有办法让你顶替你师父的位置。你的起点就高出别人多少来啊，你以后的前途不可限量啊，要什么没有啊，到时候你身居高位也可以给你师父庇护嘛，你好好考虑考虑。”

“啊……啊……我……这……好吧。”

……

五

1986 年春晚出现了两个小品，1987 年出现了三个，陈佩斯和朱时茂的小品逐渐成为人们最期待的节目。1988 年赵丽蓉第一次登上了春晚的舞台，这个唱评剧出身的演员凭借她独特的喜剧天分又把小品这门艺术往成熟期推了一把。

1990 年一位来自东北、唱二人转的赵姓艺人第一次登上春晚，开始了他长达十几年的春晚霸屏时期，也正是这个天才般的人物把“小品”两个字推向了一个极高的高度，也让这种形式红遍全国。

80 年代繁荣一时的相声，在 90 年代之后仿佛一夜之间没落了，没人再听了一般，而在春晚上小品节目的数量和观众期待度也远远超过了相声。

不仅是在春晚上，在其他相声传统的阵地上，其他艺术门类也越来越成熟，传播得越来越广，而相声却越来越死板，结果被杀得节节败退；在民间根本没人愿意再去听相声了，民间说相声的几乎活不下去了。

就连专业院团里面的人也是如此，生活艰难，没有演出，他们的收入也很低，生活很是窘迫。许多相声演员纷纷改行演小品，演电视剧，演电影……就为了养家糊口。

值此危难之际，许多相声演员也提出了抢救相声的办法，有在电视台举办相声大赛的，有花巨资请人编写相声本子、不断与流行文化结合的，还有把专业院团改编成企业、用企业的管理方式激活死板的相声，甚至于有相声演员提出了“泛相声”理念，把相声和小品、电影、电视结合，让相声演员在新的领域里获得重生……

只可惜这些措施并没有能挽救相声的颓势，反而使得现状愈加凄凉，以至于到了 90 年代中期，相声彻底陷入低谷，相声市场一片寒冰，这门传统的老艺术可谓是到了岌岌可危的地步。

正在主流相声界都在求新求变，拯救相声的时候，一位年岁很大的倔强老者带着一个聪慧的孩子，在这十几年走过了祖国的广袤大地，最北到过黑龙江，最南到过广州，最西到过新疆，最东到过山东……处处留下了这对师徒的脚印。

在这十几年里，他们一直四处卖艺，撂过地、搭过班，和全国各地的艺人切磋问艺过；被人赶过、被城管抓过、被流氓地痞敲诈过、被小偷偷光过；在露天的雨水中啃过冰冷的馒头，也曾在寒风中瑟瑟发抖无处容身……吃了数不尽的苦头，这对师徒始终坚持着说传统相声，只为心头那一口气不放松。

1990 年，快板名家，李派快板书创始人，李润杰先生辞世。

1991 年 1 月 21 日，著名相声作家何迟先生辞世。

1992 年，快板名家，王派快板创始人，王凤山先生辞世。

1993 年，一代相声大师侯宝林先生辞世，相声界正式进入大师凋零的阶段。

1993 年，快板名家，高派快板书创始人，高凤山先生辞世。

1995 年，相声名家孟祥光先生、杨志光先生辞世。

1996 年，二赵之一的相声名家赵振铎先生辞世。

而此时的相声界已经陷入了寒冰之中，相声市场不复存在，相声愈来愈颓，它在静静蛰伏着，等着那一个人的出现。

本册完，敬请期待《相声大师 2》！

第一代

朱绍文（穷不怕）

阿彦涛

沈春和

第二代

恩绪

桂祯（富有根）

徐有禄

冯昆治

高闻元

范有缘

魏昆治

春长龙

沈竹善

第三代

裕德隆

李德钖

焦德海

周德山

马德禄

李德祥

张德泉

刘德智

（相声八德）

广阔泉

陈子贞

郭瑞林

李瑞峰

吉坪三

冯振声

高玉峰

王来子

张伯俊

第四代

张寿臣

马桂元

马三立

王顺福

李寿增

于俊波

常连安

朱阔泉

于堃江

赵霭如

尹寿山

焦寿海

侯一尘

陶九如

马四立

郭启儒

张春奎

第五代

侯宝林　冯立樟　尹笑声　于春明
常宝堃　朱相臣　冯宝华　陈涌泉
常宝华　田立禾　赵宝贵　赵世忠
常宝霆　侯少尘　常宝霖　杨宝璋
于佑福　赵宝琛　马敬伯　孙少臣
高凤山　李润杰　王长友　李文华
刘宝瑞　孙少林　孙宝才
于宝林　闫笑儒　白全福
康立本　连笑昆　佟大方

第六代

苏文茂　师胜杰　李文成　靳金来
马季　殷文硕　郑小山　郑文喜
李伯祥　唐杰忠　魏文华　石福宽
常贵田　丁文元　魏文亮　牛群
杨世增　李文芳　王佩元　孟文辉
侯耀文　赵连升　杜国芝　赵文启
赵振铎　丁广和　侯长喜　王文杰
黄铁良　刘文亮　高英培　王文昌
丁广泉　王文喜　范振钰　黄文忠

第六代

陆文荣
朱文正

第七代

孟凡贵　刘庆福　李金斗　赵金生　高迪艺
赵传真　姜昆　李相友　戴志诚
赵津生　冯巩　高顺来　高玉林
马政　赵炎　赵伟洲　秦玉贵
李刚　刘伟　李金祥　高玉庆
郭德纲　笑林　巩汉林　陈寒柏
于谦　王谦祥　朱军　刘际
高峰　李增瑞　苗阜　郭铁林
孙越　黄宏　王声　乔国庆

Crosstalk Master
相声大师

作者
唐四方

总策划
朱家君

选题策划
杨 严

执行策划
许斐然

特约编辑
许斐然

流程校对
李 徽

封面设计
李 婕

宣传营销
郭海洋

运营发行
常蓦尘

出版社
长江出版社

总出品
漫娱文化

平台支持

小说馆 脑洞W

图书在版编目（CIP）数据

相声大师 / 唐四方 著.
—武汉：长江出版社，2017.3
ISBN 978-7-5492-4890-2
Ⅰ. ①相… Ⅱ. ①唐… Ⅲ. ①相声－曲艺演员－生平事迹－中国－当代 Ⅳ. ① K825.78
中国版本图书馆 CIP 数据核字（2017）第 043996 号

相声大师 / 唐四方 著

出　　版	长江出版社 （武汉市解放大道 1863 号　邮政编码：430010）
出　　品	漫娱文化 （湖北省武汉市积玉桥万达写字楼 11 号楼 19 层　邮政编码：430060）
出 版 人	赵　冕
选题策划	漫娱文化图书
市场发行	长江出版社发行部
网　　址	http://www.cjpress.com.cn
责任编辑	陈　辉
特约编辑	许斐然
装帧设计	Yvonne
印　　刷	深圳市福圣印刷有限公司
版　　次	2017 年 3 月第 1 版
印　　次	2017 年 4 月第 1 次印刷
开　　本	710mm × 1120mm　1 / 16
印　　张	19.75
字　　数	367 千字
书　　号	ISBN 978-7-5492-4890-2
定　　价	35.00 元

电话：027-82926557(总编室）027-82926806（市场营销部）